JN303002

公的組織の
管理会計

効果性重視の公共経営をめざして

著

財務省財務総合政策研究所
客員研究員
信州大学経済学部前教授

大西淳也

同文舘出版

推薦の言葉

　著者の大西氏と最初に会ったのは10年ほど前，同氏が内閣府で行政の業務改革を担当していたときである。話し合いの内容は本書でも頻繁に取り上げられているABCについてであったが，大西氏の洞察力の鋭さと日本の将来および財務省への思い入れの強さには感動をすら覚えたのである。1年ほど経た後，ABCとバランスト・スコアカードに焦点を合わせたアメリカの行政機関を訪問した折には，初対面では見せなかったエネルギッシュで実行力の高い大西氏の側面を垣間見ることができた。JETROのコペンハーゲン事務所在籍中にはABCやバランスト・スコアカードだけでなく，リーン・マネジメントを通じた北欧の病院の業務改革の調査に同道したが，この頃になると，逆に大西氏から管理会計のあり方について示唆を受けるほどになった。

　推薦者は，今後の日本の官僚のあり方は，専門性をもったゼネラリストになるべきであると考えている。このような考え方から，コペンハーゲンへの壮行会では，大西氏に経営大学院での学位取得を強く薦めた。信州大学教授の2年間には学位論文の作成を薦めた。大西氏はこれらの期待に応えて，まずは修士号の学位を得た。この度は，財務省の現職課長である著者が，行政実務において得た着想を何年もかけて練り上げ，信州大学経済学部教授の2年間をフルに活用し，公共部門の管理会計を本格的な研究書として纏めて完成させた。すぐれた著書の完成に，心より慶賀の意を表したいと思う。

　本書には，他の研究者・実務家には見られない数多くの特徴がある。そのなかでも3つに焦点を絞って，本書の特徴を述べておこう。

　第1に，現存する実務家の執筆になる著書のなかでは，これだけ管理会計に精通し，かつ行政実務に詳しく書かれた研究書は他に例を見ない。それは，大西氏の見識の高さに加えて，日本最大の組織である国税庁・国税局での経験を通じて自らが業務改革の難しさを実感しているからであろう。とくに，国税組

織におけるABCの試行については，経験した者にしかわからない貴重な体験記録が示されている。すぐれた理論武装のうえに実務を通じた経験をもとにした著者によって執筆された著書は，一般的にきわめて説得力に富む。本書がまさにそれである。

 第2に，大西氏は法律学（学部での専攻は法学部），経済学（信州大学での担当科目は，財政理論，現代経済学特講およびゼミナールでの金融論），経営学（MBA取得），管理会計（本書の内容）と，隣接諸科学に造詣が深いだけでなく，確たる歴史観をもって本書を執筆している。いうまでもないことであるが，管理会計を真に理解するには，現在の事象だけでなく歴史的視点から事象を分析する能力が必要である。学際的研究をもとにした巨視的な視点も必要である。本書は，これらの条件をすべて備えているといってよい。

 第3に，管理会計の領域では圧倒的な影響力をもつアメリカだけでなく，デンマークをはじめとする欧州，カナダ，オーストラリアなど諸外国の事情に通じ，複眼的な眼をもって日本の管理会計を観察している。ハーバード大学国際問題研究所での留学経験を含む海外での数々の経験は，日本における公的組織での経験とあいまって，相対化の視点から日本の行政組織のあり方を検討する上で，大西氏の大きな知的資産として本書の行間から滲み出ていることを読者は感じることであろう。

 民間企業とは違って，行政という場にあって，著書を上梓することがいかに厳しいことであるかの事例をこれまでいくつかみてきた。そのような職場にあって，推薦者は，すぐれた見識，1つのことを最後までやり遂げる意志の強さ，友人・知人に対する誠実で変わらぬ態度，弱者への温かみ，国家の将来への深い思い入れを内に秘めて本書を完成させたことに，大西氏への深い敬意の念を禁じ得ない。

 わが国の行政官が専門的な知識と実務経験を積み重ね，様々な分野で周囲の理解と協力を得ながら行政を通じて日本の社会を変革していく。これが大西氏に託してきた推薦者の夢である。本書を上梓した大西氏が，そのような大志をもって本書を執筆されたことをよく知る推薦者としては，まさにこれにすぎる慶びはない。

本書がわが国の公共部門の効率的・効果的な運営に些かなりとも貢献し，公共部門に対する信頼を向上させ，もって公共部門における管理会計が，わが国の紐帯として機能していくことを衷心より祈念してやまない。

2010年1月

　　　　　　　　　　　　　　　　　城西国際大学客員教授
　　　　　　　　　　　　　　　　　専修大学名誉教授　　　**櫻井通晴**

はじめに

　本書のテーマは、公的組織への納税者・国民の信頼に基礎をおいた効果性重視の公的組織の運営（公共経営）をいかに創り込んでいくかである。このためには、公的組織において効率性・効果性の向上の観点から管理会計を活用し、説明責任を果たすことで、納税者・国民の公的組織への信頼性（信頼される側の特性）を向上させる必要がある。そこで、本書では、議論がもっとも遅れていると思われる労働集約的な分野を中心にとりあげる。

　本書の内容はすべて私見であり、著者の所属する財務省とはいっさいの関係はない。著者は、納税者・国民の信頼を確保していくため、それぞれの公的組織が管理会計を活用し、独自に創意工夫をこらしていくことが適切であると考えている。管理会計は制度的な背景をもつものではないことから、それぞれの公的組織が信頼確保にむけて自由に競争していくことが可能である。この競争を通じて、納税者・国民の信頼が向上し、結果として、わが国社会の紐帯（ちゅうたい：結びつけるもの）が強まるのではないかと考えている。

　公的組織の運営にはコストがかかる。したがって、そのコストについては、そこから生みだされる成果をも視野に納めつつ、真正面からとらえていくべきであると著者は考える。コストに関する議論を横においた意思決定は、厳しい財政状況のもとにありつづける今後のわが国では適切ではないであろう。本書では先行研究を踏まえ、一定の学問的水準を確保しつつ記述を展開している。このため、本書の論旨をきちんと追っていただければ、現実の公的組織の運営において、コストを真正面からとらえることが十分に可能であることがお分かりいただけると考えている。

　本書はその読者として、まず、管理会計および公共部門の研究者、行政実務家、公共部門に関心のあるコンサルタント、大学院および学部の学生を想定しているが、さらに、公共部門に関心のある方々をも対象としている。効率的・

効果的な公的組織の構築は、わが国国民の共有財産の向上を意味する。すべての国民がはぐくみ育てるものとして、公的組織における効率性・効果性の向上にむけた動きに関心をもっていただければと考える。

　本書のもととなった研究は、著者が財務省を研究休職し、信州大学経済学部に在籍していた2年間でまとめたものである。本書については出版後、専修大学大学院商学研究科に学位申請論文として提出する予定である。なお、本書の出版にあたり、内規上の問題はないものの、原稿料等は放棄している。

　本書および本書のもととなった研究にさいしては、多くの方々のお世話になった。紙面の都合上、すべての方々のお名前をあげることはできないのが残念である。

　まず、著者が管理会計に関心をもち、本書をまとめることができたのは、ひとえに櫻井通晴先生（専修大学名誉教授、城西国際大学）の謦咳に触れることができたがゆえである。慈父のごとき櫻井先生のご指導には心より感謝を申し上げている。

　また、伊藤和憲先生（専修大学）には論文の書き方や引用の仕方からはじまって、ひとかたならぬご指導をいただいた。伊藤先生の主宰される専修大学での管理会計研究会では、本書のもととなる研究について2年間にわたりご検討をいただいた。同研究会のメンバーは、青木章通先生（専修大学）、新江孝先生（日本大学）、伊藤克容先生（成蹊大学）、岩田弘尚先生（専修大学）、岩渕昭子先生（東京経営短期大学）、奥倫陽先生（東京国際大学）、奥村裕一先生（東京大学）、小酒井正和先生（玉川大学）、志村正先生（文教大学）、田坂公先生（共栄大学）、長屋信義先生（産業能率大学）、山田義照先生（玉川大学）などの方々であり、また、実務家として、久保田浩之氏（NTT都市開発㈱）、塩澤守弘氏（東京電力㈱）、谷守正行氏（りそなホールディングス㈱）、長谷部孝彦氏（日本オラクル㈱）、三浦勝氏（西日本電信電話㈱）などの方々であった。伊藤先生および同研究会メンバーのあたたかいご助言に感謝申し上げたい。

　さらに、著者が国税庁会計課に勤務した当時の上司である伏屋和彦氏（当時国税庁長官）、鳥羽衛氏（当時国税庁会計課長）および松川忠晴氏（当時国税庁会計課長）には、本書の骨格につながるさまざまなご指導をいただいた。本

来であれば、当時の同僚である国税職員のお名前もあげて感謝を申し上げたいのではあるが、現職であり、万が一にも色がつくようなことがあれば著者の本意ではないので、あえて匿名とさせていただきたい。ミクロの行政実務と、税務行政がおかれたマクロの状況との両者をにらみつつ、自由闊達に議論することができた当時の会計課内の雰囲気には、著者はかぎりない愛着を覚えている。

　その後、著者が内閣府に勤務した当時の坂篤郎氏（当時政策統括官）および藤岡文七氏（当時総括参事官）には、公共部門への管理会計手法の導入にむけて、あたたかいご指導をいただいた。

　また、著者がデンマーク・コペンハーゲンに駐在した当時、プライベートでスカンジナビア国際経営大学院（SIMI）に通ったが、同大学院のNiels Arnfred先生（当時学長）にはひとかたならぬご厚情をいただいた。

　コペンハーゲンからの帰国後、著者は東京国税局に勤務した。1,200名近い国税調査官を擁する東京国税局調査部は大規模法人への税務調査の要（かなめ）であり、世界水準を超えるトップレベル調査官の継続的な養成がマネジメントの最大の課題である。本書で言及している自律的組織論などはそこでの実務から得た視点である。田中正昭氏（当時東京国税局長）および鈴木勝康氏（当時国税庁調査査察部長）には、管理会計を意識した著者のマネジメントをあたたかく見守っていただいた。そして、本来であれば、調査部の国税職員のお名前もあげて感謝を申し上げたいが、上記と同様の趣旨からここではあえて匿名とさせていただきたい。

　その後、著者は念願がかない、信州大学経済学部で問題意識をまとめる機会を得た。眼下に松本平、遠くに北アルプスの山なみを望む経済学部共同研究室での議論から、著者は多くのものを学ぶことができた。舟岡史雄先生には学位論文として提出するよう強く勧めていただいた。渡邉裕先生（学部長）にはアメリカの社会科学との適切な距離感を教えていただいた。柴田匡平先生には社会科学と人文科学との関係について教えていただいた。また、信州大学医学部附属病院の小池健一病院長には病院経営について多くのご教示をたまわった。本来であれば、病院職員の方々のお名前もあげて感謝を申し上げたいが、上記と同様の趣旨からあえて匿名とさせていただきたい。

さらに、信州大学への出向にさいして、森信茂樹先生（中央大学）および井戸清人氏（日本銀行理事）には学位論文に挑戦するよう強く勧めていただいた。また、著者の問題意識に対して、財務省の諸先輩・同僚にはあたたかいご助言をたまわった。財務省の現職の方々についてはあえて匿名とさせていただくが、著者として心よりの感謝を申し上げたい。

　本書がこれら諸先生・諸先輩・同僚のおめがねにかなうものかどうかは不明である。本書が、多くのご指導・ご助言のいくぶんかでもこたえることができていれば幸甚である。

　本書の校正・チェックについては、城西国際大学大学院博士後期課程の関谷浩行君に全面的にご協力いただいた。医療管理会計の網羅的な研究をめざす同君の学位論文が待たれてならない。また、同文舘出版専門書編集部の角田貴信氏には、現下の出版不況にもかかわらず、本書の社会的意義を認めていただき、出版について部内を説得していただいた。厚く御礼を申し上げたい。

　なお、私事ながら、著者は大学時代、授業料のほとんどについて免除を受けた。また、㈶中村積善会には奨学金をいただいた。最初の単著であるので、ここで御礼を申し上げておきたい。

　最後に、父母に感謝するとともに、父母の里、愛媛県四国中央市にはかぎりのない愛着を覚えている。そしてなにより、長男健介には、父を踏み台として、将来、どのようなかたちであれ、わが国社会を意識しつつ人生を送って欲しいと願っている。

2010年1月
信州松本を想いつつ

大西淳也

◆ 目 次 ◆

序章　問題の提起 ———————————————————— 1

第1節　問題設定 …………………………………………………… 1
第2節　財務会計と管理会計 ……………………………………… 2
第3節　いくつかの行政改革ツールと管理会計 ………………… 6
第4節　公的組織に関する管理会計のおもな先行研究と本書との関係 …… 7
第5節　本書の構成とおもなポイント …………………………… 8

第Ⅰ部 管理会計の先行研究と公的組織 ……………………… 13

第1章　企業における管理会計の展開 ———————————— 15

第1節　アメリカの管理会計の展開 ……………………………… 15
第2節　アメリカを除く主要国の管理会計の展開 ……………… 21
　1．イギリスの管理会計の展開 ………………………………… 22
　2．ドイツの管理会計の展開 …………………………………… 24
　3．フランスの管理会計の展開 ………………………………… 26
第3節　わが国の管理会計の展開 ………………………………… 30
　1．戦前および戦中の管理会計の展開 ………………………… 30
　2．戦後の管理会計の展開 ……………………………………… 33
　3．わが国管理会計の特色 ……………………………………… 37
第4節　まとめと考察 ……………………………………………… 39
　1．まとめ ………………………………………………………… 39
　2．管理会計への視座 …………………………………………… 40

第2章　公的組織における管理会計の展開と現況 ——————— 49

第1節　アメリカの公的組織における管理会計の展開と現況 … 49
　1．アメリカの公的組織における管理会計の展開 …………… 49

(1) 前史 ··· 49
　　(2) 生成 ··· 50
　　(3) PPBSと公的組織の管理会計の成立 ································ 51
　　(4) 展開 ··· 54
　　(5) 再構成とあらたな展開 ··· 56
　2．アメリカの公的組織における管理会計の現況 ························· 57
　3．アメリカの公的組織における管理会計の特徴 ························· 60
第2節　アメリカを除く主要国の公的組織における管理会計の現況 ········ 61
　1．イギリスの公的組織における管理会計の現況 ························· 61
　2．ドイツの公的組織における管理会計の現況 ···························· 62
　3．フランスの公的組織における管理会計の現況 ························· 63
第3節　わが国の公的組織における管理会計的な取り組み ················· 63
　1．1960年代から1970年代にかけてのPPBSへの取り組み ·············· 64
　2．最近の管理会計的な取り組み ·· 66
　　(1) 公共事業等における費用便益分析（B/C分析）等 ················ 67
　　(2) 財政投融資における政策コスト分析 ······························· 68
　　(3) 国の予算制度改革 ·· 69
　　(4) 国の政策評価制度 ·· 70
　　(5) NPM等 ·· 71
　3．わが国の公的組織における管理会計の特徴 ··························· 72
第4節　わが国の公的組織における管理会計の今後の展開についての考察 ···· 73
　1．体系としての管理会計の導入・展開の可能性 ························· 73
　2．管理会計の漸次的・パッチワーク的な導入・展開 ···················· 76
　　(1) 分散型の構造のもとにある実質的な担い手 ······················· 76
　　(2) 共通する課題 ··· 77
　　(3) 異なる課題 ·· 77
第5節　まとめ ··· 78

第3章　レピュテーション・マネジメントと公的組織の信頼性 ── 85

第1節　企業におけるレピュテーション ·································· 85
　1．レピュテーションとは ·· 85
　　(1) 定義 ··· 85

(2)　企業におけるレピュテーションの重要性 ････････････････････････････ *86*
　　(3)　レピュテーションの資産性 ･･････････････････････････････････････ *87*
　2．ブランドとレピュテーション ･･ *88*
　3．CSRとレピュテーション ･･ *89*
第2節　企業におけるレピュテーション・マネジメント ･･････････････････････ *90*
　1．コミュニケーション，マーケティングを重視するマネジメント ･･････････ *91*
　　(1)　フォンブランとヴァン・リールの見解 ･･････････････････････････ *91*
　　(2)　オールソップの見解 ･･ *92*
　　(3)　ハニングトンの見解 ･･ *93*
　　(4)　松田ほかの見解 ･･ *93*
　2．内部統制などを重視するマネジメント ･･････････････････････････････ *94*
　　(1)　櫻井の見解 ･･ *94*
　　(2)　松田ほかの見解 ･･ *96*
　3．管理会計手法を活用したマネジメント・モデル ･･････････････････････ *97*
　　(1)　櫻井の見解 ･･ *97*
　　(2)　松田ほかの見解 ･･･ *102*
　4．高レピュテーション企業が内部管理手法を公表している事例 ･････････ *102*
　　(1)　原価企画，TQC，改善，JIT，学習する組織など　―トヨタ自動車 ･････ *103*
　　(2)　ミニ・プロフィット・センター（アメーバ経営）　―京セラ ･････ *104*
　5．小括 ･･ *104*
第3節　公的組織と信頼 ･･ *105*
　1．信頼とは ･･ *105*
　　(1)　菊地によるサーベイ ･･ *106*
　　(2)　山岸の見解 ･･ *107*
　　(3)　大山の見解 ･･ *108*
　　(4)　行政への信頼とは ･･ *109*
　2．公的組織に関する信頼と企業のレピュテーション ･･･････････････････ *110*
　3．コミュニケーションによる信頼の確保 ･･････････････････････････････ *110*
　4．弱い保証としての管理会計の構築と公表 ････････････････････････････ *112*
　5．小括 ･･ *113*
第4節　外部環境と管理会計 ･･･ *114*
　1．コンティンジェンシー理論 ･･ *114*
　2．外部環境の管理会計 ･･ *115*

3．小括 ……………………………………………………………………… *118*

第5節　まとめ ……………………………………………………………… *118*

第4章　人的資源の管理と管理会計 ——————————— *123*

第1節　公的組織における人件費の無駄 ………………………… *123*
　1．納税者からの「無駄をなくせ」との要求 ……………………… *123*
　2．無駄削減のためのプロセス構築の必要性 ……………………… *125*

第2節　組織構成員と管理会計 …………………………………… *126*
　1．自律的組織論 …………………………………………………… *126*
　2．ミクロ・マクロ・ループ ……………………………………… *128*

第3節　責任会計と公的組織のマネジメント …………………… *130*
　1．責任会計論の概観 ……………………………………………… *130*
　2．責任会計における管理可能性 ………………………………… *132*
　3．責任会計における動機づけ …………………………………… *133*
　4．責任会計の動機づけと組織の価値観 ………………………… *135*

第4節　公的組織に活用できる管理会計を中心とした手法 …… *136*
　1．プロセス分析 …………………………………………………… *136*
　2．標準原価計算 …………………………………………………… *138*
　3．ABMとABC ……………………………………………………… *139*
　4．BSC ……………………………………………………………… *142*
　5．その他 …………………………………………………………… *147*
　　(1)　リーン・マネジメント ……………………………………… *147*
　　(2)　TQC ………………………………………………………… *148*
　　(3)　原価企画 …………………………………………………… *149*
　　(4)　TOC ………………………………………………………… *150*
　6．手法論の小括 …………………………………………………… *151*

第5節　原価計算と公的組織 ……………………………………… *152*
　1．原価計算概観 …………………………………………………… *152*
　2．公的組織の原価計算の現状 …………………………………… *153*
　3．個々のサービスの原価算定とコスト構造の可視化 ………… *155*

第6節　まとめ ……………………………………………………… *155*

第Ⅱ部
事例の考察 ……………………………………………………………… 161

第5章　国税組織における事務運営と管理会計 ── 163

第1節　国税組織の事務運営の概要 …………………………………… 163
1．「人日」システムの基本型 ……………………………………………… 164
2．個人課税事務（所得税関係） …………………………………………… 165
3．危機管理関係事務 ………………………………………………………… 169

第2節　個別事例の検討 …………………………………………………… 171
1．自書申告方式の導入 ……………………………………………………… 171
　(1) 所得税確定申告事務の沿革 …………………………………………… 171
　(2) 確定申告件数の増加と各種施策の実施 ……………………………… 172
　(3) 関東信越国税局における自書申告にむけた試行 …………………… 172
　(4) 自書申告方式の全国展開 ……………………………………………… 173
2．集中電話催告センターの導入 ………………………………………… 174
　(1) 滞納整理の事務量確保の要請と集中電話催告システムの導入 …… 174
　(2) 集中電話催告センターの導入・全国展開 …………………………… 175
　(3) 自書申告方式導入事例との比較 ……………………………………… 176
3．国税組織におけるABCの試行 ………………………………………… 176
　(1) 管理会計の活用にむけた検討 ………………………………………… 176
　(2) 国税組織内でのABCの全国的試行 …………………………………… 177
　(3) ABCのその後の展開 …………………………………………………… 178
　(4) 国税組織におけるABCの試行についての考察 ……………………… 179

第3節　国税組織の事務運営についての管理会計の観点からの検討 ……… 181
1．レピュテーション・マネジメントからの考察 ……………………… 181
2．自律的組織論からの考察 ………………………………………………… 183
3．責任会計論からの考察 …………………………………………………… 185
4．管理会計を中心とした手法論の観点からの考察 …………………… 187
　(1) ABMからの考察 ………………………………………………………… 187
　(2) 「標準」思考からの考察 ……………………………………………… 187
　(3) BSCからの考察 ………………………………………………………… 188

(4)　TQCからの考察 …………………………………………… 190
　　　(5)　小括 ……………………………………………………… 193
第4節　まとめ …………………………………………………………… 193

第6章　アメリカ等の公的組織での管理会計手法の導入事例 — 195
　　　　　―ABCとBSCを中心として―

第1節　調査の全体像 …………………………………………………… 195
　1．調査研究の方法論 ………………………………………………… 195
　2．主要な論点の概要 ………………………………………………… 196
第2節　各国の具体的事例 ……………………………………………… 198
　1．アメリカ …………………………………………………………… 198
　　　(1)　内国歳入庁（IRS）……………………………………… 199
　　　(2)　中小企業庁（SBA）……………………………………… 201
　　　(3)　土地管理局（BLM）……………………………………… 202
　2．カナダ ……………………………………………………………… 203
　　　(1)　関税歳入庁（CRA）……………………………………… 204
　　　(2)　公共事業省（PWGS）…………………………………… 205
　3．オーストラリア …………………………………………………… 205
　　　(1)　移民省（DIMIA）………………………………………… 206
　　　(2)　税関（CS）………………………………………………… 207
　　　(3)　医薬品検査局（TGA）…………………………………… 207
　　　(4)　社会保険庁（Centerlink）……………………………… 208
　4．ニュージーランド ………………………………………………… 209
　　　(1)　内務庁（DIA）…………………………………………… 210
　　　(2)　内国歳入庁（IR）………………………………………… 211
　　　(3)　司法庁（DC）……………………………………………… 212
　　　(4)　陸上交通安全局（LTSA）……………………………… 213
第3節　全体的な考察 …………………………………………………… 213
　1．漸次的な導入の必要性 …………………………………………… 213
　2．まだら模様の導入状況 …………………………………………… 214
　3．基盤となるプロセスへの視点 …………………………………… 214

第7章 デンマークにおける病院経営改革 —— 217
第1節 リーン・マネジメントの流行の状況と本考察の目的 …… 217
1. リーン・マネジメントとトヨタ生産方式 …… 217
2. デンマーク産業等におけるリーン・マネジメント …… 218
3. マクロ経済政策におけるリーン・マネジメントの位置づけ …… 219
4. デンマークの病院におけるリーン・マネジメントの流行 …… 220
5. 本考察の目的 …… 220
第2節 医療制度改革とこれまでの病院経営改革 …… 221
1. 医療制度改革 …… 221
 (1) 地方主導型構造の歴史的経緯 …… 221
 (2) 1970年の改革 …… 222
 (3) 2007年の改革 …… 223
2. これまでの病院経営改革 …… 224
 (1) NPM …… 224
 (2) 1970年代以降の病院経営改革の流れ …… 226
3. なぜ，医療サービス供給の効率化なのか …… 228
第3節 ほかの経営管理手法とリーン・マネジメントとの関係 …… 229
1. あらたな経営管理手法の導入状況 …… 229
2. 経営管理手法が流行する理由 …… 230
3. なぜ，いま，リーン・マネジメントなのか …… 231
第4節 リーン・マネジメント流行の現状と今後 …… 233
1. 政府機関および病院へのインタビュー …… 233
 (1) 政府機関へのインタビュー …… 233
  ① 内務保健省（Ministry of Interior and Health） 233
  ② 財務省（Ministry of Finance） 235
  ③ 医療サービス調査機関（Danish Institute for Health Service Research） 236
 (2) 病院へのインタビュー …… 238
  ① オーデンセ大学病院（Odense University Hospital） 238
  ② リグス病院（Rigshospital） 240
  ③ ゲントフテ病院（Gentofte Hospital） 241
  ④ ヒレロッド病院（Hilleroed Hospital） 242
 (3) 政府機関および病院へのインタビューのまとめ …… 243

2．リーン・マネジメントの促進要因と阻害要因 ················· 244
　　　(1) 促進要因 ··· 244
　　　　① 医療効率化の必要性という共通認識　244
　　　　② 業務の流れ，患者の流れを中心としたアプローチ　245
　　　　③ 比較的フラットな組織構造　245
　　　(2) 阻害要因 ··· 245
　　　　① 現場の改善サイクルの弱さ　245
　　　　② 医師の専門主義　245
　　　　③ 短期雇用が一般的な労働システム　246
　　3．小括 ··· 246
第5節　まとめとわが国公的組織の管理会計への役立ち ·········· 247
　　1．まとめ ··· 247
　　2．わが国公的組織の管理会計への役立ち ······················ 247

第8章　信州大学医学部附属病院の経営 ─── 251

第1節　病院管理会計研究の類型と本考察の位置づけ ············ 251
　　1．病院管理会計研究の類型 ······································ 251
　　　(1) 全体的な状況 ·· 251
　　　(2) 原価計算の研究 ··· 252
　　　(3) BSCの研究 ··· 252
　　2．本考察の位置づけ ·· 253

第2節　信大病院をめぐる状況 ······································ 255
　　1．病院をめぐる一般的な状況 ··································· 255
　　2．信大病院の現状 ··· 256
　　　(1) 財務等の状況 ·· 256
　　　(2) 国立大学病院のなかでの位置づけ ······················ 259
　　　(3) 地域のなかでの位置づけ ································· 260
　　　(4) 大局的にみた場合の問題の所在と考えられる方向 ··· 260
　　3．外部的な課題と内部的な課題 ································ 261

第3節　信大病院の内部的な課題 ··································· 262
　　1．診療・教育・研究の3機能の切り分け ····················· 262
　　2．コスト構造 ·· 263

3．医療の標準化 …………………………………………………… 264
　　4．収益向上のための方策 ………………………………………… 266
　　5．第4章の議論の活用と留意点（3つの分析）………………… 267
　第4節　信大病院にかかるアクション・リサーチのための試案 …… 268
　　1．基本的な考え方 ………………………………………………… 269
　　2．具体的なイメージ ……………………………………………… 269
　　　(1)　医療パス分析 ……………………………………………… 269
　　　(2)　医療プロセス分析 ………………………………………… 270
　　　(3)　業務活動分析 ……………………………………………… 271
　　　(4)　原価計算の戦略的重要性―バリアンス・コストのアピール … 272
　　　(5)　BSCへの取り組み ………………………………………… 273
　　3．「将棋倒し」的経営改革 ……………………………………… 274
　　　(1)　診療科内等における「将棋倒し」的経営改革 ………… 274
　　　(2)　3グループに分けた「将棋倒し」的経営改革 ………… 275
　　4．経営改革の全体像 ……………………………………………… 276
　第5節　まとめ ……………………………………………………… 277

第Ⅲ部
公的組織における管理会計の今後の方向 …………… 281

第9章　短中期的な観点から期待される今後の進展 ────── 283

　第1節　短期的な観点からの期待される進展 …………………… 283
　　1．公的組織におけるネットワーク型の管理会計研究 ………… 283
　　　(1)　ネットワーク型の研究の必要性 ………………………… 283
　　　(2)　財務省財務総合政策研究所研究部等に期待される役割 … 284
　　　(3)　税務大学校研究部に期待される役割 …………………… 285
　　　(4)　管理会計研究者の活用 …………………………………… 285
　　2．管理会計手法の導入研究 ……………………………………… 286
　　　(1)　管理会計手法の導入研究の類型 ………………………… 286
　　　(2)　望まれる導入研究 ………………………………………… 288

第2節　中期的な観点からの期待される進展 …… 289
1．管理会計の逆機能と第三者監査の必要性 …… 289
   (1) ゴミ箱モデルと管理会計の逆機能 …… 289
   (2) 第三者監査の必要性 …… 293
2．進化論と公的組織の管理会計研究 …… 294
   (1) 方法論的進化論 …… 294
   (2) 制度進化パースペクティブ …… 296
3．管理会計研究の類型と公的組織 …… 298

第3節　まとめ …… 299

第10章　効果性重視の公共経営と管理会計 ── 303

第1節　管理会計による可視化 …… 303
1．外への可視化 …… 303
   (1) 納税者等の理解の向上 …… 303
   (2) 公的組織の信頼性の向上 …… 304
2．内への可視化 …… 305
   (1) PDCAサイクルの実効化 …… 305
   (2) 組織内の動機づけへの役立ち …… 307

第2節　効果性重視の公共経営 …… 307
1．効率性と効果性 …… 307
2．効果性重視の公共経営　―建設的なコミュニケーションをめざして ……… 308

第3節　社会の紐帯としての公的組織の管理会計 …… 310
1．ソーシャル・キャピタル等に関する議論 …… 310
2．会計のコンテクスト研究と公的組織 …… 312
3．社会の紐帯と管理会計 …… 315

第4節　まとめ …… 315

結　章　管理会計を活用した効果性重視の公共経営をめざして ── 319

索　引　327

序章

問題の提起

第1節　問題設定

　近年，行政に対する国民の信頼の低下が著しい。頻発する不祥事とそれに対する批判的な報道など，まさに悪循環の様相を呈している。このような行政に対する国民の信頼の低下は，わが国のみにとくにみられる現象ではなく，先進各国に共通する現象である（菊地［2007］p.67）。

　また，1990年代のたびかさなる景気刺激策，さらには2008年9月のリーマン・ショック以降の世界経済の急速な悪化を受けた積極的な財政政策の結果，わが国の財政赤字が拡大し，財政の持続可能性が問題となっている。しかも，わが国では少子高齢化のスピードがこれまでの先進各国よりはるかに早い。

　わが国の財政を考えれば，遅かれ早かれ何度かにわたる増税は不可避である。しかし，行政に対する国民の信頼が低下したままでは，増税にあたっての政治的な困難性は無視しえないものとなる。

　したがって，この政治的な困難性をいかに低減させるか，換言すれば，行政のコストを納税者・国民にとっていかに納得できるものとするかが重要である。ここに管理会計の役割がある。これが，著者が本書を執筆するにいたった最大の誘引である。

　そこで，本書の問題設定を以下のとおりとしたい。すなわち，公的組織において効率性・効果性の向上の観点から管理会計を活用し，説明責任を果たすことで，納税者・国民の公的組織への信頼性（信頼される側の特性）を向上させ，もって，公的組織への納税者・国民の信頼に基礎をおいた効果性重視の公的組織の運営（公共経営）を創り込んでいく。そして，その分野としては，議論がもっとも遅れていると思われる労働集約的な分野をおもな例としてとりあげることとする。

なお，本書では，行うべき業務の範囲が比較的明確な公共部門[1]の組織を公的組織[2]と呼び，考察の対象とする。具体的には，行政の執行部局，政府関係機関，特殊法人，国立大学法人，独立行政法人，民営化等の過程にある法人，一部の社団・財団法人などの外郭団体，さらには民間経営の医療機関なども含めている。その一方で，霞が関の一部あるいは知事部局の一部のような純粋な企画立案部局[3]は除いている。繰り返せば，行うべき業務の範囲が比較的明確な公共部門であって，純粋な企画立案業務を除くものを本書の対象とする。

第2節　財務会計と管理会計

　経営学には市場環境とそのなかにある企業という切り口がある（伊丹＝加護野［2003］）。公的組織も企業と同様，ひとつの組織体としてとらえれば，おおきくは市場と組織という整理ができよう。株式市場などの市場における組織という切り口には財務会計が，組織内への切り口には管理会計が対応する。

　財務会計の側面では近年，国，地方を通じ，統一的会計基準である公会計基準が整備され，財務書類の作成が急ピッチで進められている。これにより，資産や負債の大きな構図はかなり明らかとなってきた。

　まず，国についてである。国の一般会計および特別会計については，2000年10月に財務大臣の諮問機関である財政制度等審議会において『国の貸借対照表作成の基本的考え方』がとりまとめられ，1998年度決算分より「国の貸借対照

---

1) 執行部局におおむね相当する。村松［2008, p.9］は最近のわが国政治行政の変化について以下のように述べる。
   (1) 政治と行政の「融合」から「分化」への動き。つまり，行政が，政治と区別された独自の任務があるとの認識が生じている。
   (2) 行政の実務と行政研究における「執行」重視。企画立案作業は，行政においても面白い仕事であるが，それは独自のテーマであり継続して議論が必要である。今行政のなかで重要なのは執行活動の効率化である。また執行におけるスペシャリストの必要である。
2) 公的機関とした場合には機関の一部に企画立案部局が含まれるとすべてが対象とはならないとの誤解を生ぜしめかねないので，ここでは公的組織とした。
3) 純粋な企画立案業務に従事する職員は大きな省ですら数百人程度であろう。そのパフォーマンスを向上させることはわが国経済にとってきわめて重要であるとはいえ，人事管理その他でこと足り，わざわざコストのかかる管理会計をもちだす必要は少ないと著者は考える。

表(試案)」が公表された[4]。その後,特殊法人・認可法人,独立行政法人および特別会計についてのさまざまな取り組みを経て,2003年6月に『公会計の基本的考え方』がとりまとめられた。そのうえで,2004年6月には一般会計と特別会計を対象に『省庁別財務書類の作成基準』がとりまとめられ,2003年度決算分より,特殊法人・認可法人および独立行政法人の財務書類と連結した「省庁別財務書類」が公表された。2003年度決算分以降,「省庁別財務書類」を合算した「国の財務書類」が毎年公表されている。今後の手直しの必要はあろうが,国の公会計についての財務会計の観点からの取り組みは,何年にもわたって多大なエネルギーが投入されたのち,ようやく一応の整備にいたった。

2006年6月には財政制度等審議会において『公会計整備の一層の推進に向けて―中間取りまとめ』がとりまとめられた。財務会計の観点からの公会計の位置づけがわかるので,以下に引用する(財政制度等審議会[2006]pp.14-15)。

　従来の公会計で中心とされてきたのは予算による財政の民主的統制であり,その担保のために事前に国会の議決を受けた予算が国会の議決どおりに執行されたかをチェックすることが公会計の決算の主たる機能であった。それに対して,この中間取りまとめで取り上げている財務書類の活用は,予算が国会での議決どおりに執行されたかではなく,予算執行の透明性を高めるとともに,予算執行が効率的かつ適正に行われたかを企業会計の手法を活用してチェックしようとする新たな試みである。

　このような新たな試みは,企業会計における管理会計の手法の公会計への導入という面をもっているものであるが,財務書類のこのような形での活用は必ずしも容易ではない。そのことは,諸外国においても…新たな財務書類の活用の結果として財政活動が定量的にどれだけ効率化されたかを検証した事例は現時点では確認されていないことなどから理解される…財務書類の分析によって国の予算が直ちに効率化されるということが期待されるものではないが,予算を効率化していく試みは…極めて重要なことである…

[4) 決算のとりまとめは時期が遅れる。

この記述を素直に読むかぎりでは，財務会計の観点からの取り組みが直接，予算執行の効率化に役立つかどうかわからないという戸惑いが感じられる[5]。

　また，地方においても，国と同様に財務書類の作成・公表が進められている。2002年3月には総務省において『地方公共団体の総合的な財政分析に関する調査研究会報告書』が取りまとめられ，これ以降，統一的な作成基準が順次とりまとめられている。2008年5月に公表された『地方公共団体の平成18年度財務書類の作成状況について』によれば，2008年3月の調査時点で，都道府県47団体，指定都市17団体，指定都市を除く市区町村1,799団体のうち，都道府県および指定都市では全団体が2006年度決算分の財務書類を作成済みであり，指定都市を除く市区町村では58.2%が作成済み，71.1%が着手済みとなっている。さらに，2006年8月には『地方公共団体における行政改革の更なる推進のための指針』（いわゆる『地方行革新指針』）がとりまとめられた。そこでは，「貸借対照表」，「行政コスト計算書」，「資金収支計算書」および「純資産変動計算書」の4つの書類について，取り組みの進んでいる団体，都道府県，人口3万人以上の都市は3年後までに，取り組みが進んでいない団体，町村，人口3万人未満の都市は5年後までに，4つの書類の整備等に取り組むよう求めている。地方の場合にも財務会計の観点からの取り組みは近年大きく進展してきた。

　財務会計の観点からのこのような取り組みは，公的組織の効率化等の観点から評価されるべきである。管理会計の取り組みがいくら行われたところで，財務会計に問題を抱えていれば，足元をすくわれかねない。より適切な財務書類の公表に向け，今後とも公会計基準の不断の見直しが求められよう。

　しかし，その一方で，個々の公的組織などを仔細に観察すると，そこでは，効率的に，効果的に業務を進めているとは必ずしもいえないような場面もみうけられ，報道でもしばしば批判されている。このような個々の公的組織内部の問題をいかに解決していくのかという観点からは，「組織体（一般には企業）の経営管理者のために計量的情報を提供し，もって内部経営管理者の経営管理に役立てることを目的とする経営計算体系である」（櫻井［1981］p.1）とされ

---

5) 著者は財務省の内部情報を何ら得ずにこの表現を用いている。各省を含め関係者の方々のご努力に敬意を表するものであることはいうまでもない。

ている管理会計をいかに活用していくのかという視点が重要である。

しかも，管理会計においては，経済全体の製造業からサービス産業化への流れや，製造業における大量生産から多品種少量生産への流れを受けて，さまざまな管理会計手法が考案・発見されてきている。加えて，管理会計では企業の評判（レピュテーション）をどうマネジメントするかといった議論もなされている。

管理会計には，大きくはコストの視点と利益の視点とがある[6]。公的組織では利益は定かではなく，数字を算出しても各種の前提条件次第ということが多い。利益に代わる便益[7]はある程度の計数化をなしえたとしても，政治的な調整を通じ，最終的には有権者に判断を求める必要があろう。一方，コストについては公的組織にそのまま適用できるものが多い。したがって，将来的には，管理会計と関連の深い原価計算[8]には，納税者の負担と行政サービスからの受益との利害を調整する手段として，有益な貢献を期待することができよう。その段階では，ある程度の正確性をもった原価計算，前提条件次第の便益面の計算，および，これらを比較考量しながらの政治的な調整という構造になろう。

企業における管理会計は個別企業の取り組みによるものであり，その水準は企業により異なる。それでも企業の場合には市場の圧力といった力学が強く働き，ある程度の水準を期待することが可能であるとの意見もある。しかるに，公的組織の場合にはこのような力学が存在しない。著者としては，おのおのの公的組織における管理会計の取り組みには，まず自らでそれが有効に機能しているかをチェックする内部監査[9]があり，そのうえで，各公的組織の管理会計が有効に機能しているか，および，内部監査が有効に機能しているかをチェックする第三者監査により担保していくことが適当であると考える。この観点か

---

[6] 管理会計のテキストである櫻井［2004a］は，第2部で利益を，第3部でコストを，第4部で戦略的・戦術的意思決定について記述している。
[7] 便益（benefit）は決算数値となって表される利益とは異なり，その効果を計量化しようとすれば数値で表すこともできるもので，機会原価として算出されることもある。
[8] 櫻井［1981, p.ⅱ］は原価計算を管理会計の母体であると述べている。
[9] 内部監査では，会計監査と業務監査という企業の内部監査業務として必須の監査に加え，経営監査としてコンプライアンス（法令順守）の監査も重視する必要がある。

らみれば，財政当局による予算執行調査や会計検査院による検査などは，現在以上に将来は非常に重要な手段となり得よう。

第3節　いくつかの行政改革ツールと管理会計

　近年よく指摘される公的組織のアウトソーシング，事業仕分けおよび役割分担の明確化と管理会計との関係について，著者の見解を述べておく。アウトソーシング（外部委託）とは，外部（Out）にある資源（Source）の活用であり，統率力を保つための必要最低限であるコアの業務分野・人材のみを残し，それ以外は外注化，外部委託をすることである（山内ほか［2003］p.286）。

　また，事業仕分けは政策シンクタンクである構想日本が主導するもので，行政刷新会議においても議題としてとりあげられている。その概要は，国や地方公共団体が行っている事業について，予算項目ごとにそもそも必要かどうか，必要ならばどこがやるか（官か民か，国か地方か）を担当職員と外部の評定者が議論して最終的に「不要」「民間」「国」「都道府県」「市町村」などに分けていく作業とされる（構想日本［2008］p.5）。さらに，役割分担の明確化はシンクタンクであるNPO法人地方自立政策研究所が主導するもので，官と民，国と地方の関係から，事業ごとに役割分担の明確化を検討し，自立的な役割分担ができるような地方税財政制度を構築しようとするものである（穂坂ほか［2008］）。

　アウトソーシングはすでにかなりのレベルで行われており，今後ともその進展が期待される。また，事業仕分けも，スナップショット的に業務の棚卸しを行うことができ，非常に有益な方策だと思われる。さらに，役割分担の明確化も，国と地方との関係を再構築していこうという非常に視野の大きい，射程の長い議論を内包しており，今後の進展が強く期待される。

　これらの動きは基本的に，公的組織が現在行う業務のなかから外せるものは外していこうという視点に立脚している。したがって，このような見直しを行っても，公的組織に残り続ける業務は存在する。本書ではこの残り続ける業務についての管理会計の活用をとりあげる。この関係を図に示せば，図表序-1のとおりである。大規模な組織は多くの業務がある一方で，その内部はみえにく

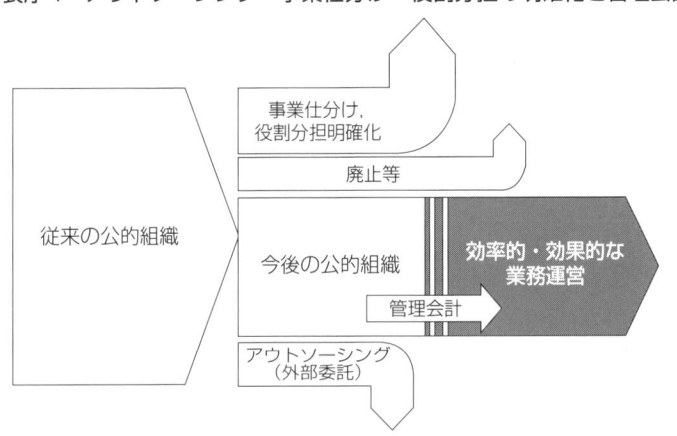

図表序-1 アウトソーシング・事業仕分け・役割分担の明確化と管理会計

```
従来の公的組織 → 事業仕分け,
                 役割分担明確化
              → 廃止等
              → 今後の公的組織 → 効率的・効果的な
                  管理会計        業務運営
              → アウトソーシング
                 （外部委託）
```

い。このため，多くの無駄もまた見過ごされていると思われる。したがって，大規模な組織ほど管理会計面での議論が必要となろう。なお，残り続ける業務がない場合には，組織改廃の問題として議論すればよい。

第4節　公的組織に関する管理会計のおもな先行研究と本書との関係

　公的組織に関する管理会計の研究は，とりわけ日本では1990年代から散見されるようになり，2000年前後からは比較的数多くなされている。これらの研究には，いくつかの類型が観察される。以下ではわが国で図書として刊行されたものを中心に，おもな先行研究を列挙する[10]。

　第1の類型として，財務会計とあわせて行われた研究がある。代表的なものとして，外国研究も一部含む山本［2001］がある。会計研究にとどまらないニュー・パブリック・マネジメント（New Public Management：NPM）論に関する研究もこれに近いものとしてあげられよう。その代表的なものとして大住［1999］がある。また，上記のいずれも視野に入れた木下ほか［2000］もある。

　第2の類型として，外国における総論としての管理会計に関する研究がある。代表的な先行研究として，米国の政府管理会計の歴史を概観した藤野［2003］，

10）複数の類型をまたぐ研究も多いが，ここでは主たる要素がどちらにあるかにより，とりあえずの分類を行った。

米国の連邦政府等の管理会計の近年の展開を概観した小林［2002］がある。

第3の類型として，特定の管理会計手法に関する事例研究がある。これには外国の事例研究とわが国の事例研究とがあり，図書として刊行されているものは両者を含むのが一般的である。また，民間企業と公的組織の両者を含むことも一般的である。たとえば，バランスト・スコアカード（BSC）についての櫻井［2008］，活動基準原価計算（ABC）についての櫻井ほか［2004b］がある。

第4の類型として，医療分野の研究である。ここ数年で非常に一般化した類型である。上記のいずれの類型をも視野に入れ，医療に特化した研究がなされている。代表的なものとして荒井［2005, 2009］がある。

これらの先行研究はそのいずれもがすぐれた研究である。本書ではこれらの4つの類型を大なり小なりとり込んでいる。ただし，管理会計の実践を踏まえ，本書においては以下の3点について格段の留意を払っている[11]。

まず，わが国の管理会計に大きな影響を及ぼしているアメリカの管理会計への適度な距離感である。アメリカの管理会計を無批判に受け入れることは，わが国の公的組織における実践を考えれば適当ではない。このため，本書ではアメリカ以外の主要先進国の動向をも意識している。

つぎに，管理会計のある意味で花形である個別の管理会計手法[12]への適度な距離感である。管理会計手法はモデルとして有用ではあるが，実践を考えれば特定の手法の細部の考察を進めるより，その意味づけや活用方法，さらにはほかの手法との関係などを考察するほうが現段階では有用であると思われる。

さらに，精緻な体系への距離感である。精緻な体系は論理的には非常に美しい。しかし，実践においては必ずしもそうとはいいきれない。

第5節　本書の構成とおもなポイント

本書の構成であるが，第Ⅰ部では先行研究の整理と考察を行う。第Ⅱ部では労働集約的な分野の事例を考察する。第Ⅲ部では今後の方向を検討する。本書の構成とそのおもなポイントを簡潔に言及すれば，以下のとおりである。

---

11) 本書は一定の学問的水準を意識するが，問題意識は行政実務家のものである。
12) 管理会計技法ともいわれるが，本書では記述を管理会計手法に統一する。

まず,「第Ⅰ部　管理会計の先行研究と公的組織」である。「第1章　企業における管理会計の展開」では,アメリカ,イギリス,ドイツ,フランスおよびわが国の企業における管理会計の展開について概観し,わが国管理会計の特徴などについて検討する。「第2章　公的組織における管理会計の展開と現況」では,主要国の公的組織における管理会計の展開と現況について概観し,わが国の公的組織における管理会計の今後の展開について考察する。「第3章　レピュテーション・マネジメントと公的組織の信頼性」では,企業のレピュテーション・マネジメントと公的組織の信頼性をめぐる議論とを概観し,両者の共通点などを考察する。「第4章　人的資源の管理と管理会計」では,労働集約的な分野を対象に具体的な管理会計手法の導入等について考察する。

「第Ⅱ部　事例の考察」では,労働集約的な分野における事例を考察する。「第5章　国税組織における事務運営と管理会計」では,人件費が8割を占める国税組織の内部管理システムと管理会計との関係等について検討する。「第6章　アメリカ等の公的組織での管理会計手法の導入事例」では,アメリカ,カナダ,オーストラリアおよびニュージーランドの公的機関の管理会計手法の導入について考察する。「第7章　デンマークにおける病院経営改革」では,現地で流行しているリーン・マネジメントについて検討する。「第8章　信州大学医学部附属病院の経営」では信州大学病院を対象にケース・リサーチを行い,アクション・リサーチにつながる経営改革のための試案を考察する。

「第Ⅲ部　公的組織における管理会計の今後の方向」では公的組織の今後の方向について,短期,中期および長期的な観点から検討する。「第9章　短中期的な観点から期待される今後の進展」では,短期的および中期的な観点から公的組織および管理会計研究のそれぞれの側から期待されるものを検討する。「第10章　効果性重視の公共経営と管理会計」では,長期的な観点から公的組織の管理会計の役割を考察する。

なお,本書は,大西［2008a～b；2009a～f］などを大幅に修正して組み替えたものである。ただし,第5章はすべて書き下ろしである。

参考文献

荒井耕［2005］『医療バランスト・スコアカード　英米の展開と日本の挑戦』中央経済社。
荒井耕［2009］『病院原価計算—医療制度適応への経営改革』中央経済社。
伊丹敬之・加護野忠男［2003］『ゼミナール経営学入門　第3版』日本経済新聞社。
大住荘四郎［1999］『ニュー・パブリック・マネジメント　理念・ビジョン・戦略』日本評論社。
大西淳也［2008a］「デンマークの病院経営改革とリーン・マネジメント—トヨタ生産方式の変質とその位置づけ」『信州大学経済学論集』No.58, pp.1-24。
大西淳也［2008b］「管理会計のレピュテーション・マネジメントと行政の信頼性」『信州大学経済学論集』No.59, pp.17-38。
大西淳也［2009a］「管理会計の行政への活用にあたっての考察」『信州大学経済学論集』No.60, pp.1-24。
大西淳也［2009b］「（研究ノート）信州大学医学部附属病院の経営について（その1）」『信州大学経済学論集』No.60, pp.69-110。
大西淳也［2009c］「公的組織と管理会計—管理会計手法の活用に向けた論点の整理」『PRI Discussion Paper Series』09A-05, 7月10日。
大西淳也［2009d］「企業における管理会計の展開」『信州大学経済学論集』No.61（予定）。
大西淳也［2009e］「公的組織における管理会計の展開と現況」『信州大学経済学論集』No.61（予定）。
大西淳也［2009f］「人的資源の管理と管理会計」『信州大学経済学論集』No.61（予定）。
菊地端夫［2007］「行政の信頼性に関する研究の論点と意義—既存研究・調査を中心に」『季刊行政管理研究』No.118, pp.67-78。
木下照嶽ほか編［2000］『政府／非営利組織の経営・管理会計』創成社。
構想日本［2008］『「行政の事業仕分け」について—現場からの行政事業の総点検』構想日本。
小林麻里［2002］『政府管理会計—政府マネジメントへの挑戦—』敬文堂。
財政制度等審議会［2006］『公会計整備の一層の推進に向けて—中間取りまとめ』6月。
櫻井通晴［1981］『アメリカ管理会計基準研究』白桃書房。
櫻井通晴［2004a］『管理会計　第三版』同文舘。
櫻井通晴編［2004b］『ABCの基礎とケーススタディ　改訂版　ABCからバランスト・スコアカードへの展開』東洋経済新報社。
櫻井通晴［2008］『バランスト・スコアカード—理論とケース・スタディ　改訂版』同文舘。
藤野雅史［2003］『政府における管理会計の歴史的展開』一橋大学大学院商学研究科博士論文。
穂坂邦夫ほか［2008］『地方自治　自立へのシナリオ—国と地方を救う「役割分担明確化」の視点』東洋経済新報社。

村松岐夫［2008］「序章 新公共経営と政策評価」，村松岐夫編『公務改革の突破口――政策評価と人事行政』東洋経済新報社。
山内弘隆ほか［2003］『パブリック・セクターの経済・経営学』NTT出版。
山本清［2001］『政府会計の改革 国・自治体・独立法人会計のゆくえ』中央経済社。

● 第 I 部 ●

管理会計の先行研究と公的組織

　第 I 部では管理会計の先行研究の整理と考察を行う。具体的には,「第1章　企業における管理会計の展開」ではアメリカ,イギリス,ドイツ,フランスおよびわが国の企業の管理会計の展開を概観し,わが国管理会計の特徴などを検討する。また,公的組織の管理会計を考察するにあたって必要となる視座を考察する。「第2章　公的組織における管理会計の展開と現況」では主要国の公的組織における管理会計の展開と現況について概観し,わが国の公的組織の管理会計の今後の展開がどのようなものとなると考えられるのかを検討する。「第3章　レピュテーション・マネジメントと公的組織の信頼性」では企業のレピュテーション・マネジメントと公的組織の信頼性をめぐる議論とを概観し,両者の共通点などを考察する。「第4章　人的資源の管理と管理会計」では労働集約的な分野を対象に,自律的組織論から組織構成員のための管理会計を検討し,責任会計が重要となることを考察する。そして,具体的な管理会計手法の導入等について検討を進める。

第1章

企業における管理会計の展開

　企業の管理会計においては，国によってその展開に違いが観察される。そこで本章では，管理会計を主導してきたアメリカ，並びに，その影響を受けつつ，それぞれに管理会計を発展させてきたイギリス，ドイツ，フランスおよびわが国について企業の管理会計の展開を概観し，若干の考察を行う。

　本章では，現代における支配的な見解をもとに通観する。主要国の管理会計の発展を通観することの趣旨は，序章で述べたように，アメリカの管理会計との適度な距離感，個別の管理会計手法との適度な距離感，および，精緻な体系への距離感をみておくためである。

第1節　アメリカの管理会計の展開

　本節ではまず，アメリカの管理会計の展開を概観する[1]。マッキンゼーによる管理会計の成立以前は，アメリカとイギリスとの関係が若干錯綜している。そこで，必要に応じイギリスについても言及しつつ概観する。

　現在の管理会計に該当する分野で，歴史的には原価計算で最初に動きがあった。その成立がイギリスかアメリカかについては争いがある（櫻井[1981a] p.9）。まず，リトルトン（Littleton[1933] p.340）によって代表される伝統的な見解では，19世紀最後の四半世紀にイギリスで原価計算が完成したとする[2]。そこでは原価計算の本質を，製品原価の計算を主要目的とした原価会計の枠組みのなかでとらえ，工業簿記の起源を原価計算の起源とする。これに対し，ガ

---

1) 廣本[1993, pp.5-21]は，アメリカ管理会計の歴史に関する研究について，第1に管理会計理論（研究）の歴史を扱った研究，第2に管理会計実務の歴史を扱った研究，第3に特定の管理会計技法の生成発展を扱った研究の3類型に分け，各類型の代表的研究の骨子を整理している。
2) リトルトンは「工業の会計」（manufactures' accounts）について述べているが，櫻井[1981a, p.15]にしたがい原価計算とした。

ーナー（Garner [1954]）は，管理のための原価の算定が行われた15, 16世紀の欧州にその起源を求め，そのうえで1915年までにアメリカで原価計算の基礎構造が完成したとする（櫻井 [1981a] p.9）。ガーナーは，原価計算の関心が製品原価の算定から経営管理への活用を目的としたものへと変化してきた時期に注目している。櫻井 [1981a, p.20] は，原価計算を財務会計の従属物のようにみなすリトルトンの見解に対し，ガーナーは原価計算をもって財務会計とは独立した学問体系とし，そこに意義があるとする。

辻 [1988, pp.14-15] は，1880年から1920年までの時期のアメリカの管理会計の生成発展と制度的確立の過程について以下のように概観し，技術者（科学的管理論者）の役割に着目する。

　この過程は，「技術者の会計」の胚出に続く展開＝「会計士の会計」批判を経て，「技術者の会計」の拡充および「会計士の会計」との交流を促進し，遂には「会計士の会計」による「技術者の会計」の包摂・同化を表現する制度化に至る過程として把握することができる。

さらに，辻 [1988, p.71] はアメリカ型の原価計算について，「技術者主導型機能的側面優位＝簿記からの乖離・自立化と原価管理の追求＝自生的・独自的生成過程＝アメリカ型原価計算の発展過程」とし，以下のように記述している。

　イギリス型原価計算と対置されるアメリカ型原価計算の特質は，それが当初から簿記の絆から自由でありえた技術者＝科学的管理論者が推進した帰結であり，このことが同時に20世紀を転機としてイギリスに代って原価計算発展の主導権を掌握しえた…。いまその特質を再述すれば，(1) 原価計算の生成・確立過程における技術者の役割の決定的重要性，(2) 技術者による簿記から自由な原価計算の胚出と，原価低減・能率測定視点よりする管理的性格の貫徹，(3) 労務費低減目的よりする労務費計算に対する重要性の付与，賃金制度と原価計算との関係の追及，(4) 労務管理の視点よりする作業・工程分析・管理の諸方式と原価計算の直結，(5) 労務費分析－動作・時間研究を基礎とする課業＝標準対実績比較－より帰結され

る会計への標準概念および未来計算の導入・適用，これである。

つぎに動きがあったのが予算管理である。古川［1952, pp.57-60］は予算管理[3]の生成について，第1次世界大戦後の不況とともに1921年のアメリカ連邦政府の予算および会計法（The Budget and Accounting Act）の影響を重視し，国家予算と企業予算との思想的根拠の類似点を強調して，テイラーの科学的管理法の思想に求める。櫻井［1981a, p.58］は，予算管理の起源はイギリスの国家予算にあり，1890年代にはアメリカでも予算への関心が高まり，国家予算の原理が企業にも浸透していき，第1次大戦後には予算管理は企業のほぼ全領域にまで普及したとする。小林［1994, p.6］は，1890年ごろには市の予算制度の採用に関心がもたれ，ほぼ同時期に企業でも企業予算が採用されるにいたっており，アメリカでは公共予算と企業予算はむしろ平行的に発展してきたとする（小林［1994］pp.136-139）。職能部門的な専門化が組織の分権化を促進し，その分権化された職能部門の調整を促進する手段として，企業の予算管理が制度的に確立された（小林［1994］pp.165-167）。

20世紀初頭までのアメリカ経済の発展は近代的な大企業の興隆をともなった。これは企業の経営管理のための内部会計の発展を促し，また，19世紀末にテイラー[4]が編み出した科学的管理（Taylor［1911］）はその後，予算統制（当時）と結合して標準原価計算を生み出した。その結果，会計担当者をして単なる簿

---

3) 一般にBudgetary Controlには予算統制という用語があてられるが，統制とならび，調整や計画の機能も重要であるので，ここでは，小林［2002, pp.5-9］にしたがい予算管理という用語をあてる。
4) テイラーについては以下のように紹介されている（北野［1977］pp.3-4）（亀甲括弧内は著者補足）。
　　テイラーはフィラデルフィアの上流家庭に生まれ育ち…1874年にハーバードの入学試験に合格すると同時に…視力の減退を理由に帰郷し…視力は短期間で回復したが，テイラーは学校に戻ることなく，自分の意志で地元の小さなポンプ製造所に就職し…四年間にわたる見習期間を終え…一介の未熟練工としてミッドベール製鉄所に雇われ…青年テイラーの胸中には重大な決意があった…テイラーが見出したのは…経営者の目を盗んでは職場ぐるみで仕事をなまける労働者の姿であった…「組織的怠業」…を打破〔すべく〕…テイラーは一生を通じて…狂信的ともいえる情熱を傾け〔た〕…

記係からコントローラー (controller)[5] にまで成長させることとなった[6]。第1次大戦後の不況期には作業能率の向上や無駄の排除が強調され[7]、標準原価計算への関心が高まった。職能部門別組織はその活動を調整する手段として、また、部下の活動をコントロールする手段として、手法としての予算統制が不可欠となった。さらに、経営管理者の観点からする財務諸表分析も発展してきた。このようにして、1924年、マッキンゼー (McKinsey [1924]) によって、コントローラー制度を実践基盤とした、「標準と記録」の思考を基本的思考とする管理会計論が成立した (廣本 [1993] pp.79-84)。そこでは、財務標準のもとに財務諸表分析が、業務標準のもとに予算統制と標準原価計算が体系化されている。

その後、1929年の大恐慌とそれに続く1930年代の大不況期には、経営管理者の関心は遊休生産能力を活用しいかに利益をあげるかに移った。このため、それまでのような作業能率の向上や無駄の排除を内容とする管理会計論では十分に対応できないこととなった。そこで、利益管理手法の発展がみられるようになった。ネッペル (Knoeppel [1933]) などを契機にCVP (Cost-Volume-Profit) 分析[8] が提唱され、ハリス (Harris [1936]) によって限界分析思考が会計システムと結合され、直接原価計算が提唱された。櫻井 [1981a, pp.61-62] は「当初は工学的な手法にすぎなかった損益分岐点分析の思考は、会計機構と結合することにより管理会計の技法として精緻化され、利益管理のための主要な会計技法として位置づけられるに至っている」とする。

第2次大戦では軍需品の迅速かつ大量生産の必要から原価管理は緩められた

---

5) コントローラーとは、財務、製造、販売等の各部長と同格の職能で、財務データの収集を強調する傾向のある財務部長とは異なり、標準の設定や非財務的な統計データをも収集する。生成期当時のコントローラーとその役割については、伊藤 [1992, pp.113-117] が簡潔に紹介している。そして、コントローラーについては、生成期のみならず、1950年代においてもアメリカの管理会計では一大論点となっている。

6) 岡本 [1969, pp.9-85] は能率技師 (efficiency engineer) の編みだした原価管理型の標準原価計算と産業界の会計担当者の編みだした価格計算・損益計算型の標準原価計算について、関係も含め生き生きと描いている。

7) 当時の無駄排除運動については、伊藤 [1992, pp.101-107] が簡潔にまとめている。

8) 上埜ほか [2005, p.111] は、広義の損益分岐点分析と同義とみなしうると指摘する。

が，その後の平時を迎え，原価管理および利益計画の問題に関心が集まった（廣本［1993］p.178）。第2次大戦後の管理会計は戦前の諸手法を受け継ぎ，発展させた（伊藤［1992］p.181）。そして，クラーク（Clark［1923］）によって提唱され，ヴァッター（Vatter［1939］pp.677-679）に象徴される「異なる目的には異なる原価」の思考を指導原理として，会計情報の利用目的の分類にもとづいた体系化がなされた。1960年代にかけては管理会計の体系をめぐる議論が多くみられた。

ゲッツ（Goetz［1949］pp.1-4）は経営管理と管理会計を不可分のものと考え，企業の能率向上を目的とした（1）企業活動の計画，（2）経営活動の統制，（3）社会関係への適応の3グループにわけた管理会計研究を主張した。また，1951年にはディーン（Dean［1951］pp.257-272）とアメリカ会計学会（American Accounting Association：AAA［1951］）がそれぞれ原価概念を体系的に論じた。1950年代半ばには計画会計と統制会計が成立し，アメリカ会計学会報告書（AAA［1955］）はその思潮を代表する（溝口［1973］p.6）。

1950年代後半に入ると，事業部制組織が普及し，情報技術が著しく進展した。これにともない，多様な製品の収益性や事業部の業績の測定問題が重要になり，貢献利益アプローチや直接原価計算，事業部業績測定が急速に発展した。このなかで，意思決定会計と業績管理会計の体系が徐々に優勢となってきた。これは意思決定を管理の統一的な概念とする行動科学的な管理論の一般化にともなうものと指摘されている（小林［1974］p.109）。アンソニー（Anthony［1964］p.4）は管理会計の体系論について，「計画と統制という2つのタイプの活動が相互に作用し，互いに溶け込んでいる」として，戦略的計画，マネジメント・コントロールおよびオペレーショナル・コントロールの3つの分類を設けた。また，ホーングレン（Horngren［1962］pp.3-4）は管理会計によって提供される情報のタイプを①記録保持（score-keeping），②注意喚起（attention-directing）および③問題解決（problem-solving）の3つに整理し，会計システムの目的を（1）株主等への外部報告，（2）業務活動の計画と統制のための内部報告，ならびに（3）長期計画策定および特別な意思決定のための内部報告に分類した。

1966年にはアメリカ会計学会（AAA）から『基礎的会計理論』（A Statement of Basic Accounting Theory：ASOBAT）が発表された（AAA [1966]）。このASOBATの特徴について津曲 [1967, pp.67-68] は，(1) 現実の会計実務との絆をさしあたり断ち切り，分析的研究にもとづいた会計理論の構築，(2) 会計を情報のシステムとして認識し，情報科学として包括的に再編成，(3) 他の学問領域での斬新な理論的成果の積極的な利用の3つに要約している。当時の情報技術の発展を背景に，経営情報システムと会計との関係が議論され，経営科学，行動科学やOR（Operations Research）が企業経営に導入された。廣本 [1993, p.343] は数理的・分析的な研究がこの時期の管理会計研究を特徴づけると指摘する。企業でもこの時期，PPBS（Planning Programming Budgeting System）が論じられ，ゼロベース予算（Zero-Base Budgeting：ZBB）へと発展した[9]。PPBSとZBBはいずれも公的組織への適用が試みられたが，この時代には注目すべき成果をあげることができなかった。これらについては次章で述べる。

　1970年代半ばまでには経済学，数学，統計学などを基礎とするモデル分析が盛んになる一方で，管理会計研究の実務からの乖離も指摘されるようになった。このなかで，ホーングレン（Horngren [1975]）は費用便益分析[10]の必要性を提唱し，会計にかかるコストを勘案して選択を行うべきだとした。

　1980年代に入りキャプランは，国際競争力の低下に苦しむアメリカ企業の経営管理についての観察を踏まえ，企業環境が大きく変化した現在，従来の会計システムは再設計を必要としているとして，1987年にジョンソンとともに『レレバンス・ロスト』（Johnson=Kaplan [1987]）を刊行した。そこでは，「実質的に1925年までに，今日利用されている管理会計実務は開発」されてしまい[11]，その後の管理会計研究は企業の管理会計実務との適合性を喪失したと指

---

9) PPBSとZBBについては竹森 [1978] によるサーベイ論文がある。
10) 費用便益分析は管理会計でも論じられるが，その出所は経済学であり，現在にいたるまで経済学で扱われることが圧倒的に多い。
11) キャプランら（Johnson=Kaplan [1987] p.176）は，19世紀や20世紀初期の管理会計の革新が製造会社の管理者および科学的管理運動のエンジニアによってなされたことに注目する。

摘した（Johnson=Kaplan［1987］pp.12-18）。この議論はその後の管理会計の展開に大きな影響を与えた。

その後，1988年にはキャプランはクーパーとともに企業実務との関係を深め，活動基準原価計算（Activity-Based Costing：ABC）を提唱した。さらに1992年にはキャプランはノートンとともにバランスト・スコアカード（Balanced Scorecard：BSC）を提唱した。これらの管理会計手法は各国の管理会計に影響を与えている。この状況を廣本［1993, p.438］は，『レレバンス・ロスト』の批判を契機に「米国管理会計は再び，技法開発の時代に入った」と評している[12]。

一方，1980年代にはわが国企業の経済的プレゼンスの拡大にともない，わが国企業で編みだされたJIT（Just-In-Time）および原価企画ならびにわが国企業で発展した全社的品質管理（Total Quality Control：TQC）などのいわゆる日本的管理会計の国際的な伝播のプロセスが始まった。TQCは米国ではTQM（Total Quality Management）となり，1987年にはアメリカでマルコム・ボルドリッジ国家品質賞（MB賞）が創設されるなど，大きな潮流となった。

第2節　アメリカを除く主要国の管理会計の展開

本節ではイギリス，ドイツおよびフランスにおける管理会計の展開を簡潔に鳥瞰する。ヨーロッパの管理会計研究の傾向は，一般にアメリカのものとは異なることが多い。たとえば，近年の管理会計研究では戦略との関係が論じられることが多いが，北アメリカ的な研究は研究対象を名詞的にとらえ，すでに確定されたモノとして扱うのに対して，ヨーロッパ的な研究は研究対象を動詞的にとらえ，モノができあがりつつあるコトとして扱おうとすると指摘されている（澤邉=堀井［2008］監訳者あとがきp.249）。同様に，管理会計研究の展開についても各国それぞれに異なった展開をみせている。

12）廣本［1993, p.438］はそのうえで，「そうであれば，間もなく，新しい技法を含めて，新たな体系化を図らなければいけない時がくる」と記している。

1．イギリスの管理会計の展開

　現在はいずれかといえばアメリカ管理会計の影響のもとにあるイギリスであるが，その歴史はアメリカよりも古い。20世紀以前におけるイギリスの原価計算の華やかな時期には，1760年以降の産業革命の時期と1870年以降のいわゆる原価計算ルネッサンスと呼ばれる時期の2つがある（鈴木［2001］p.22）。

　産業革命期の原価会計は統制の手段というより，合理的な価格設定のためと考えられていた（鈴木［2001］p.25）。当時，意思決定のための利用は重要な程度にまでは進展しなかった（Pollard［1965］pp.248-249）。

　英語圏では19世紀の最後の30年間に，原価計算ルネッサンスといわれる現象が生じた（Solomons［1968］p.17）。これは鉄道が輸送革命をもたらし，原価の削減や製造能力の拡大が生じたが，需要の増加が生じなかったことにより景気後退がみられ（鈴木［2001］p.33），価格低減が求められたためである。

　当時のイギリスでは労使対立が相当に顕著となり，社会矛盾が工場内部にきわめて顕著にあらわれた（大下［1991］p.166）。このため，企業家が労働者に対して公正な分配を行ううえで，公正な原則にもとづいた正確な帳簿が要請された（大下［1991］p.167）。このような状況のもと，ガークとフェルズは原価帳簿と財務簿記をひとつの整合的なシステムとして統合した（Garcke=Fells［1887］pp.74-75）。これについて大下［1996, pp.15-16］は，人と物を，伝票システムを基礎とし，勘定を媒介として，工場・倉庫・会計事務所の三者のなかに整然と組織化されていると評している。

　イギリスで発達した原価計算は，19世紀末から20世紀にかけてアメリカに移植された。20世紀に入るや，アメリカの経済規模の拡大にともない，アメリカの会計が急速に進展した（鈴木［2001］p.96）。ガーナー（Garner［1954］p.341）は「1900年以前の最初の考え方と手続きの大部分はイギリスの原価会計士たちが貢献した…その年以後はアメリカの理論家と実務家が同時代のイギリスの専門家たちよりも進んでいて，イギリスの専門家たちは二度とその優位性を取りもどさなかった」と指摘する。

　ジョンソンとキャプラン（Johnson=Kaplan［1987］pp.142-143）は，レスリ

ーの議論（Leslie［1983］p.171）に根拠を求めつつ，当時イギリスが他の主要国よりも理想的な自由市場状態に近かったとして以下のように述べている。

　…イギリスの企業は，単一工程で専門化する傾向にあったので，中間アウトプットの原価を確かめるために会計記録は必要なかった。市場価格が必要なすべての原価情報を実質的に提供したのである。これに対して，アメリカの企業は，ひとりの経営管理者のもとで複数の工程を統合化する傾向にあったので，内部で製造された中間アウトプットの原価を計算するのに原価勘定が必要であった。…イギリスの市場制度がより高度で効率的であったことによる当然の結果である。この効率性のおかげで，イギリスの企業にとっては，市場交換を通じて異なる生産工程を調整することが有益となり，その結果，精巧な内部原価計算手法の必要性が排除された…。

　第1次大戦は市場価格の公正さを失わせ，企業家に暴利追及の機会を与えた。超過利潤税なども実施されたが効果はなく，製造業者に原価の厳密なる調査を強制した。多くの会計士が政府に雇用され，原価は製造業者の正当な価格と暴利を区別する基準決定の鍵とされた（鈴木［2001］p.80）。
　第1次大戦後の産業復興機運のもと，技術的基礎としての原価計算，とくに能率向上を目的とする科学的管理と結合した科学的原価計算が注目された（鈴木［2001］pp.89-90）。その結果，アメリカの理論と実務の導入は当然とされた。また，国家再建に向けた雇用主と作業者間の協力の結果，原価計算には労使間の利害調整手段としての機能が期待された（Loft［1986］pp.148-150）。1920～1930年代の産業合理化運動の間も科学的原価計算が啓蒙された。
　1939年に始まった第2次大戦により能率への関心は減退し，原価計算は価格決定のためのものに回帰した。しかし，戦争の終結にともない，能率が真剣に考慮されるようになった（鈴木［2001］p.203）。そして，アメリカがイギリスに対して先進的な経営管理手段を提供し経済復興を支援する観点から，英米生産性協議会（Anglo-American Council on Productivity）が設立された。
　イギリスにおいて原価計算が会計の領域として定着したのは必然ではない

(Loft〔1988〕pp.70-71)。19世紀のイギリスでは原価計算は会計士に対立する存在としての技師（engineers）と結びついていた。それにもかかわらず、原価計算にたずさわる人々が会計士協会を創設したのは、伝統的な勅許会計士協会等の社会的な存在感が影響していたとロフトは指摘する。イギリスで原価計算が会計士の職業として成立したことは、大陸ヨーロッパ諸国で原価計算が技師に独占されてきたのとは対照的であるとされる（Perren〔1944〕p.1076)。

2．ドイツの管理会計の展開

　ドイツでは従来の研究系譜のなかに管理会計論は位置づけられていない（小林〔1992〕p.62）。時代の要請を受けて1900年前後には商科大学が各地に設置された[13]。ドイツの学問と大学の長い伝統から、商科大学固有の学問とは何かといった厳しい理論的要請のなかで、現在の経営経済学につながる私経済学が誕生した（吉田ほか〔1982〕pp.3-4）。ドイツの管理会計は経営経済学の一分野として、その研究の多くは原価計算論として行われており、一部が経営計画論、経営分析論等の隣接分野で取り扱われている（小林〔1992〕p.62）。ドイツ型原価計算はその発展の経緯から、価格政策を志向する系譜といわれており、原価低減を志向するアメリカ型原価計算や原価の正確な計算を志向するイギリス型原価計算とは異なっている（建部〔2003〕p.338）。

　ドイツの原価計算論の起源を明確に決めることはできないが、1920年ごろまでは近代的原価計算の本質ともいうべき原価管理思考がほとんど不在であった（柳田〔1987〕pp.14-15）。ドイツの近代的原価計算はシュマーレンバッハ[14]に始まる。シュマーレンバッハは給付を経済活動の評価された収益と理解し、給付生産によって原価計算上発生する財貨消費を原価、損益計算上発生する財貨

---

13) ドイツ経済の発展に対処しうる経済人の養成、とくに対外進出の先兵をなす高等商人の要請の必要から、1898年にライプチヒとアーヘンに、1901年にケルンとフランクフルトに、1906年にベルリンに、1907年にマンハイムに、1910年にミュンヘンにそれぞれ商科大学が設立された。この商科大学の設立は当時の先進国イギリスにはみられない（吉田ほか〔1982〕p.3）。

14) シュマーレンバッハ（Eugen Schmalenbach）は精錬業者の息子で、工場経営者を志したこともあり、ライプチヒ商科大学を卒業し、ケルン商科大学を中心に活躍した（柳田〔1987〕pp.18-23）。原価計算における代表作はシュマーレンバッハ（Schmalenbach〔1934〕）である。

消費を費用と名づけ，当時の慣用語に適合させつつ，原価計算と損益計算とを概念上区分した。そして，原価計算の目的を，生産形態の相違によって重要となる経営態様のコントロールと価格計算にあるとし，価格算定のための道具と位置づけている（柳田 [1987] p.26）。

ドイツの原価計算はその後，実際に生じた原価を計算する実際原価計算には計算が迅速に行えず，異常値の算入などの短所があることから，正常化された原価等を用いる正常原価計算へと発展した。また，大企業が多く，激しい競争のために節約を余儀なくされた製鉄業を中心に，コスト・コントロールのより可能な弾力的正常原価計算が発展した（柳田 [1987] p.51）。正常原価計算はさらに，計算過程に計画原価を含み，実際に生じた原価と比較する標準・実際分析をともなう計画原価計算に発展し，有効なコスト・コントロールが可能となる弾力的計画原価計算へと発展していった（柳田 [1987] p.71）。

その後，操業度が大きく変動するさいには計画原価計算によっても十分なコントロールができないことが認識された。それまでの全部原価計算の欠点を踏まえ，アメリカの直接原価計算の影響も受けつつ，1953年にプラウトによって限界計画原価計算が導出された（中田 [1997] pp.49-50）[15]。キルガー（Kilger [1970]）はこれを意思決定システムとしてとらえ，短期計画上の問題に意思決定原価を提供しうる弾力的限界計画原価計算に発展させた（柳田 [1987] pp.131-151）。

一方，リーベルは重化学工業の連産品の研究からヒントを得て，相対的個別費・補償貢献額計算を提示した（柳田 [1987] p.189）[16]。製品組合せ，不完全・隘路操業下での意思決定等に有益な情報提供が可能であることが長所とされる。

近年，製造現場のFA（Factory Automation）化とともに，企画・設計等を

---

15) 中田 [1997] はプラウトの以下の文献を紹介している。
　Plaut, H. G., Die Grenzplankostenrechnung, *Erster Teil und Zweiter Teil*, in : ZfB., 23. Jg. 1953, S.347-363 und S.402-413.

16) 柳田 [1987] はリーベルの論説を体系化したものとしておもに以下の文献に基づき考察している。
　Ribel, P., *Einzelkosten- und Deckungsbeitragsrechnung – Grundfragen einer market- und entscheidungsorientierten Unternehmensrechnung, Vierte. Wesentlich erweiterte Auflage –* Wiesbaden: Gabler, 1982. （初版は1972年）

含めたCIM (Computer-Integrated Manufacturing) 化が進展している。このような環境変化を受けてラスマンは，短期的な計画やコントロール等のための経営計画原価計算を1980年代に提示した（中田 [1997] pp.205-226)[17]。

ドイツの経営経済学ではアプローチの違いなどから学派が存在する。原価計算の分野においては現在，プラウトやキルガーに代表される限界計画計算派，リーベルに代表される相対的直接費計算および補償貢献額計算派およびラスマンに代表される経営計画原価計算派の3つのグループに分けて考えるのが一般的であると指摘される（尾畑 [1996] p.16)。ドイツの原価計算はアメリカの原価計算に比べ，理論的厳密性を有している（櫻井 [1981a] p.21)。そこでは生産諸現象のコスト・ビヘイビアへの影響の体系的説明が中心であり，戦略的要因や動機づけの問題はほとんど取り上げられていない（小林 [1992] pp.63-67)。小林 [1992, p.70] は「ドイツでは，経営管理職能に関する概念区分が伝統的に重んぜられている代わりに現実のマネジメントが直面している問題を総合的に解明する姿勢がアメリカほどには強くないといえるのかも知れない」と述べている。

さらに，近年のABCについてドイツでは，経営活動を活動ではなく，より大きなプロセスに分解するプロセス原価計算として考えられている。限界計画原価計算が十分でない間接費についてはプロセス原価計算を用い，生産領域では限界計画原価計算を用いるというように，プロセス原価計算が限界原価計算とセットになってABCに相当するものを作り出している（尾畑 [1998] p.54)。

3．フランスの管理会計の展開

フランスの管理会計は，アメリカ，イギリスおよびドイツとも異なる展開を

---

17) 中田 [1997] はラスマンのおもに以下の2文献に基づき考察している。
　Laβmann, G., Aktulle Probleme der Kosten-und Erlösrechnung sowie des Jahresabschlusses bei weitgehend automatisierter Serienfertigung, in ; *ZfbF.*, 36 (11/1984). および *Besonderheiten der Ermittlung des Per iodenerfolges beim Einsatz von automatisierten Produktionssystemen im Industrieunternehmen, in ; Unternehmungserfolg −Planung-Ermittlung-Kontrolle−*, Herausgegeben von Michel Domsch, Franz Eisenführ, Dieter Ordelheide und Manfred Perlitz, 1988, Wiesbaden.

みせてきた[18]。フランスの管理会計は工業会計から分析会計へ，そして管理会計へと発展しつつある（大下［1996］）。タブロー・ドゥ・ボール（Tableau de bord）もフランス管理会計のもうひとつのルーツとされている（Lebas［1996］p.78）。

フランスでは19世紀に入ってから工業会計に関する著作がみられた。大下［1996, p.14］は1880年ごろのギルボーの一連の著作に注目し[19]，製造過程に即して原価の流れを跡づけようとする生産管理的な計算思考を有しており，これにより会計の統制機能が与えられると指摘する。大下［1996, p.21］は，イギリスにおける上述のガークとフェルズの議論と比較しつつ，ギルボーは簿記とは区別された会計の必要性を提唱したとする。ギルボーは簿記に対立するあたらしい会計概念について勘定の結合性を中核に据え，会計の本質を「勘定を組織する科学」とした（大下［1996］p.42）[20]。

大下［1996, p.70］によれば，勘定が配置される枠組みであるプラン・コンタブルはフランス会計学の議論のひとつの中心である[21]。そして，「企業管理の実践の場で，単なる帳簿係とは区別された会計担当者（le comptable）が技術者の協力を得て，企業組織構造に適切な勘定の結合のあり方を研究しつづける

---

18) フランスの管理会計のわが国企業実務への影響はあまりみうけられないが，管理会計の国ごとの特徴ある展開という観点から本書ではとりあげている。

19) 大下［1996］はギルボーの以下の著作に注目している。
 Gulbaut, C. A., *Traité d'économie industrielle, études préliminaire, organisation et conduite des enterprises*, Paris, 1877. および *Traité de comptabilité et d'administration industrielle*, 2nd éd., Paris, 1880.

20) 大下［1996, p.48］は，ギルボーらが，会計組織における結合性の場を総合仕訳帳に求めていることに注目している。この総合仕訳帳はタブロー形式（一覧表形式）をとり，勘定関連分析表の形式をとるとする（大下［1996］p.48）。後述するプラン・コンタブルやタブロー・ドゥ・ボール等でもこの思考様式が強く観察される。さらに，大下［1996, p.189］は，「もっと歴史をさかのぼれば…18世紀のフランス重農主義者ケネー（F. Quesnay）の『経済表』に辿りつくであろう」と指摘する。

21) 大下［1996, p.67, 69］は，「フランスの会計制度は…プラン・コンタブルを基礎にして構築され…フランス会計学は…プラン・コンタブルを巡ってほとんどの議論が進められていると言っても，大きな誤りはない」とし，プラン・コンタブルという用語は「遅くとも1920年代には一般に利用されていたと考えられる」とする。

ことが，結果として業種別の様々な会計勘定結合案を生み出すことになった」と指摘する。1920年代にはランベールが実務経験をもとにさまざまなプラン・コンタブル案を提示し（大下［1996］p.71)[22]，これによりフランスの工業会計論が完成した（大下［1996］p.89）。

第1次大戦後，戦時中の経験および戦後の産業組織の近代化・合理化構想のなかで会計の社会的な役割が認識さてきた（大下［1996］p.97)[23]。戦前からのテイラー・システム導入の試みは，国際競争に勝ち抜くための国民的生産力の増大，そのための労使の一致した協力体制の論理のもとに，次第にテイラー主義は工場という枠を超え，社会システムそのものを変革しようとする論理となり，この流れのなかでファイヨールの『産業ならびに一般の管理』(Fayol [1916])があらわれた（桜井［1976］pp.28-29）。これを背景として，この時期に会計の基準化が進められた（大下［1996］pp.97-111）。

1930年代には協調組合型もしくは同業組合型経済が形成されはじめ，1940年に成立したヴィシー政権において，協調組合型の社会・経済体制の復興という理念は一挙に公認の体制イデオロギーとなった（田畑［1979］p.195）。1942年には国家主導的経済体制のもとで，政府による価格統制を媒介とした企業統制の手段として，統一的会計プランであるプラン・コンタブル・ジェネラルが制定された（大下［1996］pp.117-118）。そこでは財務会計に相当する一般会計と管理会計に相当する分析会計とが統合され，原価計算が一般会計に組み込まれた（大下［1996］p.118）。

第2次大戦後の1947年のプラン・コンタブルでは，以前の時代状況と一線を画する等の事情から一般会計と分析会計とは相互に独立した。しかし，分析会計は一般会計のための情報提供，費用の分析という限られた役割を担わされることとなった（大下［1996］p.126）。

---

22) 大下［1996］は，ランベールの以下の文献を引用している。
　Lambert, C., *Comptabilité et Organisation administrative dans l'Industrie*, 5e éd., 1926.
23) 大下［1996, pp.97-98］によれば，このような認識は，「会計を職業とする人々によって積極的に行われたというよりも，政府とりわけフランス商務省・税務当局などにおける国家の経済（産業）政策・財政政策によって進められることとなった」。

フランス管理会計のもうひとつのルーツとされるタブロー・ドゥ・ボールはエンジニアのための意思決定手法である。定まった形式を持たないことから，それ自体の構造については理論化の対象とはならなかったが，経営実践では早くから広範に採用されてきた（大下 [1998] p.96）。アメリカやイギリスの管理会計の責任会計には財務思考が強いのに対して，このタブロー・ドゥ・ボールではプロセス志向性がみられ，主要な変数，業務情報などが強調され，コントロール・システムは物量情報を重視しかつコンパクトで，グラフ志向性を有する（大下 [1998] p.98）。

タブロー・ドゥ・ボールと責任会計とは企業経営の実践においては接近して考えられており，現在でも業務レベルではタブロー・ドゥ・ボールが責任会計よりも大きな割合を占め，上位の経営レベルではそれが逆転する構造である（大下 [1998] pp.98-99）。この背景としてフランスでは，イギリスの原価会計士のような専門家の職業団体が広く社会的に形成される土壌がなく，特定のグランゼコール出身のエンジニア集団が企業経営の実質的な実権を掌握する集団のひとつになっていたと指摘されている（大下 [1998] p.100）。

1980年代に入りフランスの管理会計は，制度的な枠組みにとらわれずに議論がなされるようになった。大下 [1996, p.180] は「1980年代後半以降，統合会計システムにみられるような会計視点からの管理…領域の再編構想，石油危機後のコントロール・ドゥ・ジェスティオン…（＝マネジメント・コントロール）論の生成・発展，さらに英米での『レレバンス・ロスト』論争，これらを主要な原因としてフランスで新しく管理会計論が登場してきた」と指摘する。

大下 [1996] は現在の3つの大きな流れを指摘する。まずロリノに代表される流れである。ロリノは組織の質を重視し，組織的革新の重要性を踏まえ，原価と価値の組合せの視点からアプローチする（大下 [1996] pp.180-182）[24]。

つぎにルバに代表される流れである。ルバは会計とは企業のモデル化の手段であるとする（大下 [1996] p.160）。その観点からは今日の分析会計は企業の現実に対応していない（大下 [1996] p.186）。そして，顧客の期待に対応する

---

24) 大下 [1996] はロリノ（Lorino, P., *L'économiste et le manager*, Edition La Decouverte, 1989）を引用する。

ために必要な行動の実行プロセスである活動を基軸とし，タブロー・ドゥ・ボールを用いつつ活動基準による全体的な構想を提示する（大下［1996］pp.186-191）[25]。

さらにブッカンの流れがある。彼はコントロール論からの問題提起を試みる（大下［1996］p.192）。ブッカンは原価を製品に結びつける「フローの構造化」，原価態様をモデル化する「原価のモデル化」（大下［1998］p.112）および意思決定要求から必要となる「情報要求の多様化」を基軸に，管理会計の概念フレームワークを構築する（大下［1996］pp.219-220）[26]。

第3節　わが国の管理会計の展開

つぎに，わが国の管理会計の展開を概観する[27]。本節では第二次大戦前と戦後に分けて概観し，わが国管理会計の特色をまとめる。

1．戦前および戦中の管理会計の展開

わが国の戦前および戦中の展開は原価計算分野が中心であり，簿記（とくに工業簿記）から原価計算論へと展開した。明治期の1874年には福沢諭吉の『帳合之法』が刊行された[28]。これはアメリカの商業学校における教科書の翻訳であった。同年にはイギリス人の指導のもと大蔵省より『銀行簿記精法』が刊行

---

25) 大下［1996］は，ルバの以下の2つの文献を引用する。
　Lebas M., L'ABM ou le Management Basé sur les Activités, *Revue Française de de Comptabilité*, No.237, Sept. 1992. および Essai de définition du domaine de la *comptabilité* de gestion, *Revue Française de de Comptabilité*, No.244, Oct. 1993.
26) 大下［1996］はブッカン（Bouguin, H., *La Comptabilité de Gestion*, Sirey, 1993）を引用する。
27) わが国会計史研究では，従来，主として簿記・会計基準等の発展プロセスに焦点があてられ，管理会計史の総合的研究は少ない（岡野［2006］p.99）。
28) 岡野［2006, p.100］は，江戸時代の会計研究の必要性について以下のように指摘する。
　会計について社会的・文化的意義から考察する場合，江戸時代と明治維新との連続と変化の両面をさぐる必要性を喚起すべきである。すなわち，近代的な「会社制度」の移植との関係，さらには江戸時代における「会社制度」と大福帳として総称される帳簿システムのみならず経営管理システム全体との関係性の分析が必須となる。すなわち，実際の企業経営における簿記の浸透プロセス（および抵抗・反対）をみながら，技術・業務の進め方，経営組織・組織文化などの集合体と会計との関係性として，さらには簿記の技術教育への偏重という日本における会計教育の問題性として捉えなおすことが必要となる…。

された（建部［2003］p.38）。明治初期の欧米簿記文献の輸入はアメリカとイギリスの2つのルートから行われた。工業簿記文献としてはアメリカの文献とイギリスの文献の抄訳ないし抜粋によってつくられた有澤菊太郎編『製造所簿記教科書』（1887年）が最初と指摘される（建部［2003］pp.41-42）。

当時，アメリカではテイラーの科学的管理法が興隆した。1911年にはわが国にも紹介され，1913年にはテイラーの『科学的管理法の原理』の抄訳が出版されるなど，理論および実務レベルでは早くから考察された（岡野［2006］p.101）。1920年代には日本能率研究会が設立され，啓蒙・普及運動も展開された（岡野［2006］pp.101-102）。科学的管理法の企業への導入は当時でも日本的な色彩を帯びており（一本木［1992］pp.125-127），戦後のQCサークル運動に似た現場労働者を含む全員参加型の手法も採用されていた（高橋［1994］pp.122-123）。この時期はいわゆる日本的経営の形成時期と連続しており，家族的温情主義や中枢的労働者への終身雇用・年功序列制といった日本的経営の特質が，不況，労働運動の高揚，合理化の追求などの明治末から大正時代の経済状況からもたらされたが，科学的管理法もこれを促進させるものとして機能した（岡野［2006］p.102）。

わが国で原価計算の名を冠した翻訳文献『工場原価計算論』（旦睦良訳）は1915年に出版され，1925年からの昭和年代の始めころから原価計算論が活発化してきた（青木［1959］p.37）。1930年代前半の長谷川安兵衛『原価会計学』[29]によってわが国の原価計算論の土台が完成した。

第1次大戦中から戦後にかけて欧米で産業合理化運動が興隆した。わが国でも1920年代後半には産業合理化運動が生じた（建部［2003］pp.133-137）。これを背景として，経営合理化の一環として経営実体の計数的把握を一層精密化すべく，原価計算による経営内部活動の会計的把握に重点がおかれた。商工省産業合理局による1938年の原価計算基準はこの産物とされる（青木［1959］p.37）。産業合理化運動のひとつとして研究者側からは標準原価計算論が展開され，1931年には長谷川安兵衛『標準原価の研究』が上梓された。

---

29) 『原価会計学（上巻）』は1930年に，『原価会計学（下巻）』は1933年に，上下巻の合本は1934年に，それぞれ出版されている。

一方，予算管理[30]については学会では1926年以降，予算統制（当時）の問題が研究されるようになり（古川［1952］p.80），予算統制の最初の著書として1930年に長谷川安兵衛『予算統制の研究』（青木［1962］p.5）が刊行された。1936年にはわが国企業界での予算制度の現状についての実証的研究がなされ，「調査の総合的結果より判断するに…我企業界が予想外に早くから予算制度に関心を持ち，その進展振りが案外に著るしい」と指摘された（長谷川［1936］pp.33-34）。企業実務では早い段階から予算統制が導入されていた[31]。

わが国，ドイツおよびイタリアが国際的に孤立を深めるなか，1930年代後半には原価計算の分野でもアメリカ・イギリスの文献よりもドイツの文献がわが国に数多く流入し，ドイツ原価計算論はわが国の原価計算論の精緻化に大きな役割を果たした。これにより，わが国の原価計算論に固定費の管理，正常な操業度の認識が生まれ，わが国の伝統的原価計算論の大枠が固まった（建部［2003］p.260）。

1930年代後半以降の戦争経済に入り，原価計算の目的も軍需品の調達価格の計算が中心となり，原価計算が各軍需工場で実施された（青木［1959］p.37）。陸海軍による製造工業原価計算要綱や各業種別の原価計算要綱および企画院による1942年の製造工業原価計算要綱はこの時代的背景のもとでの産物であった（青木［1959］p.37）。

わが国での原価計算の実務への普及は個別企業からの展開ではなく，政府および軍の強制力を通じた国家主導型の普及形態をとったと指摘されている（建部［2003］p.312）。第2次大戦中には潤沢な資金供給下における原材料の絶対的不足という状況を反映し，いわば実物的計算制度である原単位計算制に移行した（岡野［2006］p.103）。原価計算制度には貨幣価値的計算による生産効率の把握に意義があるのに対して，原単位計算制は生産要素の量の比較検討による効率の把握に意義があると指摘されている（岡野［2006］p.103）。

---

30) 一般的には予算統制という用語があてられている。本章注3参照。
31) ただし，予算制度の採用率はわが国のほうが高いとしても，完全予算制度の実施率はアメリカのほうが高いことから，古川［1952, p.84］は「質的にはわが国企業の予算制度は，アメリカよりも遅れていることは否定すべくもないであろう」と指摘する。

以上のようなわが国の原価計算は，建部［2003, p.338］が述べるように，発展の経緯から，原価の正確な計算を志向する系譜，原価低減を志向する系譜，価格政策を志向する系譜に分けることができる。これはそれぞれイギリス型原価計算，アメリカ型原価計算，ドイツ型原価計算である。

2．戦後の管理会計の展開

　戦後のわが国の管理会計はアメリカ管理会計の翻訳的導入[32]を中心として展開した。その後もわが国の管理会計研究者はアメリカの管理会計論と実務に強い関心を示し，長年にわたりこの分野の研究が蓄積されてきた（挽［2007］p.2）[33]。ここではアメリカ管理会計の翻訳的導入などの骨格とともに，日本企業の管理会計の展開について簡潔に概観する。

　わが国の管理会計の発展に対するアメリカ会計学会（AAA）の関連委員会の報告書の影響力，とくに最初のころの報告書の影響力は，研究上の問題を投げかけ，指針を与えるものであった（櫻井［1981c］p.1）[34]。また，アメリカ会計学会は『基礎的会計理論』（ASOBAT）を1966年に発表し，1969年にはわが国でも翻訳された（AAA［1966］）。これらのアメリカ会計学会の報告書は管理会計の基準ともいいうるほどの指導性を持ち，わが国の研究に影響を与えた（櫻井［1981c］p.77）。

　また，実務家を中心とするアメリカ会計人協会（National Association of Accountants：NAA）の報告書（NAA Research Series）の翻訳的導入もなされた。標準原価計算や直接原価計算，損益分岐点分析，事業部制下での社内振替価格など，管理会計手法を中心とするアメリカ会計人協会の報告書は1943～

---

32) 西澤［2006, p.35］の用語である。
33) この状況について津曲（円卓討論［1981］p.119）は以下のように述べている。ただし，いわゆる日本的管理会計の研究が注目を浴びる前の段階であり，そこは割り引く必要がある。
　　…戦後まもない日本の近代経済学について，経済学学だとか経済学者学といわれたことがありますが，管理会計論も，管理会計学学か学者学か知りませんが，アメリカなどからの直輸入ばかりで，…日本の現状を直視した研究がもっとあってもよい…
34) 1951～1961年の6編のAAA報告書の英文および和訳，1966年ASOBAT第4章の要約ならびに1969～1977年の14編のAAA報告書の要旨については，櫻井［1981c］が解説しつつまとめている。

1967年で43編が発行され，うち30篇が日本生産性本部を中心に翻訳され，戦後のわが国管理会計の構築に決定的な役割を果たした（西澤［2006］pp.35-38）。その後，アメリカ会計人協会[35]は1980年代から意見書（Statements on Management Accounting）を刊行し，2000年までに55編[36]にのぼった（西澤［2006］pp.40-44）。しかし，このうち1995年以降の27編の翻訳は行われず，これをもって西澤［2006, p.44］は「戦後の翻訳的導入の時代が終焉を迎え」たと指摘する。

アメリカ管理会計の翻訳的導入とともに，戦後の行政主導型の経済運営のもと，企業会計も各省庁の主導により展開された（西澤［2007］p.13）。その中心は通商産業省産業構造審議会であり，1951年から1972年までの間に6編の管理会計の答申書を公表した（西澤［2007］pp.13-18）[37]。同答申書は組織と機能の両面において戦後のわが国管理会計を再構築した（西澤［2007］p.13）。

その一方で，わが国企業の管理会計実務に焦点をあてた研究も鋭意進められてきた。また，わが国企業活動の興隆を背景に，1980年代以降，わが国企業を対象とした事例研究および実証研究が花開いた。

1950年代には標準原価計算に関する文献が激増したが，多くはアメリカ・イギリス文献の紹介であった（挽［2007］p.12）。しかし，実務家が参画した『管理のための原價計算』（中西ほか［1953］）は「わが国…企業が差し当たり努力すべき…は…原単位の開拓，原単位計算の実施にある」とし（中西ほか［1953］

---

[35] アメリカ会計人協会（NAA）は1991年にアメリカ管理会計人協会（Institute of Management Accounting：IMA）と名称変更された。

[36] 管理会計ステートメントの中心は，管理会計の実務及び手法（55編中42編）であり，若干（7編）が会計活動の管理に分類される（西澤［2006］p.40）。

[37] 6編の報告書は以下のとおり。

　答申第1号　通商産業省産業合理化審議会『企業における内部統制の大綱』1951年。
　答申第2号　通商産業省産業合理化審議会『内部統制の実施に関する手続要綱』1953年。
　答申第3号　通商産業省産業合理化審議会『経営方針遂行のための利益計画』1956年。
　答申第4号　通商産業省産業合理化審議会『事業部制による利益管理』1960年。
　答申第5号　通商産業省産業構造審議会『コスト・マネジメント－原価引下げの新理念とその方法』1966年。
　答申第6号　通商産業省産業構造審議会『企業財務政策の今後のあり方』1972年。

序p.3），「価格は単に計算価格的性格をもつにすぎない」（中西ほか［1953］p.22）ので「物量的標準による物量原価の管理」（中西ほか［1953］p.27）を提言した。また，実務家が参画した『原價管理―理論と實際』（松本ほか［1953］）は，アメリカ等と経済環境を異にするわが国企業への標準原価計算導入の理論を構築しようとした（挽［2007］p.12）。工業標準化の遅れから生じる原材料の不安定な品質による損失の別途報告（松本ほか［1953］p.268）や，科学的管理法の遅れから「管理を板につかせる」こと（松本ほか［1953］p.270）の重要性が提言された。1950年代の研究は日本能率協会，東京商工会議所や産業經理協會等を介して，研究者と実務家との協力がうまく図られていたと指摘されている（挽［2007］p.20）。

その後，わが国企業では事業部制への関心が高まった（古川ほか［1960］序p.3）ことを受け，1960年代には事業部制による利益管理に関する研究が精力的に行われた（挽［2007］p.20）。代表的なものとして1960年の通商産業省産業合理化審議会答申『事業部制による利益管理』がある。挽［2007, p.23］は事業部制を「アメリカが先にやったとも言えない」との見解（山邊ほか［1959］p.77）を引用しつつ，「実際，米国の事業部制とは異なる展開がこの頃からみられる」と指摘する[38]。また，事業部制による利益管理について，当時の理想型とされていた製品別ではなく，販売・製造などの機能別の事業部制がとられていたわが国企業の実務上の課題についての研究も行われた（溝口［1963a, 1963b, 1963c］）。

1970年代には管理会計研究と実務との乖離が指摘され（小林［1974］p.112）[39]，わが国企業の実務を直視した研究は非常に少なくなる（挽［2007］p.39）。それでも，岡本［1979］は日立と松下（現パナソニック）の2社を対

38）通商産業省産業合理化審議会財務管理分科会に実務家の委員として参画していた中山［1960, p.104］は，答申とりまとめ後，「事業部制というのは管理会計上の問題であり，管理会計…は，心理会計制度であって，理論的に理想倒れするよりも，関係者の心理がモティベートされるかぎりにおいて，理論的に不完全な制度であっても取りあげる価値が十分にある…」と述べている。
39）小林［1974, p.112］は「ここ1，2年ほどの間における管理会計論での問題は，管理会計実務での関心の置き方と，あまりにもかけ離れてしまったとの嘆きを耳にするのは，著者だけであろうか」と述べている。

象にしたケース・リサーチを行い，また，原価企画につながる研究（牧戸［1979］）[40]も存在した（挽［2007］pp.39-47）。

1980年代に入ってから欧米研究者の研究の関心が，わが国企業に対するアメリカ企業の競争力低下の分析に変化した（小川［1991］）。この文脈で注目されたいわゆる日本的管理会計は原価企画，原価改善，JIT，TQC，TPM（Total Productive Maintenance），ミニ・プロフィット・センターおよび内部資本金制度（社内資本金制度）など多様であった（挽［2007］p.58）。一般に管理会計手法は会計的要素のほかに経営的要素や社会的要素を多く含み（牧戸［2000］p.7），その計算技術的側面のみを議論しても日本的管理会計の本質をつかむことはできないとの認識は当時の研究では共通していた（挽［2007］p.58）。これらのなかには戦後GHQを通じてわが国に伝播したSQC（Statistic Quality Control）が，わが国でTQCとなり，今度はわが国のTQCがアメリカでTQMに発展するなど，太平洋を挟んだ「日米企業の相互学習の過程」を経ている（藤本［2001］p.370）ものもある。

ただし，実務における原価企画の萌芽は1960年代，ミニ・プロフィット・センターの代表例であるアメーバ経営は1965年，内部資本金制度は1954年にさかのぼることができる。しかし，管理会計研究の開始までには長い期間を要した。原価企画は1970年代末，ミニ・プロフィット・センターは1990年代後半以降に研究が開始された（挽［2007］p.70）[41]。

1980年代後半にはABCが，1990年代初頭にはBSCおよび経済的付加価値（Economic Value Added：EVA）がアメリカで誕生した。これを受けてわが国でも，わが国企業への導入研究，すなわち，ケース・リサーチ（アクション・リサーチを含む）あるいはサーベイ・リサーチ等を通じて，管理会計の組織への導入プロセスおよび導入の促進要因・阻害要因の分析等の研究が行われるようになった（挽［2007］p.60）。また，経営理念に加え，経営哲学や組織風土・

40）牧戸［1979，pp126-128］は，原価低減の重点が新製品の企画・設計段階に移動しつつあると指摘する。

41）溝口［1963c, p.94］からすると，内部資本金制度に関する管理会計研究の開始時期は，少なくとも1960年代前半にさかのぼることができるのではないかと思われる。

文化と管理会計との関係を射程に入れた研究も行われるようになった（挽［2007］p.71）。

さらに，わが国ではコーポレート・ブランドの研究（伊藤［2000］）とともに，管理会計でもコーポレート・レピュテーションのマネジメントに関する研究（櫻井［2005, 2008］）も徐々に行われてきている。レピュテーション・マネジメントなどを通じ，管理会計の研究対象としてインタンジブルズが注目されつつある。

3．わが国管理会計の特色

ここでは，わが国管理会計に関し，まず全般的な特色を，つぎにいわゆる日本的管理会計の特色を，これまでになされたさまざまな指摘をもとに概観する。まず，わが国の管理会計の全般的な特色である。田中［2000, pp.40-41］は以下を指摘する。長くはなるが引用する（亀甲括弧は著者挿入）。

(1) 海外の理論・実務の影響
　…現代的な管理会計は第二次大戦後主として米国から導入されたが，原価計算システムは第二次大戦前にドイツ，アメリカの技法を範として構築された。
　…〔現代的な管理会計は〕アメリカの管理会計に関する理論や技術の導入が政府主導で推進され，今日の管理会計の基礎を形成している。

(2) 製造主導の管理会計
　日本の管理会計の…特徴…は，製造主導で原価管理に重点が置かれていることである。アメリカの管理会計が財務主導型であるのとは対照的である。
　アメリカの企業では，…企業管理の中枢に財務や管理会計が位置づけられており，製造の管理は工場の現場に委ねられていた。財務部門はトップマネジメントの主要な供給源となっていた。
　これに対して日本の企業では，製造と販売が管理の根幹をなしており，財務は比較的最近まであまり重視されなかった。…製造の局面では，品質と原価が最優先され，末端の作業者に至るまで意識改革が進められた。品質や原価はTQCやJITのような製造システムによって主として管理され…管理会計はこれら製造シス

テムや開発機能と結合し，原価改善や原価企画というあらたな領域を開拓し，発展した。
(3) 財務会計による制約
　日本の管理会計の第三の特徴は，財務会計との紐帯がつよいことである。…管理会計が財務会計からうける拘束は〔アメリカよりも〕日本の方がはるかに大きい。…およそ30年前に設定された「原価計算基準」が，その後何の改定もされずに日本の企業を拘束し続けている。

　以上が田中によるわが国の管理会計の全般的な特徴である。いわゆる日本的管理会計については，上記の「(2) 製造主導の管理会計」を中心にさまざまな指摘がある。田中（円卓討論［2000］p.111）は「会計システムが生産システムに大きく依存している」と指摘する。岡野［2002, p.98］は製造現場との関係を端的に以下のように述べる（亀甲括弧内は著者補足）。

　　…欧米…〔で〕は，会計の機能をポジティブに捉え，財務的観点によって生産現場…の現実を…可視化しようとするのに対して，日本では，会計では生産現場を可視化できない…という基本認識が存在〔し〕…現場で従業員がもっている情報〔の〕取り込〔み〕という〔会計の〕仕組みと〔なる〕…

　そして岡野［2002, pp.155-158］は特質として以下の4点を指摘する。①品質・原価・納期などの機能ごとのクロス・ファンクショナルな活動を強調する機能別管理，②現場で生起する事象の体験による問題点の明確化を強調する現場・現地主義，③QCサークルのようなボランタリー性の強調，④「品質は現場で創り込む」・「原価のほとんどは設計段階までで決まる」という源流管理と創り込みである。
　また，尾畑（円卓討論［2000］p.115）はコントローラー制度を実践基盤として成立したアメリカの管理会計と対比し，わが国では「結局，コントローラー職能ですべてを統合してしまう方向に」はないとする。岡野［2002, p.159］も「日本企業における会計機能…は調整機能が中心であり…計画機能と統制機

能は事業部，工場，製造子会社などに委譲とされ，自律性を持っていた」と指摘する。コントローラーを中心とした管理活動とは異なっているのである。

第4節　まとめと考察

　最後に，第3節までの議論をまとめる。そのうえで公的組織への活用を前提に，管理会計への視座について考察する。

1．まとめ

　アメリカの管理会計は標準原価計算および予算管理を前史として1924年にマッキンゼーにより成立した。アメリカでは原価計算は技術者主導で簿記からは比較的自由に，原価低減を志向するものとして発展した。予算管理では公共予算と企業予算とがともに発展してきた。そして，第1次大戦後の不況期の能率向上や無駄排除が強調されるもとで，コントローラー制度を実践基盤とする管理会計が成立した。1960年代～1970年代には数理的・分析的な研究が興隆をきわめたが，1987年にはこのような研究は企業実務との適合性を喪失していると指摘され，企業実務との関係を深めたABCやBSCなどの研究が盛んになるとともに，いわゆる日本的管理会計の伝播もみられた。

　イギリスは19世紀には原価計算でアメリカに先行していたが，1900年を境としてアメリカに先行された。イギリスの原価計算は原価の正確な計算を志向している。第1次大戦後には科学的管理と結びついた原価計算が注目され，第2次大戦後には能率向上の必要からアメリカからの導入が進んだ。

　ドイツでは管理会計は固有の分野ではなく，原価計算が経営経済学の1分野となっている。ドイツ原価計算は操業度等の変化による価格政策を志向しており，理論的緻密性を有するものである。ABCはドイツではプロセス原価計算として取り入れられている。

　フランスではようやく1980年代から管理会計へと展開してきた。古くから存在するタブロー・ドゥ・ボールも管理会計のルーツのひとつとなっている。

　わが国の会計学研究は英米の簿記文献の輸入から始まった。1930年代前半には長谷川安兵衛により原価計算と予算統制の土台が完成した。科学的管理法は

比較的早い時期に紹介され，1920年代には啓蒙・普及運動も展開された。当時でも現場労働者を含む全員参加型の手法をとるなど，日本的な色彩を帯びていた。1930年代後半にはドイツ原価計算論が流入し，わが国理論の精緻化に大きな役割を果たした。1930年代後半以降の戦争経済に入り，原価計算も軍需品の調達価格の計算が中心となった。わが国での原価計算の実務への普及は国家主導型の形態をとった。

戦後のわが国の管理会計はアメリカ管理会計の翻訳的導入により発展した。また，通商産業省産業合理化審議会も1972年までに答申書を次々と公表し，行政主導型の展開もみられた。管理会計研究では1950年代には研究者と実務家との協力がうまく図られていた。しかし，1970年代には管理会計の研究と実務との乖離が指摘されるようになった。

1980年代以降はアメリカの理論を輸入するスタイルが大きく変わり，いわゆる日本的管理会計の研究も大きな流れとなった。日本的管理会計は研究に先行して実務での展開がなされた。現在では，これに加え，ABCやBSCの導入研究や，経営理念や組織文化との関係を視野に入れた研究も行われるようになった。さらにわが国では，レピュテーション・マネジメントなどのインタンジブルズの管理会計への導入も試みられている。

わが国の管理会計の全般的な特徴には，海外の理論・実務の影響，製造主導の管理会計および財務会計による制約という指摘がなされている。また，日本的管理会計には，現地・現物主義，ボランタリー性の強調，源流管理と創り込みなどが指摘されている。

2．管理会計への視座

以上，アメリカ，イギリス，ドイツ，フランスおよびわが国の企業の管理会計の展開を概観した。研究の方法という側面からすれば，現代の支配的な見解について法律学等を学んできた者の立場から管理会計を通観した。ほかの領域を研究してきた者が，公的組織への活用を前提に，管理会計についての知見をまとめることにもそれなりの学問的価値をみいだせると考えたからである。

管理会計は国により時代によりさまざまである。論を進めるに先立ち，ここ

でアメリカの管理会計との適度な距離感，個別の管理会計手法への適度な距離感および精緻な体系への距離感について若干の考察を行う。

まずアメリカの管理会計との適度な距離感である。現在のところ各国の展開にはそれぞれに特徴がみうけられ，ひとつの型に収斂しているわけではない。田中［2000, p.49］は以下のように述べている。

　一国の管理会計は一方的に外国の理論やスキルを受容するわけではない。自国の文化を基盤とし，外国の影響をうけて発展したある国の管理会計が，次の段階では逆に他国に影響を与える…かくして，英，米，独，仏そして日本の管理会計が相互に影響を与えながら，なおかつ独自性を維持している…先進国の管理会計はアメリカをモデルにしながら，共通…部分を…拡張してきている…

わが国の場合，いわゆる日本的管理会計にみられるように，その管理会計実践には大きな特徴を有する。この点は公的組織の管理会計を考察するにあたって留意されるべきである。

つぎに個別の管理会計手法への適度な距離感である。その手法は時代に応じてさまざまに主張され展開してきた。櫻井［1981a, p.2］は以下のように述べる。

　社会科学としての管理会計は，一定の社会経済的背景のもとで成立し，幾多の変化をとげながら現在に至っている。管理会計上の諸概念も，社会経済的環境の変化により，必要が生じたときに作られ，その必要が変化すれば概念もまた一層有益な概念に代わって古い概念が捨て去られることさえある。同様に，管理会計の本質，領域も時代的背景に照らして研究がなされなければならない。要するに，管理会計は，歴史的所産の１つである…

管理会計は歴史的所産のひとつであり，時代とともに変わる。公的組織を考察するにさいしても，現在の社会状況や時代の要請を考えることが重要になる。

それでは個別の管理会計手法はどのようにして編みだされるのか。この点に関して櫻井［1981b, p.68］は以下のように述べる。

管理会計の歴史は，経営学，経済学および工学など他の学問領域において発展せしめられた諸概念・技術を会計機構と融合し，自らのものとしようとする苦悩の歴史であった…かつて技術者の手法であった標準の概念を会計機構に導入し，標準原価計算として完成せしめた事実…をあげれば十分であろう。

　キャプラン（Johnson=Kaplan［1987］p.262）も「会計担当者は，管理会計システムを設計することに独占的な特権をもつべきではない…新たな管理会計システムを設計するとき，エンジニアや現場管理者の意欲的な関わり合いは必須なのである」と指摘する。

　したがって，現在に必要となる管理会計手法は管理会計の既存領域にあるとは限らない。隣接諸学からの吸収，実務家の積極的な参画が求められる。

　さらに精緻な体系への距離感である。各国でもしばしば精緻な体系への取り組みがなされた。しかし，管理会計が精緻な体系として安定的な存在であり続けたことは少なかった。伊藤［1992, p.377］は「制度化の過程，とくに管理会計ディシプリンの確立過程で，われわれは，技術者の疎遠という事態をまねき，さらに管理会計の理論と実務の乖離というやっかいな問題を抱えてしまった」と指摘する[42]。さらに伊藤［1992, pp.377-379］は以下のように述べる（亀甲括弧内は著者補足）。

　管理会計は，客観的・論理的で，かつすぐれて技術的，またそれゆえにすぐれて普遍的な内実…科学的方法が適用される領域…と，それが実践される社会における文化や風土…企業文化や組織風土…に規定される…
　科学的ないしは合理主義的方法が，いかに精緻な理論体系を作り上げたとしても，

---

42) 伊藤［1992, pp.6-7］は制度化という用語を，広重［1973, 1979］に依拠して用いている。そこでは，制度化における制度とは，とくに人々の政治的・社会的生活において法律，慣行を通して定着した行動形態や組織等を指し（広重［1973］p.43），科学の制度化の要件として，(1) 専門家集団の結成，(2) 専門教育機関と学会の結成，(3) 概念，ディシプリン等の専門化と合理化，(4) 教科書等による教育などがあるとする（広重［1979］pp.32-48）。

それだけでは現実は動かない…主観的なもの〔を〕…退けてきたのが，従来の科学的説明であった。いわば管理会計における理論と実務の乖離は，一つにこうした科学的説明の取りこぼしの帰結であった…

　精緻な体系は体系の理論と実務との乖離をともないやすい。公的組織の管理会計の考察に際しても，精緻な体系に付随する限界はつねに意識されねばならないと考える。

参考文献
青木茂男［1959］『近代原価計算論』税務経理協会。
青木茂男［1962］『近代予算統制論』ダイヤモンド社。
一本木俊昭［1992］『日本の企業経営』法政大学出版会。
伊藤邦雄［2000］『コーポレートブランド経営』日本経済新聞社。
伊藤博［1992］『管理会計の世紀』同文舘。
上埜進ほか［2005］『管理会計の基礎―理論と実践』税務経理協会。
円卓討論［1981］「管理会計の機能」『会計』Vol.120, No.6, pp.979-1000。
円卓討論［2000］「日本的管理会計の特質と海外移転」『会計』Vol.157, No.3, pp.107-137。
大下丈平［1991］「原価計算・管理会計史論についての一考察―ジョンソン＝キャプラン『失われた関連性』における問題提起を受けて」『經濟學研究』Vol.56, No.5/6, pp.145-188。
大下丈平［1996］『フランス管理会計論―工業会計・分析会計・管理会計』同文舘。
大下丈平［1998］「フランス管理会計の方法とその射程―分析会計から管理会計へ」『經濟學研究』Vol.64, No.5/6, pp.89-123。
岡野浩［2002］『日本的管理会計の展開―「原価企画」への歴史的視座　第2版』中央経済社。
岡野浩［2006］「日本管理会計史研究序説―社会史・文化史としての方法」『經營研究』Vol.56, No.4, pp.99-113。
岡本清［1969］『米国標準原価計算発達史』白桃書房。
岡本康雄［1979］『日立と松下―日本経営の原点（上）（下）』中公新書。
小川洌［1991］「環境変化と管理会計の革新－日本の管理会計実践をふまえて」『会計』Vol.139, No.2, pp.163-172。
尾畑裕［1996］「原価計算論の再構築―ドイツにおける原価理論・原価計算・コントローリングの発展に学ぶ」『会計』Vol.149, No.4, pp.15-28。
尾畑裕［1998］「ドイツにおけるABC/ABMの適用から学ぶもの」『企業会計』Vol.50, No.6, pp.53-59。

北野利信編 [1977]『経営学説入門』有斐閣新書。
小林健吾 [1974]「管理会計の新展開」『企業会計』Vol.26, No.1, pp.108-112。
小林健吾 [1994]『予算管理発達史 増補改訂版―総合的利益管理への道』創成社。
小林健吾 [2002]『体系 予算管理 改訂版』東京経済情報出版。
小林哲夫 [1992]「管理会計研究のフレームワーク―ドイツ経営経済学の現状」『会計』Vol.141, No.4, pp.62-77。
桜井哲夫 [1976]「デモクラシーとテクノクラシー」『思想』No.629, pp.22-37。
櫻井通晴 [1981a]『アメリカ管理会計基準研究―原価計算の管理的利用から現代の管理会計』白桃書房。
櫻井通晴 [1981b]『経営原価計算論 増補版』中央経済社。
櫻井通晴訳著 [1981c],青木茂男監修『A.A.A.原価・管理会計基準 増補版』中央経済社。
櫻井通晴 [2005]『コーポレート・レピュテーション―「会社の評判」をマネジメントする』中央経済社。
櫻井通晴 [2008]『レピュテーション・マネジメント―内部統制・管理会計・監査による評判の管理』中央経済社。
澤邉紀生=堀井悟志監訳 [2008]『戦略をコントロールする―管理会計の可能性』中央経済社。
鈴木一道 [2001]『イギリス管理会計の発展』森山書店。
高橋衛 [1994]『「科学的管理法」と日本企業：導入過程の軌跡』お茶の水書房。
竹森一正 [1978]「会計面より見たZBBとPPBS」『産業経理』Vol.38, No.1, pp.14-20。
建部宏明 [2003]『日本原価計算理論形成史研究』同文舘。
田中隆雄 [2000]「日本的管理会計とグローバル・スタンダード」『会計』Vol.157, No.3, pp.39-58。
田畑博邦 [1979]「第5章 ヴィシィ体制下の産業・労働統制―「労働憲章」を中心に」,東京大学社会科学研究所編『ヨーロッパの法体制（ファシズム期の国家と社会5）』東京大学出版会。
辻厚生 [1988]『管理会計発達史論 改訂増補』有斐閣。
津曲直躬 [1967]「会計理論拡張の青写真：AAA『会計の基礎理論の表明』をめぐって」『企業会計』Vol.19, No.1, pp.67-73。
中田範夫 [1997]『ドイツ原価計算論―直接原価計算を中心にして』晃洋書房。
中西寅雄ほか [1953]『管理のための原價計算』白桃書房。
中山隆祐 [1960]「事業部制実施上の問題点」『産業経理』Vol.20, No.10, pp.103-107。
西澤脩 [2006]「わが国戦後管理会計発達史（前篇）―米国管理会計の日本への翻訳的導入」『LEC会計大学院紀要』No.1, pp.35-50。
西澤脩 [2007]「わが国戦後管理会計発達史（後篇）―日本的管理会計の模索と構築」『LEC会計大学院紀要』No.2, pp.13-30。
長谷川安兵衛 [1936]『我企業豫算制度の實證的研究』同文舘。

挽文子［2007］『管理会計の進化―日本企業にみる進化の過程』森山書店。
広重徹［1973］『科学の社会史：近代日本の科学体制』中央公論社。
広重徹［1979］『近代科学再考』朝日新聞社。
廣本敏郎［1993］『米国管理会計論発達史』森山書店。
古川栄一［1952］『予算統制論　改訂版』森山書店。
古川栄一ほか［1960］『事業部制のすすめ方―解説「事業部制による利益管理」』経林書房。
藤本隆宏［2001］『生産マネジメント入門Ⅰ』日本経済新聞社。
牧戸孝郎［1979］「最近におけるわが国原価管理実践の動向」『企業会計』Vol.31, No.3, pp.430-436。
牧戸孝郎［2000］「日本的管理会計の特質と海外移転」『会計』Vol.157, No.3, pp.161-174。
松本雅男ほか［1953］『原價管理―理論と實際』ダイヤモンド社。
溝口一雄［1963a］「事業部制による利益管理の実態とその問題点（1）」『企業会計』Vol.15, No.5, pp.760-764。
溝口一雄［1963b］「事業部制による利益管理の実態とその問題点（2）」『企業会計』Vol.15, No.6, pp.1065-1071。
溝口一雄［1963c］「事業部制による利益管理の実態とその問題点（3）」『企業会計』Vol.15, No.7, pp.1249-1254。
溝口一雄［1973］「管理会計の本質と体系」『会計』Vol.103, No.2, pp.227-235。
柳田仁［1987］『ドイツ管理会計論―原価計算システムにおける記録計算目的から意思決定目的への重点移行に関する考察』中央経済社。
山邊六郎ほか［1959］「対談　事業部制のあり方をさぐる」『企業会計』Vol.11, No.15, pp.2149-2159。
吉田和夫ほか［1982］『ドイツ経営学総論』中央経済社。
AAA［1951］, *Report of the Committee on Cost Concepts and Standards*, 櫻井通晴訳著・青木茂男監修『A.A.A.原価・管理会計基準　増補版』中央経済社, 1981年, pp.3-17。
AAA［1955］, *Tentative Statement of Cost Concepts Underlying Reports for Management Purposes*, 櫻井通晴訳著・青木茂男監修『A.A.A.原価・管理会計基準　増補版』中央経済社, 1981年, pp.18-29。
AAA［1966］, *A Statement of Basic Accounting Theory*. 飯野利夫訳『基礎的会計理論』国元書房, 1969年。
Anthony, R. N.［1964］, *Management Accounting: Text and Cases*, 3rd ed., Richard D. Irwin, Inc.
Clark, J. M.［1923］, *Studies in the Economics of Overhead Costs*, the University of Chicago Press.
Dean, J.［1951］, *Managerial Economics*, Prentice-Hall. 田村市郎監訳『経営者のための経済学』第2分冊, 関書院新社, 1961年。

Fayol, H. [1916], Administration industrielle et générale, Edition présentée par P. Morin, Dunod. reprinted, 1979. 山本安次郎訳『産業ならびに一般の管理』ダイヤモンド社, 1985年。

Garcke, E., and Fells, J. M. [1887], *Factory Accounts; Their Principles and Practice*, Crosby Lockwood and son. reprinted by Arno Press, 1976.

Garner, S. P. [1954], *Evolution of Cost Accounting to 1925*, University of Alabama Press. 品田誠平ほか訳『原価計算の発展―1925年まで』一粒社, 1958年。

Goetz, B. E. [1949], *Management Planning and Control: A Managerial Approach to Industrial Accounting*, McGraw-Hill. 今井忍ほか訳『経営計画と統制』日刊工業社, 1963年。

Harris, J. N. [1936], What Did We Earn Last Month?, *NACA Bulletin*, Jan.15, pp.501-527.

Horngren, C. T. [1962], Choosing Accounting Practices for Reporting to Management, *NAA Bulletin*, Sep., pp.3-15.

Horngren, C. T. [1975], Management Accounting: Where Are We?, in *Proceeding of the Robert Beyer Symposium, Management Accounting and Control*, edited by W. S. Albrecht. reprinted in *Accounting Control Systems: a Behavioral and Technical Integration*, edited by Jan Bell, M. Wiener Pub., pp.5-22, 1983.

Johnson, H. T., and Kaplan, R. S. [1987], *Relevance Lost: The Rise and Fall of Management Accounting*, Harvard Business School Press. 鳥居宏史訳『レレバンス・ロスト―管理会計の盛衰』白桃書房, 1992年。

Kilger, W. [1970], *Flexible Plankostenrechnung: Theorie und Praxis der Grenzplankostenrechnung und Deckungsbeitragsrechnung*, Westdeutscher Verlag, Köln und Opladen, Vierte Auflage. うち7, 19, 20, 21章について, 近藤恭正訳『原価計算と意思決定―給付単位計算・短期損益計算・最適組合せ計画に関連して』日本経営出版会, 1972年。

Knoeppel, C. E. [1933], *Profit Engineering: Applied Economics in Making Business Profitable*, McGraw-Hill Book Company. reprinted by T.M.C. Press, Osaka, 1984.

Leslie H. [1983], New Issues in British Business History, *Business History Review*, v.57, iss.2, pp.165-174.

Littleton, A. C. [1933], *Accounting Evolution to 1900*, American Institute Pub.. 片野一郎訳『リトルトン会計発達史』同文館, 1952年。

Loft, A. [1986], Towards a Critical Understanding of Accounting: The Case of Cost Accounting in the U.K., 1914-1925, *Accounting Organizations and Society*, Vol.11, No.2, pp.137-169.

Loft, A. [1988], *Understanding Accounting in its Social and Historical Context*, Garland Pub..

Lebas M. [1996], Management Accounting Practice in France, in Bhimani, A., ed., *Management Accounting: European Perspectives*, Oxford University Press.

McKinsey, J. O. [1924], *Managerial Accounting, Vol.1*, The University of Chicago Press. reprinted by Arno Press, 1979.

Perren, A. [1944], The Development of Cost Accounting in Europe, *N. A. C. A. Bulletin*, Vol.25, No.19, pp.1059-1076.

Pollard, S. [1965], *The Genesis of Modern Management*, Edward Arnold. 山下幸夫ほか訳『現代企業管理の起源―イギリスにおける産業革命の研究』千倉書房, 1982年。

Schmalenbach, E. [1934], *Selbstkostenrechnung und Preispolitik*. 土岐政蔵訳『原価計算と価格政策』森山書店, 1951年。

Solomons, D. [1968], The Historical Development of Costing, in SoLomons, D. ed., *Studies in Cost Analysis, 2nd ed.*, Sweet & Maxwell.

Taylor, F. W. [1911], *The Principles of Scientific Management*, Harper. 上野陽一訳編『科学的管理法』第Ⅲ部所収,産能大学出版部, 1969年。

Vatter, W. J. [1939], A Re-Examination of Cost Accounting from the Managerial Viewpoint [Ch.29], in Neuner, J. J. W., *Cost Accounting: Principles and Practices*, Business Pub..

第2章
公的組織における管理会計の展開と現況

　本章では公的組織における管理会計の展開と現況について概観する。公的組織も企業と同様，国によって相当の違いが観察される[1]。公的組織でもアメリカの管理会計が唯一の形というわけではない。わが国の公的組織でも管理会計的な取り組みがみられ，いくつかの特徴を観察しうる。そして，以上の考察を基礎に，わが国における管理会計の導入が，体系的・組織的になされるべきか，それとも漸次的・パッチワーク的な導入と展開が図られるべきかを述べる。

第1節　アメリカの公的組織における管理会計の展開と現況

　最初に，アメリカの公的組織における管理会計の展開と現況を概観する。

1．アメリカの公的組織における管理会計の展開

　アメリカの公的組織における管理会計の展開を概観するにさいしては，企業の管理会計からの影響が色濃くみられる歴史的経緯から，前章と同様の長期的なスパンで鳥瞰しておく必要があると考える。このような長期的なスパンでの先行研究は少ないが，最近では藤野［2003］が網羅的な整理・研究をしている。本項では，前章で述べた企業の管理会計の歴史と同様に，長期的なスパンをとっている藤野［2003］の時代区分に沿って概観する。

(1)　前史　◇◇◇◇◇◇◇◇◇◇◇◇◇◇◇◇◇◇◇◇◇◇◇◇◇◇◇◇◇◇◇◇◇◇◇◇◇◇

　1900年代初頭，議会は収入および支出を調整する包括的な計画もなく支出決定を下しており，財政は政治的な影響のもとにあった。そこで，1906年には最初の市政調査局がニューヨーク市で設立され，包括的な予算システムが検討さ

---
[1] 歴史的研究は各国の個性を導き，現況の理解と将来を考えるうえで重要である。アメリカのみならず，主要国についても行われることが望まれる。

れた（藤野［2003］p.14）。州レベルの予算の制度化も進み，連邦政府でも1921年に予算・会計法（Budget and Accounting Act）が制定された（藤野［2003］p.15）。

　藤野［2003, pp.16-17］によれば，1914年の*Handbook of Municipal Accounting*では予算改革に関連するポイントとして，①複式簿記による勘定をもとにした収入・支出の記録，②組織単位別，活動（職能）別，性質別および支出対象別の4分類による支出の明示，③活動（職能）別支出からの単位コスト計算，④民間企業の先進的なシステムの導入という意図の4点が示されている。単位コストによる予算はニューヨーク市で1913年から3年間だけ実施されたにすぎないが，これは立法府による支出権限の付与が職能レベルにまで及ぶと，予算執行段階での職能レベルの修正にも法的な承認が必要となるので，予算執行が硬直的になってしまったためと指摘されている（Buck［1929］p.462）。

　1933年には行政官，会計士，研究者などからなるNCMA（National Committee on Municipal Accounting）が設立され，1934年には市政会計原則が公表された（藤野［2003］p.27）。この時期に政府の会計が確立していくが，当時の行政改革では，政治的な影響を排除することを目的とした行政手続きの確立の観点から会計が重視されていた（藤野［2003］p.28）。

(2) 生成

　ニューディール政策が展開されるなか，連邦政府の拡大に対して会計が脆弱であると認識されるようになり，1940年代以降は連邦政府の会計に関心が集まった（藤野［2003］p.32）。そこでは計画とコントロールという経営管理プロセスの確立が課題と認識され，第2次大戦後の行政改革のなかでひとつの頂点に達した（藤野［2003］p.32）。1947～49年と1953～55年の2度にわたり，連邦政府行政部機構委員会（Commission on Organization of the Executive Branch of the Government：以下，フーバー委員会）[2]が設置された（藤野

---

2) 第1次フーバー委員会は第2次大戦の戦時行政体制を平時の状態に戻し財政赤字を解消して均衡財政に復帰することをめざして，共和党が多数派を占める議会により設置された（西尾［1990］p.53）。

[2003] p.32)。

　第1次フーバー委員会報告書［1949，pp.36-37，56-57］ではパフォーマンス予算が提言され職能や活動[3]に焦点があてられるとともに，当時の予算にはなかった単位あたりコストも言及された。第1次フーバー委員会の勧告事項は多くに立法措置が講じられ（西尾［1990］p.54），パフォーマンス予算等も1950年の予算・会計手続法（Budget and Accounting Procedures Act）に盛り込まれた（藤野［2003］p.55）。

　第2次フーバー委員会報告書［1955］ではさらに，議会への歳出権限のための歳出予算に加え，計画とコントロールのためのコスト・ベースの業務予算や発生主義ベースのコスト測定を求めるとともに，各省庁にコントローラー（comptroller）をおき，各省庁会計の支援および内部経営管理と外部報告のための財務報告の作成などを担わせるよう求めた。また，識別可能なものとしてもっとも小さい活動が基本的な単位として重視され，直接費を活動に跡づける活動会計のもと，責任会計にもとづき活動の責任者がコストセンターとしてすべての責任を負うこととされていた（Kohler=Wright［1956］pp.183-185）。

(3)　PPBSと公的組織の管理会計の確立

　1960年代後半の連邦政府は戦後の緊縮財政を経て，軍事と社会保障によって財政が拡大された。財政支出の適切配分のため，政策と予算編成との関係を強化が必要となり，PPBS（Planning-Programming-Budgeting System）が導入された（藤野［2003］p.69）。

　宮川［1971，p.15］はPPBSについて「長期的な計画策定と短期的な予算編成とを，プログラム作成を橋渡しとして有機的に結合することによって，資源配分に関する組織体の意思決定を一貫して合理的に行おうとする考え方を制度

---

[3] 1949年のフーバー委員会報告書では職能や活動の具体的内容は不明である。バークヘッド（Burkhead［1956］pp.148-149）によれば，職能（functions）→部局（departments & agencies）→プログラム（programs）→執行部門（performing units）→活動（activities）ないし最終生産物（end products）→（人件費等の）歳出分類（objects）とされる。通常，最終生産物ではなく，活動にもとづいて設定される（Burkhead［1956］pp.143-144）。

化したもの」と述べている。そこでは，プログラム予算によって計画設定と予算編成の関係が強化されるとともに，資源配分の合理的な意思決定を促進するために費用便益分析が用いられた。しかし，「PPBSは，漸進的（Evolutionary）なシステムであり，革命的（Revolutionary）なシステムではない。その構成要素の大部分は，その組み合わせや体系を別にすれば，決して新しいものではない」とされている（宮川編［1969］p.32）。

PPBSの概念と手法には連邦政府の軍事部門と民間企業のGM（General Motors）という2つの起源がある（Novick［1965］pp.xxv-xxvi）。1965年にジョンソン大統領は連邦政府全体への導入を公表した（宮川ほか［1969］pp.13-14）が，これは連邦政府の統合的なシステムとしての導入というより，各省庁それぞれにPPBSがあると理解できると指摘されている（宮川ほか［1969］p.140）。

PPBSは1971年のOMB（Office of Management and Budget）の覚書によってPPBS関連の文書提出を要しない扱いとなり，終焉を迎えた（藤野［2003］p.72）。その理由をウィダフスキー（Wildavsky［1964］p.5）は「もっとも抜き差しならぬ意味において，予算は政治過程の核心に位置している」と端的に指摘する。加藤［1971, pp.60-61］は以下のように述べる（亀甲括弧内は著者補足）。

　…実際に専門的業務を行なう現課レベルの下位部局は，内閣レベルの政策決定についても議会の関連する小委員会等と結び，大統領や長官の決定力を弱化させてきた。PPBSは…従来の単純な予算の積上げ編成，下位部局の実質的政策決定の承認という予算編成を逆転し，トップによる政策決定の下降による予算編成を確立することによって，実質的に政策決定力，行政権限という政治的権力の上部集中をもたら〔した〕…

福島［1980］はさらに，軍事部門の場合には①国防省外郭研究機関での長年の研究蓄積，②国防省の分析能力とコンピュータ能力，③トップの強力な指導，④国防目的の明瞭性，⑤兵器等の比較可能性などの利点があったが，同時に，ⅰ）

数量化の行き過ぎ，ⅱ) 節約偏重の傾向，ⅲ) 意思決定の中央集権化，ⅳ) 人間集団への配慮の欠如などの問題もあった。これがそのまま民生部門に拡大されてしまったが，民生部門には多目的な事業が多くプログラム・ストラクチャーを組みにくいうえ，質的要素も介在していたため，うまくいかなかったとする（福島［1980］）。また，経済学上の分配の問題にはPPBSは答えを出せない（松本［2006］）ので，合理的な意思決定自体にも限界があった。

しかし，PPBSという名称がなくなっても，多くの行政機関ではその後もその手法や概念を利用し続けていた（Anthony = Herzlinger［1975］pp.224-226）。PPBSに本質的な欠陥があったのではなく，シック（Schick［1973］pp.147-148）が指摘するように導入プロセスや運用に問題があった（藤野［2003］pp.72-73）。

このようななかで，公的組織の管理会計はPPBSのさらなる発展を意図し，その弱点を補強するような形で確立された（藤野［2003］p.101）。アメリカ会計学会（AAA）は1971年から1977年にかけて5つの報告書を公表した。1972年の「公共部門に適用可能な会計概念に関する委員会報告書」（AAA［1972］p.80）では，管理会計の2大目的をマネジメント・コントロール[4]とアカウンタビリティ[5]とした。ここに公的組織の管理会計が，財務会計に対比される2大領域として確立された（藤野［2003］p.175）。伝統的な管理会計は費用についての情報提供は適切であっても，便益の測定には関心を払ってこなかったが，AAAの一連の報告書では便益の測定に関心が払われていた（藤野［2003］p.101）。

管理会計学者であるアンソニーも1965年9月から3年余の期間，国防省で財務監理官（Assistant Secretary of Defense, Comptroller）を務めた。宮川編

---

[4] AAA［1972, p.80］は以下のように記述する。
　業務および委託された資源についての誠実で効率的，効果的かつ経済的な経営管理のために必要な情報を提供すること。この目的は，マネジメント・コントロールに関係する。
[5] AAA［1972, p.80］は以下のように記述する。
　マネジャーが誠実で効率的かつ効果的にプログラムを管理し，資源を利用する責任の遂行を報告できるようにする情報を提供すること。また，すべての行政官が政府の業務の成果と公共ファンド利用について，市民に報告できるようにすること。この目的は，アカウンタビリティに関連する。

[1969, p.216]は前任の「経済学者としてのヒッチが,計画→執行→統制というマネジメントのトータル・サイクルの中で,特に計画面の合理化に努力を集中し」たのに対し,「経営学者としてのアンソニーは,国防省のマネジメント・システムを執行・統制の局面にまで拡大することに努力を注いだ」と指摘する。

アンソニー(Anthony [1971] p.388) は,プログラミング,予算編成,会計,報告と分析という4段階から構成される循環的なサイクルを提案した。そして,議会からの資金獲得のための歳出予算(the appropriation budget)と業務管理のための業務予算(the operating budget)の2つの予算をあげ,統合的なプロセスでは業務予算が重要となると指摘した(Anthony [1971] p.396)。

アンソニーはまた,マネジメント・コントロールのシステムとしての再構築とともに,システムの導入プロセスにも関心をむけていた(藤野[2003] p.105)。「新しいシステムの導入にともなう問題は,一般に,営利企業よりも非営利組織でより深刻である」(Anthony = Herzlinger [1975] p.315, pp.317-321)とし,トップ・マネジメントの積極的な支援,外部利害関係者の支援,適切なスタッフの存在およびシステム導入への時間的余裕といった条件をあげていた。

アメリカにおける企業の管理会計では1990年代に入って導入プロセスの問題がとりあげられるようになる。一方,PPBSの挫折にみまわれた公的組織では1970年代から導入プロセスの問題に関心が払われていた(藤野[2003] p.124)。

(4) 展開 ◇◇

1970年代の連邦政府は政策的に見直しの時代に入った(藤野[2003] p.176)。PPBSでは長期計画と予算編成に焦点があてられたが,1970年代には経営管理プロセスに焦点があてられた。業務遂行に焦点をあてる目標管理(Management By Objectives:MBO)および予算編成に焦点をあてるゼロベース予算(Zero-Base Budgeting:ZBB)である(藤野[2003] p.176)。

MBOは連邦政府では1976年に姿を消すが,その後も各省庁では名称を変えながら利用された(藤野[2003] pp.113-114)。しかし,民間企業から導入さ

れたMBOは，民間企業ではROI（Return on Investment）を通じて組織全体の目標を首尾一貫させることも容易であったが，公共部門にはそのような単一の目標はなく，便益も明瞭でないうえに，政治的に決まる目標などが併存するため課題が多かった（Brady［1973］pp.66-67）。

また，ZBBは1969年にTexas Instrumentsで開発され，ジョージア州政府で導入されていた。1977年にはカーター政権が連邦政府への導入を決定した（藤野［2003］p.117）が，ZBBにはデシジョン・パッケージ数が膨大となり，順位づけに深刻な問題を生じるなどの批判があった（Anthony［1977］p.8）。

1980年代はレーガン政権下で双子の赤字が深刻化し，財政赤字は危機的な水準になっていた。このようななかで，経営管理手法の利用度は1980年代に入って急速に高まり，1960年代から1970年代にあらわれたプログラム予算，MBOといった手法が1980年代後半には60％から70％の地方政府で，また，ZBBも地方政府の40％近くで利用され，さらにQuality Circle（QC）も地方政府の40％近くで利用されるようになった（Poister＝Streib［1989］p.244）。

1970年代の原価計算基準審議会（Cost Accounting Standards Board：CASB）の活動も注目される。国防総省の調達では原価計算基準は古い課題であり，1949年には国防品調達規則（Armed Service Procurement Regulation：ASPR）が制定された。この規則には規定にあいまいさがあり（Howard＝James［1973］p.68），それを補足ないしそれに代わる基準が必要視されてきた（櫻井［1980b］p.65）。また，ベトナム戦争によって拡大する国防支出に関する疑問等が噴出し，契約原価の問題への関心が高まってきた（櫻井［1980b］p.65）。このため，1970年にCASBが設立され，1972年にはCASBの基準を非国防契約にも適用することとされた（櫻井［1980a］pp.11-12）。この基準には法的規制力を有する法的規範という特徴がある。CASBは1970～1980年に19の原価計算基準を公表してきたが，国防契約の業者からの巻き返しにあい（早川［1983b］p.49），1980年9月に活動を中止した[6]。しかし，公的機関への原価計算の普及という意味で，公的組織における管理会計の発展に果たした役割はき

---

[6] 活動中止前後の動向については早川［1983a, 1983b］が，活動中止後のCASBの動向については吉田［1988, 1989］が整理している。

わめて大であった。

(5) 再構築とあらたな展開

その後1990年代前半までは公的組織の管理会計には目立った進展はみられなかった。一方，公的組織の規模拡大にともない，財務会計の観点から公的組織への関心が高まった[7]。1984年には州・地方政府の財務報告基準の設定を担う政府会計基準審議会（Government Accounting Standards Board: GASB）が創設された。当初GASBは外部利害関係者への財務報告の充実を目的としたが，アカウンタビリティの拡大にともない内部経営管理者の利用も考慮に入れることとなった（隅田［1998］p.139；GASB［1990］pp.132-135）。

連邦政府はクリントン政権の包括的な行政改革プログラムである国家業績レビュー（National Performance Review: NPR）の中心施策である政府業績評価法（Government Performance and Results Act: GPRA）を1993年に制定した。GPRAでは経営管理プロセス全体にわたって業績測定システムの構築を試みた（藤野［2003］p.134）。GPRAは戦略計画，業績計画および業績報告から構成されており，政府機関は5年間以上を対象とする戦略計画にもとづき年次の業績目標を定める業績計画を策定し，その実績値を業績報告することされた。これまでのPPBS等では準備期間が短すぎたことに問題があったという認識から，同法では数年という長い準備期間が設定された（GAO［1997］p.4）。

また，1990年には首席財務官法（Chief Financial Officers Act: CFO Act）が制定され，財務管理システムの改革が必要視された。1990年に連邦会計基準諮問委員会（Federal Accounting Standards Advisory Board: FASAB）が設置され，1997年までに2つの概念意見書と8つの基準意見書が公表された。このなかで1995年の「経営原価計算の概念と基準」（FASAB［1995］pp.61-64）では採用が検討される原価計算方法のひとつとしてABCが例示された。

アメリカの公的組織の管理会計では最近にいたるまで業績測定に関心がむけられてこなかった。藤野［2003, p.145］は，PPBS以降の影響を受けて，長期

---

[7] 石井［1989, p.12］は会計にとって「政府が"ビッグ・ビジネス"であるという認識は重要である」と強調する。

計画設定とマネジメント・コントロールとを結びつけることに焦点をあててきてしまったためと指摘する。

しかし，1990年代後半に入ると，財務会計に限定されない業績測定に関心がむけられた（Ittner＝Larcker［1998］p.222）。GAOの調査［2000, pp.8-11］によれば業績指標の設定は着実に進んでいる一方で，業績情報の利用度は低下している。これについてGAO（Government Accountability Office；会計検査院）［2000, pp.16-17］は政治的リーダーの関与の低さを指摘する。業績情報の設定と利用に関しては，組織の準備状態（readiness），内外利害関係集団の関与，および，制度の継続の必要性など，合理的・技術的要因と政治的・文化的要因というフレームワークを提示する研究もなされている（de Lancer Julnes＝Holzer［2001］pp.701-703）。

また，ABCやBSCといった手法も政府に積極的に導入されるようになった（藤野［2003］p.147）。しかし，ABCを例に，実務を前提とすれば，コストの正確性追求は可能でもなく必要もないので，合理的な正しさがあればいいとする指摘もなされている（Geiger［2000］p.36）。

2．アメリカの公的組織における管理会計の現況

本項ではアメリカの公的組織の現況について概観する。これまでも多数の報告がなされているが，ここでは小林［2002］を参考にしつつその特徴を述べる。

1985年GAOは議会に報告書（『政府のコスト管理方式』）を提出した（GAO［1985］）。そこでは連邦政府の管理会計システムの問題点を分析し，解決のためのメカニズムについて重要な提言を行っている（小林［2002］p.20）。GAO［1985, pp.11-14］はまず，連邦政府の会計システムを構成する４つの局面，すなわち，①計画・プログラム設定，②予算編成・提示，③予算執行・会計処理，④監査・評価を識別し，相互に連携して効果的な管理会計システムを構築すべきとする。しかし，現実にはさまざまなギャップがあり，統合された管理会計システムとして機能していないと指摘する。これを図示すれば図表2-1のとおりである。

1993年に制定されたGPRAの実施手続として，GAO［1996, p.8］は３つの

図表2-1 アメリカ連邦政府のマネジメント・プロセスとシステムの現況

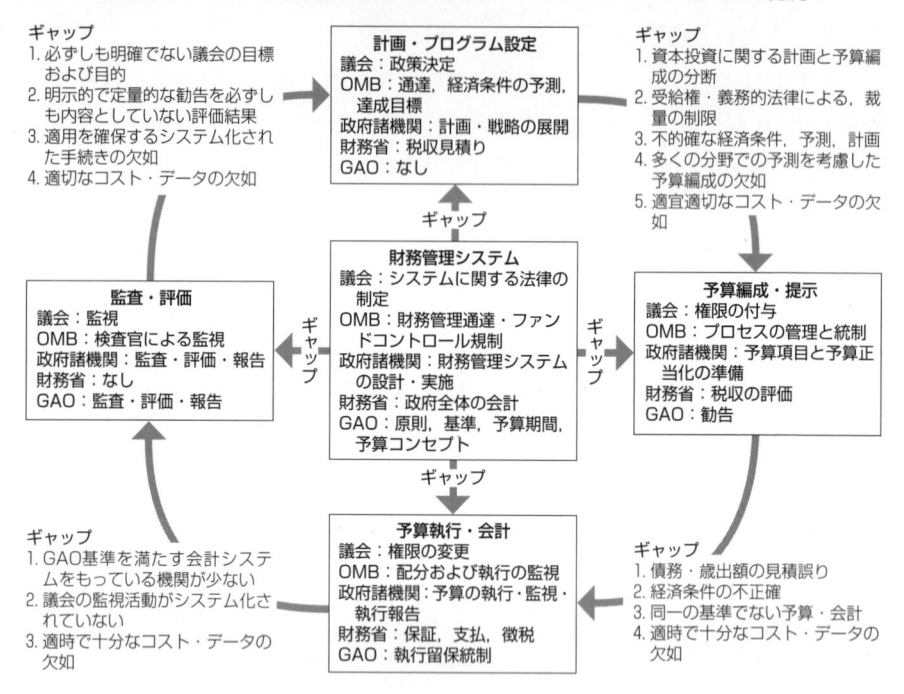

計画・プログラム設定
- 議会：政策決定
- OMB：通達、経済条件の予測、達成目標
- 政府諸機関：計画・戦略の展開
- 財務省：税収見積り
- GAO：なし

財務管理システム
- 議会：システムに関する法律の制定
- OMB：財務管理通達・ファンドコントロール規制
- 政府諸機関：財務管理システムの設計・実施
- 財務省：政府全体の会計
- GAO：原則、基準、予算期間、予算コンセプト

予算編成・提示
- 議会：権限の付与
- OMB：プロセスの管理と統制
- 政府諸機関：予算項目と予算正当化の準備
- 財務省：税収の評価
- GAO：勧告

予算執行・会計
- 議会：権限の変更
- OMB：配分および執行の監視
- 政府諸機関：予算の執行・監視・執行報告
- 財務省：保証、支払、徴税
- GAO：執行留保統制

監査・評価
- 議会：監視
- OMB：検査官による監視
- 政府諸機関：監査・評価・報告
- 財務省：なし
- GAO：監査・評価・報告

ギャップ（計画・プログラム設定）
1. 必ずしも明確でない議会の目標および目的
2. 明示的で定量的な勧告を必ずしも内容としていない評価結果
3. 適用を確保するシステム化された手続きの欠如
4. 適切なコスト・データの欠如

ギャップ（予算編成・提示）
1. 資本投資に関する計画と予算編成の分断
2. 受給権・義務的法律による、裁量の制約
3. 不的確な経済条件、予測、計画
4. 多くの分野での予測を考慮した予算編成の欠如
5. 適宜適切なコスト・データの欠如

ギャップ（予算執行・会計）
1. 債務・歳出額の見積誤り
2. 経済条件の不正確
3. 同一の基準でない予算・会計
4. 適時で十分なコスト・データの欠如

ギャップ（監査・評価）
1. GAO基準を満たす会計システムをもっている機関が少ない
2. 議会の監視活動がシステム化されていない
3. 適時で十分なコスト・データの欠如

ギャップ：財務管理システムおよび手続き間に存在するギャップ
1. 旧式で非効率的なシステム　2. 適合性の欠如　3. 包括性の欠如
4. 信頼性の欠如　5. 責任の分極化　6. 統合されていない予算と会計システム

（出典：GAO［1985］p.12より著者翻訳）

ステップを示している。すなわち、①明確なミッションと望ましい成果の定義づけ、②進捗を評価する業績測定、③意思決定基盤としての業績情報の活用である。さらにGAOは、政府業績評価法の執行を強化する観点からの実践上の課題も示している（GAO［1996］pp.39-44）。これを図示すれば図表2-2のとおりである。

一方、アメリカでは公的組織でも具体的な管理会計手法の活用が進んでいる。わが国でもさまざまな報告がある。これをABCとBSCでみれば、以下の機関

第Ⅰ部　管理会計の先行研究と公的組織　　59

図表2-2　政府業績評価法（GPRA）の実施手続

ステップ1：ミッションと望ましい　アウトカムの明確化
実践：
1）ステークホルダーの巻き込み
2）環境評価
3）活動，コア・プロセスおよび資源の調整

GPRAの執行の強化
実践：
9）アカウンタビリティをともなう意思決定の展開
10）インセンティブの創出
11）専門性の構築
12）マネジメント改革の統合

ステップ2：業績測定
実践：
4）各組織レベルにおける以下の測定基準を作成する
・結果を提示
・重要な少数要因への限定
・複数の優先順位への対応
・責任プログラムへの関係づけ
5）データ収集

ステップ3：業績情報の活用
実践：
6）業績ギャップの識別
7）情報の報告
8）情報の活用

（出典：GAO［1996］p.10より著者翻訳）

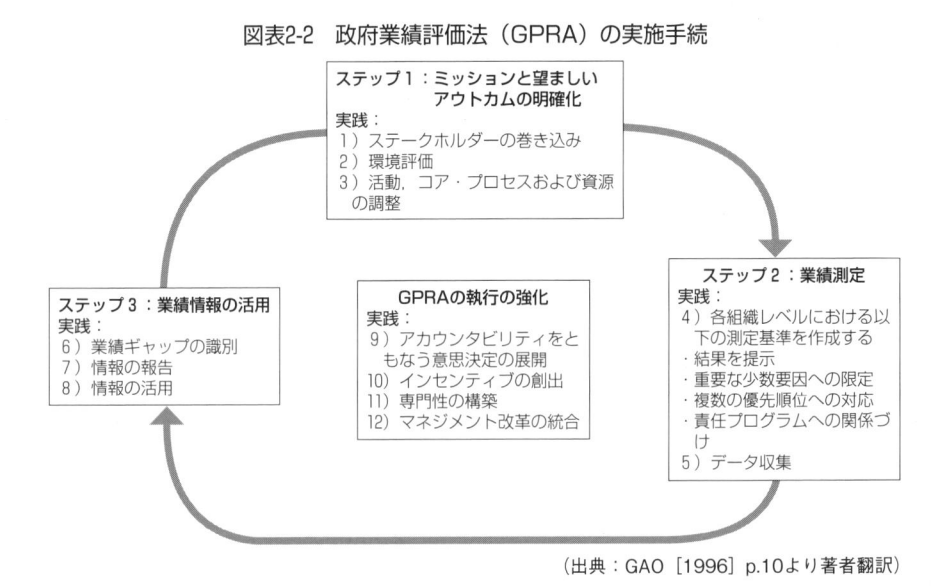

の名前があがっている[8]。

●ABC

中小企業庁（U. S. Small Business Agency：SBA）[9]，国立衛生研究所（National Institute of Health：NIH）[10]，アメリカ海兵隊[11]，移民局（U. S. Citizenship and Immigration Service）[12]，テキサス州[13]，インディアナポリス市[14]，内国歳入庁（Internal Revenue Service：IRS）[15]　など。

8）一部については第6章で検討する。
9）櫻井編［2004, p.419］。
10）櫻井編［2004, p.422］。
11）櫻井編［2004, p.424］。
12）新日本監査法人［2008, p.67］。
13）新日本監査法人［2008, p.64］。
14）新日本監査法人［2008, p.41］。
15）櫻井編［2004, p.415］。

●BSC

土地管理局（Bureau of Land Management：BLM）[16]，退役軍人省（Veterans Benefits Administration：VBA, in Department of Veterans Affairs：DVA）[17]，アメリカ陸軍マクファーソン基地（Fort McPherson, in U. S. Army Garrison）[18]，シャーロット市[19]，オレゴン州交通局[20]　など。

3．アメリカの公的組織における管理会計の特徴

　以上，アメリカの公的組織の管理会計のこれまでの展開と現況について概観してきた。本項では公的組織における管理会計の特徴を明らかにする。

　公的組織の管理会計には企業の管理会計との類似性がみられる。アメリカではそもそも企業の予算管理と公的組織の予算管理とは，同時期に思想的な類似性をもって生成してきた。1940年代以降の計画とコントロールという経営管理プロセスの重要性の認識や，GMがPPBSの起源のひとつであること，企業の管理会計で戦略的計画，マネジメント・コントロールおよびオペレーショナル・コントロールを提唱したアンソニーがPPBSでも活躍していたこと，さらにいえば，1970年代以降もさまざまな管理会計手法の公的組織への導入が時間差もなく試みられていることなどの例があげられる。

　アメリカの管理会計はコントローラー（Controller）制度を実践基盤として成立した（廣本［1993］）。公的組織でもComptrollerが存在する。現場の不可視性を前提とする日本的管理会計とは異なる発想が色濃く反映されているように思われる。現場の可視性が暗黙の前提になっているのではなかろうか[21]。

　その一方で，企業の管理会計とは異なる側面もある。たとえば，公的組織の管理会計ではアカウンタビリティが非常に強調され，マネジメント・コントロ

16）ABCも同時実施（櫻井［2008］p.452）。
17）ABCも同時実施（櫻井［2008］p.457）。
18）ABCも同時実施（櫻井［2008］p.460）。
19）ABCも同時実施（櫻井［2008］p.465）。
20）新日本監査法人［2008, p.67］。
21）さらなる考察が望まれるが，アメリカの公的組織の管理会計をみて，実務家としての著者がもっとも腹にストンと落ちないのがこれらの点である。

ールとともに2大目的とされている。また，業績測定についてはPPBS以降の長期計画設定とマネジメント・コントロールへの拘泥から，企業の管理会計に比べればその取り組みが遅れた。その一方で，あたらしいシステムの導入プロセスについては企業に比べ非常に早い時期に問題意識がもたれている。

第2節 アメリカを除く主要国の公的組織における管理会計の現況

　ここでは，イギリス，ドイツおよびフランスについて新日本監査法人［2008］などを参考にしつつ現況を概観し[22]，前章を踏まえた若干の考察ないし感想を述べる。結論から先にいえば，これら3カ国はそれぞれに異なっている。

1．イギリスの公的組織における管理会計の現況

　イギリスには政府の支出を計画・管理・報告する仕組みとしての資源会計・予算が存在する。資源会計・予算の特徴は，①3年間の政策と目標が歳出レビューで定められ，そのための執行可能な予算枠が設定される，②その予算枠のもとでの単年度予算は政策・目標ごとに定められる，③予算，決算ともに発生主義により作成される，および，④年次の資源会計報告書に，目標ごとの成果とコストが明記されることにある（新日本監査法人［2008］p.83）。予算体系も精緻に定められ，公共サービス合意（Public Service Agreement）などをともなう歳出レビューも行われている（新日本監査法人［2008］pp.84-91）。イギリスでは会計方式もアメリカのような修正発生主義ではなく，完全発生主義である。イギリスのニュー・パブリック・マネジメント（New Public Management：NPM）はニュージーランドとならび北欧型とは別のひとつのモデルとされ（大住［1999］pp.59-60），資源会計・予算はその骨格を占めている。

　PPBSに関して，アメリカは予算編成手続き等と結合する制度先導方式，わが国は具体的な個別の政策についての費用便益分析等を先行させるにとどめた分析先導方式といわれるのに対し，イギリスはプログラム体系の設計に努力し

22）本来であれば，これら主要国についてもこれまでの展開を概観したうえで，現況を詳細に検討することが望ましい。今後の課題と認識している。

た構造先導方式をとったといわれる(西尾［1990］pp.289-290)。また,原価計算についても前章でみたようにアメリカの原価低減のための原価計算,ドイツの価格政策のための原価計算に対し,イギリスの原価計算は原価の正確な計算のための原価計算という特徴を有する。上記の資源会計・予算などをみると,構造先導方式といわれた過去のPPBSへの取り組みや企業の原価計算と同様,精緻な体系という意味での類似性がみうけられると思われる。

イギリスの公的組織の管理会計ではVFM (Value For Money)[23]についての監査 (VFM監査) が大きな位置づけを占める (新日本監査法人［2008］p.91)。VFM監査については,会計検査院等による監視のためのテクノロジーを超え,管理者である行政官庁自身の規範的基礎として機能しているとの指摘がある(McSweeney［1988］pp.38-43)[24]。監査の機能のイギリス社会における意味合いもあわせて考慮することが適当ではないかと思われる[25]。

2. ドイツの公的組織における管理会計の現況

ドイツでは原価と給付の計算[26] (Kosten-und Leistungsrechnung：KLR),コントローリングおよびベンチマーキングの3つの管理会計手法を中心的なツールとした行政現代化と呼ばれる行政管理改革が行われている(新日本監査法人［2008］p.131)。このうち,原価と給付の計算は原価計算の応用手法として導入されている(新日本監査法人［2008］p.131)。そこでは人件費の計算のために労働時間についての職員からの記述の信頼性がデータの信頼性に直結しているとの指摘されている(新日本監査法人［2008］p.156)。このことから,原価と給付の計算 (KLR) はドイツ流のABCであるプロセス基準原価計算に相当すると思われる。

前章でみたように,ドイツでは企業の管理会計は基本的に経営経済学の一分野である原価計算論として論じられている。行政管理改革の主要ツールが原価

---

23) 新日本監査法人［2008］は「支出に見合った価値」と訳している。
24) マクスウィーニー (McSweeney［1988］) は地方行政官庁に対するVFM監査について述べている。
25) 監査の社会的機能も今後の重要な検討課題のひとつである。
26) 新日本監査法人［2008］は,費用と業績の計算と訳している。

計算の応用手法として導入されていることに類似性が感じられる。

コントローリングは経営学の概念が行政で使われるようになった（新日本監査法人［2008］pp.136-137）。企業のコントローリングはそもそも，1950年代後半の実務家によるアメリカのコントローラー制度の紹介に始まり，1970年代になると大企業の90％がコントローラー制度を導入するにいたった。コントローリングの観点から原価計算をみるグループがプロセス原価計算の熱心な支持者であると指摘されており（尾畑［1996］p.20），この点からすると，ドイツの公的組織の管理会計はアメリカの管理会計の強い影響下にあると感じられる。

3．フランスの公的組織における管理会計の現況

フランスの公的組織における管理会計は責任センターのもとにあるプログラム型業績予算，タブロー・ドゥ・ボール（Tableau de bord）およびコスト分析会計が代表とされている（新日本監査法人［2008］p.166）。ミッション―プログラム―アクションのもと，プログラム責任者を責任センターにして，業績目標や業績指標などによって特徴づけられるプログラムに一括して予算配分する。

プログラムの成果を示す指標を一覧化したものをタブロー・ドゥ・ボールと称する（新日本監査法人［2008］pp.166-169）。そして，すべてのプログラムやアクションにコスト分析会計が行われる（新日本監査法人［2008］p.172）。なお，マネジメントでは対話も重視される（新日本監査法人［2008］pp.176-177）。

前章でみたように，フランスの管理会計の2大ルーツのひとつとされるタブロー・ドゥ・ボールが公的組織の管理会計でも位置づけられている。企業では分析会計が1980年代に入り管理会計としてようやく議論されてきた。公的組織でもコスト分析会計が導入されてはいるものの，コスト情報がいまだ十分に整備されていないと指摘されている（新日本監査法人［2008］p.213）。

第3節　わが国の公的組織における管理会計的な取り組み

本節ではわが国の公的組織における管理会計的な取り組みの状況について概

観する。アメリカの公的組織では管理会計もひとつの分野として成立しているのに対し，わが国では公的組織の管理会計という分野はいまだ一般的な認識にはなっていない。

しかし，歴史的所産としての管理会計は隣接諸学の影響を強く受けるので，現状では管理会計とみられないものであっても，将来においては管理会計としての構築が可能なものもあろう。ここでは幅広く概観する[27]。なお，ここでは基本的に国を対象とし，一部で地方公共団体に言及する[28]。

1．1960年代から1970年代にかけてのPPBSへの取り組み

まずわが国のPPBSを概観する。わが国では1968年度予算編成過程で，財政の硬直化が注目を浴びるなかで財政体質改善の観点からPPBSが真剣に検討された（金子［1971］p.145）。1968年2月には大蔵省主計局の担当官を米国に派遣するなど，PPBS研究が本格化し，経済企画庁でもシステム分析調査室が設置された。1969年度には防衛庁，建設省および大蔵省に同様の機構が置かれ，1970年度には労働省および農林省に拡大された（金子［1971］pp.145-147）。

しかし，1970年12月には大蔵大臣の諮問機関である財政制度審議会の中間答申により，事実上PPBSの導入が断念された。福島［1980］は当時の模様について以下のとおり記している。長くなるが，当時の雰囲気をよくとらえていると思うので，順序を再構成して引用する（亀甲括弧内は著者補足）。

　…わが国の財政当局が，PPBSの利用に強い関心を示し，その導入準備を熱心に進めたのは，外部圧力に対抗する手段を手に入れると同時に…財政硬直化の傾向を何とか解消したいという深刻な要請による…しかもそれは…村上主計局長（のちの次官）のリーダーシップに負うところがおおきかった…。
　ところが，同次官の退官，アメリカ連邦省庁におけるPPBSの不首尾，それに

---

27) マネジメント・サイクル（PDCAサイクル）を含みうるものであって，財務会計を除くという一応の選定をしているが，外延についての批判はあろう。
28) 地方公共団体や医療機関における個別の管理会計手法の導入事例は多々あるが，これらについては論述の構成から第5章などで必要に応じ言及する。

各省庁の気乗り薄な傾向などが相まって，わが国政府部門におけるPPBS熱は急速にしぼんでいった…1970年（昭和45年）12月に，大蔵大臣の諮問機関である財政制度審議会が「PPBSは予算編成を合理化する有効な方法だが，わが国には導入の条件が十分整っていないので，さし当りは条件の整備を急ぐべきだ」という中間答申を出した…「導入強行は賢明ではない」という判断に傾いていた大蔵省関係者の意向とも合致する…（福島［1980］p.291）

…〔同〕審議会が指摘した「十分整っていない条件」の主要なものには，①分析スタッフの不足，②アウトプットデータの欠如，③経営風土の違いなどがあった。それに，主計官側は，数字やコンピュータが威力をふるうようになり，大蔵省の権威が高まっても自分たちの裁量の余地はなくなるのではないかと恐れ，各省庁の関係者は逆に大蔵省の予備審査に手を貸し，結果的には自分の首をしめることにならないかと疑うなど，それぞれの側に反対の思惑もふくらんでいった。（福島［1980］p.291）

…その後，同〔大蔵〕省担当官の中には，「分析能力とコンピュータ利用度が高く研究も進んでいる防衛庁，それに建設省あたりがパイロット機関として試験的に導入してはどうか」と考えた向きもあったが，この構想も結局実現しなかった…（福島［1980］p.291）

…防衛庁は1970年（昭和45年）に…「…77年度からPPBSを導入することを目途として準備する」ことを決め〔たが，〕…結局…その準備も具体化されていない。それはなぜか。

考えられる第1はリーダーシップの問題，第2は高度成長のおかげで防衛費もパイの分け前にあずかりえたという事情…などから，…文官の中間管理者全般の支持が得られなかったこと，第3は，防衛庁だけが実験台にされ，予算を削られるのは御免だという担当者の思惑，第4は…核戦力の分野でこそ有用だが，自衛隊のような通常戦力には効き目が薄いという一部専門家の意見，そして第5は「この種のことは生理的にきらいだ」という人たちの反対などであったろう。（福島

[1980] pp.291-292)

　以上が，わが国のPPBSをめぐる動きの概要である[29]。当時から，PPBS導入のインセンティブ，すなわち，PPBSは誰のためのものであるかが問題として認識されていた。PPBSは予算当局の財政効率化の手段であるのか，各省庁のマネジメントを強化するためのものであるのかということである（金子［1971］p.150）。

　金子［1971, p.151］は，各省庁が自ら与えられる予算枠のなかでもっとも効率的な配分を実現しようとしないかぎり，PPBSは各省庁に浸透しない。全体の財源が増加するなかで，自らの予算枠の増大を確保しようとする認識が各省庁で一般的であるかぎり，各省庁にPPBSは浸透しないと指摘する。ほぼ同じ論点であるが，PPBSのめざす目的を達成するためには，財政当局の分析部局を大幅に強化拡充し財政当局が強力なリーダーシップをとるか，各省庁に対し何らかの形で査定権を移譲したうえでPPBSを各省庁中心にするのかのいずれかであるとの指摘もなされていた（平岡［1971］pp.130-131）[30]。

　しかし，アメリカと異なり，わが国では，その後の良好な経済状況などからPPBSが各省庁の自主的な取り組みにつながることはなかった。

2．最近の管理会計的な取り組み

　本項では公的組織の管理会計に関連すると思われる最近の取り組みを概観する。公共事業を中心に行われている費用便益分析（B/C分析），財政投融資で行われている政策コスト分析，予算制度改革および政策評価制度を概観し，最

---

29) 小宮隆太郎教授（熊谷編［1971］p.93）は当時の議論等について以下のように述べている。
　…率直に申し上げて恐縮だが，…「アメリカのPPBSはこうなっている」とか，「アメリカの学者がこう述べている」とかという話が大部分だ。いったい日本の政治予算のシステムの問題点を考えるときに，アメリカのPPBSを研究し，アメリカの学者が書いたものを翻訳して，アメリカの政治的背景がどうのこうのということを議論するのも，…もうそろそろやめにしてはどうか。現在の日本の予算制度の問題点はどこか，また改善の余地があるのはどういう点かということを直接調査・研究した方がいいのではないか。
30) PPBSは当初査定側の有用性に力点があったが，のちのプログラム評価段階では次第に各省庁の有用性に力点が移ったと指摘される（西尾［1990］p.291）。

後に地方公共団体を中心に展開してきたNPMについてみることとする。

(1) 公共事業等における費用便益分析（B/C分析）等 ◇◇◇◇◇◇◇◇◇◇

わが国の公共事業等で一般的となってきた費用対効果分析（費用便益分析）[31]はアメリカに由来する。アメリカの費用便益分析は管理会計とは別の歴史がある。政府部門の費用便益分析は1902年の河川港湾法（The River and Harbor Act）に始まり，1930年代および40年代には水資源開発で大きな発展をみせ，1950年の連邦流域委員会（the Flood Control Interagency River Basin Committee）の報告書により一般原則の指針として確立した（宮川編［1969］pp.47-48）。

これらの費用便益分析は厚生経済学的基礎との関連で発展してきた系譜であるが，兵器開発等を通じて発展してきたシステムズ・アナリシスのツールである費用有効度分析の系譜もある（宮川編［1969］p.401）。1960年代以降，連邦政府の政策立案・策定への費用便益分析の影響は非常に大きくなり，PPBSの一部となっていった。OMB（Office of Management and Budget）による要求を通じ，費用便益分析は基本的な評価ツールとなった（Nas［1996］p.4）。

これに対し，わが国の費用便益分析の歴史は浅い。著者が確認できるのは[32]，1996年12月に建設省が道路整備のマニュアルを定め，1997年度新規箇所採択にあたりすべての箇所に費用便益分析を行うこととした以降である。当時，公共事業一般に対して批判が高まり，道路行政の推進のためには道路事業への国民の理解が不可欠となってきたことから，建設省では事業実施過程の透明化として費用便益分析を行い，投資効果を示した（建設省道路局企画課道路経済調査室［1997］p.39）。

これ以降，下水道事業等，順次対象が拡大されてきている。欧州諸国では公

---

31) 一般的用語としては費用対効果分析（Benefit/Cost分析，略称「BバイC」）といわれるが，経済学的には費用便益分析が一般的である。ここでは費用便益分析もしくはB/C分析という。

32) PPBSの導入検討当時，建設省は積極的に検討を進めていた省庁のひとつであり，1990年代にはB/C分析をもっとも早く立ち上げた省でもある。PPBSの挫折以降もB/C分析とは何らかの関係があったと考えるのが自然であると思われる。したがって，著者が確認できるのはという限定を付した。

共事業に関し，貨幣換算できる便益だけではなく，総合評価方式が行われている（たとえば，宮坂［1999］）ことを受けて，最近では総合評価の必要性を指摘する意見も強い（たとえば，加藤［2004］p.31）。

また，公共事業では費用便益分析以外に，コスト構造改革にむけた取り組みもなされている。公共事業担当省庁では1997年度からの3年間で工事コストを10％削減する公共工事縮減対策が行われ，2000年度以降も引き続き行われた。2003年度9月からは公共事業全体を対象とする公共事業コスト構造改革として2007年度までの5年間で15％のコスト削減への努力が行われている。

公共事業のコスト構造改革がさらに進めば，1960年前後に一般化した施工請負方式の見直しなども視野に入ることとなり，むしろ調達構造改革とでもいうべきテーマになる（大石［2003］p.13）。その場合には，事業プロセスの上流段階でいかに工事費を削減できるかという検討や，目標→計画→モニタリング→修正→経験蓄積→次の事業へという事業マネジメントの基本を発注者の体制に組み入れることなどが必要視されている（小澤［2004］p.4, 6）。

公共事業の改革には費用便益分析のマネジメント・プロセスへの活用，原価企画につながる源流管理の活用および事業自体のマネジメント改革など，管理会計の発想を入れ込むことができる余地が大きいと思われる。しかし，これまでのところ，これらの観点からの議論はあまりなされていないようである。

(2) 財政投融資における政策コスト分析

財政投融資の対象事業は受益と負担の関係が明確であるため，受益者負担による償還が基本であるが，負担軽減の観点から国（一般会計等）から対象事業（財投機関）に対して補助金等や出資金等が投入される場合がある。そこで，将来の補助金等の投入額や既出資金等のメリットを試算して，政策コストとして公表し，財政投融資の透明性の向上を図っている。

この政策コスト分析のもともとの発想はアメリカにある。アメリカではCFO Actと並んで重要な包括財政調整法（Omnibus Budget Reconciliation Act of 1990）が1990年に定められた。その一部に連邦信用改革法（Federal Credit Reform Act）があり，将来コストを推計するサブシディ・コスト

(subsidy cost) が中心的な概念として規定された。そこでは直接融資や債務保証が行われる全期間のキャッシュ・フローの現在価値を連邦のコストと定義し，連邦信用計画の初年度に把握することとされた（高橋 [2007] p.58）。

この動きはわが国の財投改革にも影響を与え（高橋 [2007]），2000年の財投改革法の成立に先立ち，1999年より政策コスト分析として実施されている[33]。そこでは一定の前提条件（金利，事業規模，利用見込み等）を設定し，各財投機関が財政投融資を活用している事業について将来にわたるキャッシュ・フロー等を推計して，それに基づいて国民が負担する費用（政策コスト）の総額，すなわち，①国から将来にわたって投入される補給金等と，②これまで投入された出資金等による利払い軽減効果（機会費用）などの総額（割引現在価値）を試算している。この政策コスト分析には2001年度から金利感応度分析，2005年度からB/C分析の結果の併記が追加され，徐々に拡充されている[34]。

(3) 国の予算制度改革

わが国の予算制度でも管理会計的な展開はみられる。マネジメント・サイクル（PDCAサイクル）を実現するための具体的な取り組みとして，

1. 予算執行調査，すなわち，財務省主計局による効率・効果の観点からの調査が2002年度より開始された。
2. 政策評価が2002年度より開始された。
3. 政策群，すなわち，各省庁横断的な予算の重複排除や連携による政策推進のための取り組みが2004年度より開始された。
4. 成果重視事業，すなわち，定量的な達成目標等を明確に設定し，政策評価との連携を強化させた取り組み（2004年度からのモデル事業を改組したもの）が開始された。
5. 予算書の表示科目の単位を見直し，政策評価の単位を対応させることも2008年度から開始された。

---

33) 1999年度と2000年度は試算。
34) 2006年度からはさらに内容が拡充された。

(4) 国の政策評価制度

　国の行う政策評価は2002年施行の政策評価法にもとづき実施されている。政策評価は政策の必要性，有効性および効率性といった観点から政策の効果を把握・分析し，評価を行うことにより次の企画立案や実施に役立てるもので，政策のマネジメント・サイクル（PDCAサイクル）として考えることができる（総務省行政評価局［2008］p.21）。政策評価と国の予算との連携および政策評価と公共事業の費用便益分析との連携はともに強まりつつある。

　山谷［2002, pp.5-6］はわが国の政策評価には2つの起源があると指摘する。ひとつは三重県庁をはじめとする地方公共団体のマネジメント改革の流れで，業績測定と事務事業評価[35]に重点があり，これがアメリカのGPRA類似の業績評価手法の導入やイギリスをひとつの起源とするNPM型改革思想の積極的受容につながっていくとする。もうひとつの流れは中央省庁の政策評価であり，事務事業評価よりも政策そのものの合理性に関心をもち，政策官庁としての政策能力，政策それ自体の品質改善が重視されている。そして，この2つの流れの背景には中央省庁は政策，地方自治体はその枠のなかでの事業担当という依存的な関係が大きく影響していると指摘する。

　さらに，山谷［2002, pp.9-12］はいくつかの重要な指摘を行っている。まず，政策評価の目的として，アカウンタビリティの追求，マネジメントの改善および関連分野への知的貢献の3つがありうるが，わが国の政策評価は内部評価を中心としたマネジメントの改善を志向しており，付加的にアカウンタビリティの観点から客観性を求めているにすぎない。また，予算との連動への志向も強くみられる。しかし，「ミクロの問題，節約と能率を現場主義でどうやるのかという行政管理の問題」は「政策評価とは次元の違う話である」とし，政策評価を予算編成時の重点化の参考資料などに使うことが「現実的」と指摘する。

---

[35] 一般に政策体系は政策―施策―事務事業の3層構造で考えられる（総務省行政評価局［2008］p.49）。

(5) NPM等

　ここでは，わが国では地方公共団体を中心に展開してきたNPMを概観する[36]。大住［2005b, p.19］によれば，NPMは1980年代半ば以降イギリス・ニュージーランドなどのアングロ・サクソン系諸国を中心に，行政実務の現場を通じて形成されてきた革新的な行政運営理論である。その核心は民間企業の経営理念・手法，成功事例などの行政現場への導入を通じて行政部門の効率化・活性化を図ることにある。

　しかし，NPM自体が行政実務の実態をもとにしているため，国や地域の特徴を反映することが多く，NPMの定義自体かなりの幅がある。そして，1980年代～1990年代初頭のイギリス・ニュージーランドの改革を古典的NPMとすれば，その特徴は執行部門の標準化にある。そこでは，執行部門の生産性向上のために，広義の民営化や市場化テストなど市場メカニズムの活用が進められた。その後，トップ・マネジメントの重要性が認識される一方，市場メカニズム活用の前提となる公共サービスの標準化の困難性が認識されるにいたった。その結果，現在では参加・協働型NPMというべきものとなりつつある[37]。

　大住［2005a；2005b, p.32］は3つの視点の重要性を指摘する。まず，トップ・マネジメントにかかわるビジョン・ミッションの再定義であり，そこにはSWOT分析などの戦略計画の手法が活用できる。つぎに，執行のマネジメントにかかわる執行部門の生産性向上で，ABCやABMなどによるビジネス・プロセス・リエンジニアリング（Business Process Re-engineering：BPR）が活用できる。そして，この両者の間にビジョンの共有のためのツールとしてBSCなどが位置づけられると指摘する。

　国においてもNPMの考え方を受けて，PFI（Private Finance Initiative）が1999年度から実施されている。官民競争入札制度（いわゆる市場化テスト）も2005年度の試行的導入を経て2006年度から実施されている。

---

36) NPMは論者により概念が異なる。ここでは大住［2005a, b］により整理する。
37) わが国でも三鷹市ではNPM以前から「行政の役割分担」や「協働」などの取り組みが行われていた（大住［2005a］p.45）。

また，行政の事業を抽象論ではなく，現場の視点で洗いなおすことによって，個々の事業の無駄とともに国と地方の関係など行財政全体の改革に結びつけていく事業仕分けも行われている。従来は地方公共団体中心であったが，最近，国についても事業仕分けが開始されている（構想日本［2008］）。

3．わが国の公的組織における管理会計の特徴

　以上が，わが国の公的組織における管理会計的な取り組みの概要である。そこでは予算制度改革や政策評価にみられるように，政策を中心に考える思考，いわば政策中心思考が根強いと思われる。政策と分析との関係はむずかしい。西尾［1990, p.292］は「分析評価とその成果の正しい活用方法とは，一方で，必要以上に労多く精度の高い分析評価を要求せず，他方で，その成果をその精度にみあう程度以上の用途に使わないこと，これにつきるであろう」と述べている。分析評価の程度に応じた活用ということである。過去のPPBS挫折の経験を有する分野であるので，ステップ・バイ・ステップで議論がなされていくであろう。

　他方，わが国の公的組織での管理会計的な取り組みには，執行部門への関心が比較的低いと思われる。山谷［2002］の指摘にも通じるが，中央省庁が政策の企画立案を担い，地方公共団体が政策の執行を担うということが暗黙の前提となっているとうかがえる。執行に関連して，公共事業での費用便益分析も行われているが，これも計画段階に重点をおいており，執行段階への関心はそれほど高くはない[38]。

　わが国の公的組織の管理会計的な取り組みには上記のようなバイアスがある。過去のPPBS挫折の経験から慎重に考えられてはいるが，このバイアスから政策プログラムといった政策を中心とした体系化への志向をともなうものとなりやすいと思われる。それゆえ，現場の不可視性などを前提とする日本的管理会計などが活用される余地はきわめて小さくなる。諸外国の公的組織の管理会計をみると，各国なりに企業の管理会計の影響を受けて，それぞれに独特の展開

---

[38] たとえば，個々の公共事業のプロセス改善を通じた生産性の向上を論じた岸良［2007］は例外的な存在であると思われる。

をみせている。しかるに，わが国の場合にはわが国なりに発展してきた企業の管理会計の影響があまりみうけられない。ここに現段階でのわが国公的組織の管理会計的な取り組みのひとつの限界があろう。

　国・地方の関係が今後再検討されていくなかで，中央省庁が政策の企画立案を担い，地方公共団体が政策の執行を担うという暗黙の前提は，将来，徐々に変化を求められることとなろう。かりにそうであるならば，執行部門・執行段階をバランスよく視野に入れ，そこでの管理会計はわが国企業のそれと類似性を有するものとなるのが自然であるとの発想のもと，執行部門・執行段階の管理会計を考えていくことは今後のひとつのポイントとなると思われる。

第4節　わが国の公的組織における管理会計の今後の展開についての考察

　ここでは，わが国の公的組織における管理会計の今後の展開について考察する。体系的な導入と漸次的・パッチワーク的な導入とを比較する。

1．体系としての管理会計の導入・展開の可能性

　わが国の公的組織では上でみたように政策中心思考がみられ，それゆえに政策自体を大分類から細目分類まで精緻化し，体系化しようとする方向に傾きやすい。しかも，このような精緻化・体系化は管理会計の観点からみても非常に整合的に仕組みやすいし，何はともあれ，論理的であり，美しい。

　ここに，わが国の公的組織において，管理会計を体系的に導入・展開しようとする志向が生じると思われる。たとえば小林［2006, pp.36-37］は以下のような議論を展開する。そのポイントを引用する（亀甲括弧は著者補足）。

〔財政の〕厳しい現実を基礎として…（財政制度等審議会『平成18年度予算編成の基本的考え方について』）には次の三つの重要な要素が含まれ…る…
　①政策・施策間，経費間の優先順位づけ
　②予算編成，執行，評価・検証，フィードバックというマネジメント・サイクルにおけるチェック・アクションの強化
　③予算執行の効率化・適正化に資する財務情報提供のための公会計の充実

これらはまさに，管理会計の機能，すなわち，ミッションに基づいた政府の適切な計画とコントロールの機能を指摘するものである…管理会計が財政改革に重要な役割を果たすコア・コンセプトである…

　そして，小林［2006, pp.38-44］は，アメリカにおける結果指向の政府マネジメントの進展をキーコンセプトとして，連邦政府での管理会計アプローチによる政府会計システムの確立と予算と業績評価の統合の重要性などを紹介する。さらに，イギリスの資源会計・予算を引用しつつ結果指向の政府マネジメント改革と資源マネジメントのフレームワークを紹介する（小林［2006］pp.44-47）。そして，小林［2006, pp.48-50］は以下のように続ける。

　　…わが国の財政改革の現状を鑑みれば，管理会計が果たす機能がこの上なく大きい…単年度の現金主義に限定付けられたマインドセットからまず脱却し，中長期計画と年度の予算管理を連携するマネジメント・システム，計画，予算にフィードバックする有用な業績評価情報を作成し，活用する，計画，コントロールのフィードバックループを実現するシステム構築が緊要…管理会計のコンセプト…に基づくシステム設計と効果的な運用がきわめて重要…
　　…次の三つの提言を行い，わが国における政府マネジメント・システム構築への手がかりとしたい。…第一は，予算編成プロセスに，長期的な財務計画及び戦略計画の要素を組み込む…第二に，長期計画に係る資本予算と経常予算を区分して管理する仕組みを構築する…第三に，政府全体のミッション及び目的と行政サービスを提供する部門の目標・目的をリンクさせる業績測定指標の体系を確立する…
　　財政改革において重要なキーコンセプトは…戦略計画，マネジメント・コントロール，タスク・コントロールからなる管理会計概念であり，この概念なくして改革を成功に導くことはできない…

　小林の指摘するタスク・コントロールは前章で紹介したアンソニーのオペレーショナル・コントロールのことである。オペレーショナル（業務）・コント

ロールがいいのか,タスク(課業)・コントロールがいいのかは意見が分かれる。第4章で述べるように一般には業務＞プロセス＞活動＞課業とされており,課業は狭い概念である。これに基礎をおいて管理会計を考えることに著者は賛成できない。

それはともかく,ここでの小林の指摘はわが国の政府管理会計についての第一人者だけあり,的をえた,まさしく正論である。

そこでは,政策の体系化および政策のマネジメント(政策の新設・改廃)が中心となった管理会計の体系的な導入・展開を志向している。これはわが国に根強い政策中心思考のもとで考えればごく自然なものである。

また,わが国の戦前の管理会計(原価計算)が外国文献の翻訳に始まり,研究者主導で原価計算論が組み立てられ,実務へは国家主導型の普及形態をとったことを踏まえると,アメリカやイギリスの公的組織の管理会計を参考として,その体系をわが国に導入することは,この歴史的経緯からも自然である。

しかし,浅学の身で恐縮ながら,アメリカの管理会計は「技術者の会計」から「会計士の会計」として「制度化」し,結果として「技術者の疎遠」あるいは企業実務との「適合性の喪失」を招いた。精緻な体系の構築による実務との適合性の喪失といってもよい。このことには十分な考察が求められるべきであると著者には思われてならない。しかも,管理会計は歴史的所産のひとつであり,隣接諸学の成果を苦悩しつつとり込んできた歴史を有する。このように考えると,わが国の財政・行政改革において,管理会計の諸概念が主導するなかでこれらが進展していくとは著者にはどうしても思われない。

むしろ,前節でみたように,わが国の公的組織ではすでにいくつかの分野でさまざまな取り組みが行われている。これらをひとつひとつ,より実効あらしめんがために,管理会計の考え方,手法を用いて見直していくという若干迂遠かもしれないアプローチのほうが適当であり,現実的ではないかと著者には思われる[39]。このアプローチであれば,公的組織の現場をつねに視野に入れるこ

---

[39] 同時,そうではありながらも,管理会計を体系的に考察しておくことの重要性を著者は否定していない。著者の考えは,体系の構築→実務への落とし込みではなく,実務での活用→結果としての体系である。個々の活用を考えるにあたり,体系を視野に入れておくことの必要は認める。

とが可能なので，日本的管理会計の特徴をうまく生かしつつ，わが国なりの公的組織の管理会計を創り込んでいくことも十分に考えられるのではないか。このアプローチはいわば管理会計の漸次的・パッチワーク的な導入・展開である。

2．管理会計の漸次的・パッチワーク的な導入・展開

わが国の公的組織において，管理会計の漸次的・パッチワーク的な導入・展開を図っていく場合，導入・展開の実質的な担い手は分散型の構造となる。このため，各分野に共通する課題と異なる課題とが存在することになる。

(1) 分散型の構造のもとにある実質的な担い手 ◇◇◇◇◇◇◇◇◇◇◇◇◇◇

体系としての管理会計の導入・展開というアプローチではなく，漸次的・パッチワーク的な導入・展開というアプローチを選択した場合，最大の違いは実質的な担い手の問題にあらわれよう。前者であれば，極論すれば中央省庁の一部部局の指導のもと，全省庁・全公的組織がいっせいに導入・展開を図ることとなる。そのさいの実質的な担い手は当該一部部局になる。一方，後者であればそれぞれの分野ごとに創意工夫をしながら導入・展開を図ることとなる。個別の組織も重要となる。導入・展開の実質的な担い手が分散型の構造になる。

公的組織の業務を大きく分類した場合，その業務が労働集約的か，資本集約的か，資金集約的か[40]かによって分けられよう。人手を多く使うのか，資本を多く使うのか，金融を主要な手段にするのかということである。これらの分類は，たとえば公共事業などは資本を多く使うので資本集約的でもあり，かつ執行部局で人手も多く使うので部分的には労働集約的でもあろう。このように必ずしもひとつにきれいに分類されるものではないが，理念上は3分類が成立しよう。

管理会計の導入・展開を考えるにあたっても，この業務の分類のもとで考えていくのが適当と思われる。当該分類ごとに管理会計手法に違いがあるからである。たとえば労働集約的な公的組織であればABMなどが重きをなそう。資本集約的であればB/C分析を管理会計的に活用することが重きをなそう。

---

40) 一般的な用語ではない。本書での用語である。

したがって，漸次的・パッチワーク的な導入・展開を図る場合には，各分類に共通する課題と異なる課題があると思われる。以下で整理する。

(2) 共通する課題 ◇◇◇◇◇◇◇◇◇◇◇◇◇◇◇◇◇◇◇◇◇◇◇◇◇◇◇◇◇◇◇◇◇◇◇◇

　労働集約的，資本集約的ないしは資金集約的な業務に共通する課題である。まず，公的組織のおかれた状況に共通性がある。どの公的組織であれ，昨今のバッシングのもと納税者の信頼が低下しつつある。納税者の信頼の確保は管理会計で最近議論され始めたレピュテーション・マネジメントと共通する。この観点から公的組織の信頼性（信頼される側の特性）を第3章で検討する。

　また，管理会計の実質的な担い手が分散型の構造であり，漸次的・パッチワーク的な導入・展開が図られる場合，研究方法もその影響をうける。公的組織の管理会計研究において短中期的な観点から期待されるものを第9章で描く。

　さらに，公的組織の管理会計は，長期的には納税者の信頼に基礎をおいた効果性重視の公的組織の運営につながると考える。「民にあらずんば人にあらず」という社会風潮は一時ほどではないものの趨勢的にみれば強まりつつあり，一方でわが国公務員等の士気の低下は著しい。そこで，管理会計の漸次的・パッチワーク的な導入・展開の先にあるものを長期的な視点から第10章で描く。

(3) 異なる課題 ◇◇◇◇◇◇◇◇◇◇◇◇◇◇◇◇◇◇◇◇◇◇◇◇◇◇◇◇◇◇◇◇◇◇◇◇◇◇

　業務分類が異なれば分析対象も異なることとなる。資本集約的な業務には公共事業のB/C分析などの手法がよくあてはまろう。資金集約的な業務には金利等のリスクを管理するALM（Asset Liability Management）やリスク・マネジメントなどの手法がある。一方，労働集約的な業務であれば，第4章で述べるように人件費を分解できるABMを始めとする手法がもっともよく適合する。

　資本集約的な業務および資金集約的な業務については，管理会計手法というよりは隣接諸学で開発された手法をマネジメント・サイクル（PDCAサイクル）をいかにうまく回しつつ，管理会計的にこれらを使いこなすかという議論が中心となろう。手法の基礎はできていると考えられる。一方，現在の公的組織の取り組みでは，労働集約的な業務についての議論はそれほど進んでいない。し

たがって，本書ではもっとも議論が遅れていると思われる労働集約的な業務を中心に管理会計手法などを検討する。これに第4章をあて，第Ⅱ部の第5章〜第8章で事例を考察する。

第5節　まとめ

　本章ではまず，アメリカの公的組織における管理会計の展開と現況について概観した。20世紀初頭に政治的な影響を排除するための行政手続きとして会計が理解され，1921年には予算・会計法が制定された。ニューディール政策による連邦政府の拡大への危機感から，計画とコントロールという経営管理プロセスの確立が課題と認識され，1950年前後にフーバー委員会報告書がまとめられた。1960年代後半には軍事と社会保障による財政の拡大基調のもと，長期的な計画設定と短期的な予算編成をプログラムによって橋渡しするPPBSが導入された。しかし，PPBSは1971年に政治の核心である予算との関係に齟齬をきたし頓挫した。

　公的組織の管理会計はPPBSのさらなる発展を意図し，その弱点を補強する形で確立された。AAAは1972年の報告書で公的組織の管理会計の2大目的をマネジメント・コントロールとアカウンタビリティとした。アンソニーは管理会計の導入問題などに関心を示した。1970年代〜1980年代には多くの公的組織でMBOやZBBに取り組んだ。1970年〜1980年には政府調達に関してCASBが活発な活動を行った。1993年にはGPRAが制定され，戦略計画，業績計画および業績報告が定められた。1990年代後半には業績測定に関心がむけられ，指標の設定が進展した。ABCやBSCなどの管理会計手法も積極的に導入された。

　アメリカの公的組織の管理会計には企業の管理会計との類似性が多々観察できる。違いがあるのは，公的組織では業績測定への取り組みが遅れたことおよび管理会計の導入プロセスの問題が早期に認識されたことである。

　つぎに，アメリカを除く主要国の公的組織の管理会計の現況を概観した。イギリスでは資源会計・予算を骨格とする精緻な仕組みとなっている。ドイツでは原価と給付の計算およびコントローリング等が中心となっている。コントローリングはアメリカ企業のコントローラー制度に由来する。フランスではプロ

グラム型業績予算のもと一覧表形式のタブロー・ドゥ・ボールが使われている。プログラム等を単位としたコスト分析会計が行われているが、十分な整備がなされているとはいえないとの指摘もある。

　わが国の公的組織でも1960年代後半～1970年代初頭にPPBSが試行された。しかし、アメリカでの不首尾、各省庁の消極的な意向を受け頓挫した。現在、わが国では管理会計と認識されてはいないものの、それに関連する取り組みもある。たとえば、公共事業での費用便益分析（B/C分析）、補助金等や出資金等のコストを算定する財政投融資での政策コスト分析、予算執行調査や政策評価との連携を強める予算制度改革、政策のPDCAサイクルを意識する政策評価、および、地方公共団体を中心に取り組まれているNPM等がある。わが国の場合、政策中心思考が根強く存在し、執行段階を視野に入れることが弱い。このため、日本的管理会計の活用余地もきわめて小さい。

　最後に、わが国公的組織の管理会計の今後の展開を考察した。まず、管理会計を体系として導入・展開を図っていくアプローチである。体系としての管理会計は政策の体系化や政策のマネジメントを中心とする。政策中心思考のもとで考えれば自然な発想である。加えて、アメリカやイギリスの体系を移入することはこれまでも自然に行われてきた。しかし、管理会計の体系化は実務との乖離を生じやすいという問題がある。しかも、それぞれの分野でそれぞれにすでに取り組みがみられる。したがって、むしろ、漸次的・パッチワーク的な導入・展開を図るアプローチのほうが現実的と思われる。

　このアプローチでは実質的な担い手がそれぞれの分野に分散する。公的組織の業務は、第1に労働集約的な業務、第2に公共事業などの資本集約的な業務、第3に金融を主要な手段とする資金集約的な業務に分けられる。後者の2つの業務にはすでにさまざまな手法が試行されており、それらを管理会計的に活用することが重要であろう。第1の労働集約的な業務についてはもっとも議論が遅れている。

参考文献

石井薫［1989］『公会計論―行財政分野との相互浸透』同文舘。
大石久和［2003］「インタビュー―大石久和国土交通省技監に聞く 公共調達方式の一大変革実現へ」『建設オピニオン』Vol.10, No.2, pp.8-15。
大住荘四郎［1999］『ニュー・パブリック・マネジメント―理念・ビジョン・戦略』日本評論社。
大住荘四郎［2005a］『NPMによる経営革新―WillとSkillの総合モデル』学陽書房。
大住荘四郎［2005b］「New Public Management：自治体における戦略マネジメント」『フィナンシャル・レビュー』May, pp.19-44。
小澤一雅［2004］「公共事業におけるコスト構造改革」『河川』Vol.60, No.12, pp.3-6。
尾畑裕［1996］「原価計算論の再構築―ドイツにおける原価理論・原価計算・コントローリングの発展に学ぶ」『会計』Vol.149, No.4, pp.491-504。
加藤浩徳［2004］「交通事業の費用便益分析の現状と課題」『道路と経済』Vol.64, No.1, pp.27-35。
加藤芳太郎［1971］「財政思潮としてのPPBS」，熊谷尚夫編『シンポジウム・PPBS―その役割と課題』日本経済新聞社, pp.49-69。
金子太郎［1971］「日本におけるPPBSの現況と導入に伴う諸問題」，熊谷尚夫編『シンポジウム・PPBS―その役割と課題』日本経済新聞社, pp.145-160。
岸良祐司［2007］『三方良しの公共事業改革』中経出版。
熊谷尚夫編［1971］『シンポジウム・PPBS―その役割と課題』日本経済新聞社。
建設省道路局企画課道路経済調査室［1997］「道路事業における費用便益分析について」『道路』12月号, pp.39-42。
構想日本［2008］『「行政の事業仕分け」について―現場からの行政事業の点検』。
小林麻里［2002］『政府管理会計―政府マネジメントへの挑戦』敬文堂。
小林麻里［2006］「財政改革の進展と管理会計の機能―成果指向の政府マネジメント・システムの構築に向けて」『会計』Vol.169, No.2, pp.206-221。
櫻井通晴［1980a］「CASBの原価計算基準研究」『専修経営学論集』No.29, pp.1-74。
櫻井通晴［1980b］「CASBの原価計算基準とそのインパクト」『企業会計』Vol.21, No.1, pp.64-73。
櫻井通晴編著［2004］『ABCの基礎とケーススタディ』東洋経済新報社。
櫻井通晴［2008］『バランスト・スコアカード―理論とケース・スタディ 改訂版』同文舘。
新日本監査法人［2008］『欧米主要国における管理会計の業績評価への活用と会計検査の現状に関する調査研究』平成19年度会計検査院委託業務報告書。
隅田一豊［1998］『住民自治とアカウンタビリティ』税務経理協会。
総務省行政評価局［2008］『政策評価Q＆A』。
高橋洋一［2007］『財投改革の経済学』東洋経済新報社。

西尾勝[1990]『行政学の基礎概念』東京大学出版会。
早川豊[1983a]「CASBの権限委譲」『經濟學研究』Vol.32, No.4, pp.1-74。
早川豊[1983b]「CASB移管先論争」『会計』Vol.124, No.4, pp.533-553。
平岡哲也[1971]「第7章 PPBSの制度化とその方向」,越智通雄ほか『PPBSの理論と展開』大蔵財務協会, pp.119-131。
廣本敏郎[1993]『米国管理会計発達史』森山書店。
福島康人[1980]「PPBSの教訓と政策科学への道」『オペレーションズ・リサーチ:経営の科学』Vol.25, No.5, pp.285-296。
藤野雅史[2003]『政府における管理会計の歴史的展開』一橋大学大学院商学研究科博士論文。
松本有二[2006]「プログラム概念の発達について」『静岡産業大学情報学部研究紀要』Vol.8, pp.13-35。
宮川公男編著[1969]『PPBSの原理と分析—計画と管理の予算システム』有斐閣。
宮川公男[1971]「PPBSの理念と性格」,熊谷尚夫編『熊谷尚夫編『シンポジウム・PPBS—その役割と課題』日本経済新聞社, pp.11-32。
宮坂典男[1999]「公共事業における総合評価システム構築の視点」『SRIC REPORT』Vol.4, No.3, pp.74-87。
山谷清志[2002]「わが国の政策評価—1996年から2002年までのレビュー」『日本評価研究』Vol.2, No.2, pp.3-15。
吉田一将[1988]「CASBの最近の動向と原価計算基準のインパクト」『経済研究論集』Vol.11, No.4, pp.55-76。
吉田一将[1989]「CASBの復活」『経済研究論集』Vol.12, No.2, pp.173-183。
AAA (American Accounting Association) [1972], Report of the Committee on Concepts of Accounting Applicable to the Public Sector, 1970-71, *The Accounting Review*, Supplement to Vol.XLVII, pp.76-108.
Anthony, R. N. [1971], Closing The Loop Between Planning and Performance, *Public Administration Review*, May/June, pp.388-398.
Anthony, R. N., and Herzlinger, R. E. [1975], *Management Control in Nonprofit Organizations*, Richard D. Irwin.
Anthony, R. N. [1977], Zero-Base Budgeting: A Useful Fraud?, *The Government Accountants Journal*, Summer, pp.7-10.
Brady, R. H. [1973], MBO Goes to Work in The Public Sector, *Harvard Business Review*, March/April, pp.65-74.
Buck, A. E. [1929], *Public Budgeting*, Harper & Brothers Pub..
Burkhead, J. [1956], *Government Budgeting*, John Wiley & Sons.
Commission on Organization of the Executive Branch of the Government (第1次フーバー委員会) [1949], *The Hoover Commission Report on Organization of the*

　　　　Executive Branch of the Government, McGraw-Hill. reprinted by Greenwood Press, 1970.
Commission on Organization of the Executive Branch of the Government（第2次フーバー委員会）[1955], *Budget and Accounting : A Report to the Congress*, U. S. Government Printing Office.
de Lancer Julnes, P., and Holzer, M. [2001], Promoting the Utilization of Performance Measures in Public Organizations: An Empirical Study of Factors Affecting Adoption and Implementation, *Public Administration Review*, Vol.61, No.6, November/December, pp.693-708.
GAO (U. S. General Accounting Office) [1985], *Managing the Cost of Government: Building An Effective Financial Managing Structure*, GAO/AFMD-85-35-A.
GAO (U. S. General Accounting Office) [1996], *Executive Guide: Effectively Implementing the Government Performance and Results Act*, GAO/GGD-96-118.
GAO (U. S. General Accounting Office) [1997], *Performance Budgeting: Past Initiatives Offer Insights for GPRA Implementation*, GAO/AMID-97-46.
GAO (U. S. General Accounting Office) [2000], *Managing for Results: Federal Manager's Views Show Need for Ensuring Top Leadership Skills*, GAO-01-127.
GASB (Governmental Accounting Standards Board) [1990], *Service Efforts and Accomplishments Reporting: Its Time Has Come*, GASB.
Geiger, D. R. [2000], Practical Issues in Level of Precision and System Complexity, *The Governmental Accountants Journal*, Summer, pp.29-37.
FASAB (Federal Accounting Standards Advisory Board) [1995], *Managerial Cost Accounting Concepts and Standards for the Federal Government: Statement of Federal Financial Accounting Standards No.4*, FASAB, July.
Howard, W. W., and James, P. B. [1973], Benefit as a Criterion for Indirect Cost Allocation, Federal Accountant, Vol.XXII, No.3, Sep., pp.67-77.
Ittner, C. D., and Larcker, D.F. [1998], Innovations in Performance Measurement: Trends and Research Implications, *Journal of Management Accounting Research*, Vol.10, pp.205-238.
Kohler, E. L., and Wright, H. W. [1956], *Accounting in the Federal Government*, Prentice-Hall.
McSweeney, B. [1988], Accounting for the Audit Commission, *Political Quarterly*, Vol.59, No.1, Spring, pp.28-43.
Nas, T. F. [1996], Cost-Benefit Analysis: Theory and Application, Sage Pub.. 荻原清子監訳『費用・便益分析』勁草書房, 2007年。
Novick, D. [1965], The Origin and History of Program Budgeting, in Novick, D., ed., *Program Budgeting, 2nd edition*, Rand Corp..

Poister, T. H., and Streib, G. [1989], Management Tools in Municipal Government: Trends over the Past Decade, *Public Administration Review*, May/June, pp.240-248.

Schick, A. [1973], A Death in the Bureaucracy: The Demise of Federal PPB, *Public Administration Review*, March/April, pp.146-156.

Wildavsky, A. [1964], *The Politics of the Budgetary Process*, Little Brown and Company. 小島昭訳『予算編成の政治学』勁草書房, 1972年。

第3章
レピュテーション・マネジメントと公的組織の信頼性

近年,企業のレピュテーション・マネジメントに関する研究が行われている。そこでまずこの議論をみる。そして管理会計と公的組織の信頼性(信頼される側の特性)の関係を述べ,公的組織の管理会計と外部環境の関係を考察する。

第1節　企業におけるレピュテーション

本節ではまず,レピュテーションとは何か,その重要性とは何か,これが企業の資産と呼べるものなのかについて先行研究を概観する。つぎに,類似の概念であるブランドとの違いを概観し,ブランド価値向上のための具体的な行動とレピュテーション向上のための具体的行動との関係を確認する。また,企業の社会的責任(Corporate Social Responsibility：CSR)との違いを概観する。

1．レピュテーションとは

レピュテーションは企業の評判やうわさなどと表現されることもある(大柳[2006] p.44)。コーポレート・レピュテーションの日本語による本格的な研究が示された2005年以降,わが国でもコーポレート・レピュテーションという用語が一般的となりつつある。それゆえ,コーポレート・レピュテーションに関する研究も比較的あたらしく,議論途上にある論点も多い。コーポレート・レピュテーションのリスク(レピュテーション・リスク)が問題となる事例が頻発したこと[1]も,このテーマに注目が集まる一因となっている。

(1) 定義

コーポレート・レピュテーションの定義について先行研究を概観する。フォ

---
[1] レピュテーション・リスクの事例研究では櫻井[2005a, pp.9-52]が詳しい。

ンブラン（Fombrun [1996] p.72）は「コーポレート・レピュテーションとは，重要な構成員のすべてに対して，他の主要な競争相手との比較で企業の全般的な訴求を表す会社の過去の行為または将来の期待についての概念上の表象である」と定義づける[2]。ハニングトン（Hannington [2004]）は「ステークホルダーの期待に応える組織能力についての認識」と定義づける。オールソップ [Alsop, 2004] はレピュテーション・マネジメントに18の原則をみいだし，「技術というよりも芸術だ」とする。さらに，松田ほか [2007, p.16] は「企業や組織を取り巻くステークホルダーから得られる社会的・文化的名声であり，企業の持続的な発展の源泉となる無形の評価」と定義づける。これらの論者はコーポレート・レピュテーションをステークホルダーの有するイメージや知覚としてとらえており，もっぱらステークホルダーのイメージや認識，知覚を通じた操作対象としての側面を強調する。

これに対し櫻井 [2005b, p.1] は，コーポレート・レピュテーションについて「経営者および従業員による過去の行為の結果，および現在と将来の予測情報をもとに，企業を取り巻くさまざまなステークホルダーから導かれる持続可能な（sustainable）競争優位」と定義づける。この定義は企業の経営者および従業員の行為等に重きをおいて，コーポレート・レピュテーションをとらえており，もっぱら会社（corporate：コーポレート）を通じた管理対象としての側面を強調する。また，評価する主体をステークホルダーであるとして，ステークホルダーが企業のレピュテーションを決定するという立場をとっている。

(2) 企業におけるレピュテーションの重要性

フォンブランとヴァン・リール（Fombrun=Van Riel [2004]）によれば，現代の企業は（ⅰ）グローバリゼーションの進展による企業間競争の激化のなかで，他国にも自国内でのレピュテーションが影響するにいたっている，（ⅱ）情報化の進展により顧客などが評価の高い企業にのみ集中するにいたっている，

---

[2] 原文は "A corporate reputation is a perceptual representation of a company's past actions and future prospects that describes the firm's overall appeal to all of its key constituents when compared with other leading rivals." ここでは櫻井 [2008, p.22] の訳を用いた。

（ⅲ）製品の均質化により差別化が困難となりつつある，（ⅳ）メディアの影響力が拡大しつつある，（ⅴ）ステークホルダーの行動が積極化しつつあるといった環境変化のなかにある。それゆえ，コーポレート・レピュテーションは企業にとって製品の独自性を生み出しライバルとの差別化の源泉となり，価値が高い反面，壊れやすい。それゆえ，ますます重要になってきた。

また，フォンブランとヴァン・リール（Fombrun=Van Riel [2004]）は，コーポレート・レピュテーションの重要性はステークホルダーごとにその重要な決定に影響を与えていることで説明できるとする。顧客に対してはレピュテーションにより購買行動に影響を及ぼす。従業員に対してはレピュテーションにより就職・勤労・勤続の決定に影響を及ぼす。投資家に対してはレピュテーションにより投資意思決定に影響を及ぼす。メディアに対してはレピュテーションにより報道の扱いに影響を及ぼす。フィナンシャル・アナリストに対してはレピュテーションによりその表現に影響を及ぼすとする。

大柳 [2006, p.48] は，コーポレート・レピュテーションが重要になってきた理由として，過去に比べて現在ではステークホルダー間の相互作用により，ブランドを付した宣伝広告の効果が得にくくなってきているとする。強力なブランドを付した商品であるにもかかわらず，口コミ情報では否定的な見解が多い場合などである。これもフォンブランらの見解と同趣旨であろう。

(3) レピュテーションの資産性

ここで，コーポレート・レピュテーションの資産性について簡潔に概観する。櫻井 [2008, p.28] はこれを「無形の資産（intangibles）」とする。ブルッキングス研究所のスペシャル・タスク・フォース（Blair=Wallman [2001]）によれば，無形の資産には3種類あり，第1に所有と販売が可能な資産，第2に支配可能だが企業から分離して販売できない資産，第3に企業が全く支配できないインタンジブルズがあるとする。櫻井 [2008, p.28] はコーポレート・レピュテーションを第2の分類に位置づけている。そして，欧米も含め多くの研究者はコーポレート・レピュテーションを超過収益力の源泉のひとつとして，その資産性を認めているとしている（櫻井 [2008]）。櫻井 [2008, p.28] はフォ

ンブランとヴァン・リールの分類（Fombrun=Van Riel [2004]）を用い，以下の式で表現している。

　　　知的資産＋レピュテーション資産＝市場価値－（物的資産＋金融資産）

　ちなみに，財務会計での伝統的な会計用語としての「無形資産（intangible assets）」はのれんなどとして認識されてきた。1990年代以降，その研究対象は上記のブレアとウォールマンの分類でいう第1から第2まで拡大されてきている。しかし，コーポレート・レピュテーションについては貸借対照表にオンバランスされる財産権とは認められていない。これは，国際会計基準（IAS）第38号でいうオンバランスされる財産権の基準である，①将来の経済的便益，②支配可能性，③識別可能性，④測定可能性のうち，①と部分的には②を満たすが，③および④は満たさないためであると整理できる（櫻井 [2008] pp.44-47）[3]。

2．ブランドとレピュテーション

　ブランドとコーポレート・レピュテーションとの関係は類似の概念であり，区分がむずかしい。ブランドが購買者や消費者にアピールする標章であるのに対し，コーポレート・レピュテーションはより幅広くステークホルダーに評価されるものであることから，フォンブランとヴァン・リール（Fombrun=Van Riel [2004]）は，ブランドはコーポレート・レピュテーションの一分野とする。

　櫻井 [2008, p.74] は，わが国ではブランドはコーポレート・ブランドというよりも商品群でイメージされる傾向が強いことなどから，両者を区分してとらえる。櫻井 [2008, pp.78-79] によれば，第1に，ブランドは消費者（顧客）により商品やサービスにつけられた標章であって，現在企業がどのように行動しているかについてのステークホルダーの反応をあらわすコーポレート・レピュテーションとは区別される。ブランドは過去の蓄積が大きく関係する。これに対し，コーポレート・レピュテーションは過去だけでなく現在および将来の経営者と従業員の行為の結果をとらえたステークホルダーの評価に関係する。

3）インタンジブルズについては日本会計研究学会 [2009] がある。

第 2 に，ブランドの高い商品には祖父母から親へ，親から子へと伝えられていく相続遺産的な側面がある。一方，コーポレート・レピュテーションは経営者および従業員の行為によって生み出されるステークホルダーの評価により形成される。すなわち，企業経営者にとってブランドは相続遺産的な側面を有するために，これを高めるのは容易ではなく，しばしば与件となる。これに対して，コーポレート・レピュテーションはブランドに比べれば比較的容易に経営者と従業員の努力によって向上させることができる。同時に，反社会的行為などによって容易に毀損するものでもある。

第 3 に，ブランドには企業レベル，商品群レベル，商品レベルなど，いくつかの階層があり，企業レベルのものを除いてすべて商品に関連し，主要な対象は顧客となる。このため，ブランドのマネジメントとしては主としてマーケティングが適合する。これに対して，コーポレート・レピュテーションのマネジメントには，第 2 節で述べるようにいくつかの分野がある。マネジメントのあり方からも区別される[4]。

3．CSRとレピュテーション

CSRについて櫻井［2008, pp.81-82］は，「ステークホルダーの立場から，経済的価値だけでなく社会・環境業績を高めることで，企業価値を増大させようとする活動」とする。いわゆるトリプル・ボトムライン（経済価値，社会価値，環境価値）へのコミットメントである。

CSRとコーポレート・レピュテーションとの関係について櫻井［2008, p.98］は，フォンブランのように両者の関係に無関心な見解，両者を同一視する見解，および，CSRをコーポレート・レピュテーションの一構成要素と論じる見解とがあるとする。そのうえで，櫻井は第 3 の見解，すなわち，CSRをコーポレート・レピュテーションの一構成要素と解する立場をとる。

---

[4] 櫻井［2009b］はブランド概念をコーポレート・ブランドに拡張して，両者の対比を考察し，マネジメントのあり方が異なることを指摘している。

外部への責任を重視してCSRをとらえる立場（加賀田［2006］）[5]にたてば，論理的にはCSRとコーポレート・レピュテーションとは異なる可能性もある。しかし，櫻井のようにビジネス内部へのアプローチを重視する立場にたてば，CSRもコーポレート・レピュテーションもともに共通の問題意識を有するものとなる。CSRもコーポレート・レピュテーションもともに，ビジネス内部へのアプローチである管理会計の適用可能性を論じることができる[6]。しかも，CSRを通じて企業がたんに社会的・環境的責任を果たすだけでは，企業の存続の保証にはつながらない。CSRを通じてコーポレート・レピュテーションを高め，企業の存続の可能性を高める（経済的責任を全うする）ことが必要となる。CSRを中間目標にして，コーポレート・レピュテーションを達成することになる。

また櫻井［2008, p.97］は，CSRでは環境価値と社会価値が強調されるものの，経済価値の比重は低い。これに対して，コーポレート・レピュテーションでは経済価値がもっとも重視され，環境価値に代えて組織価値が重視される点に違いをみいだしている。組織価値は経営理念，有能な従業員，組織学習，熱心な仕事，リーダーシップおよびチームワークなどをさす。重点のおき方という程度ではあるが，このような違いが見られること自体，両者を同一視する上記の第2の見解からはでてこないと考えられる。

第2節　企業におけるレピュテーション・マネジメント

コーポレート・レピュテーションのマネジメントが論じられるようになったのは1990年代以降であり，比較的歴史が浅い。現在もさまざまな議論がされている。本節では，企業におけるレピュテーション・マネジメントについて類型別に簡潔に概観する[7]。そして，コーポレート・レピュテーションが高いと認

---

5) 加賀田［2006, p.62］は「CSRの議論そのものにも変化が見られるようになってきている…1950～80年代に議論されたCSRが，どちらかといえば，企業と社会の関係性そのものや，企業外部へのアプローチを取るものが多かったのに対して，90年代以降では，CSRを企業の競争力や経営資源との関係で，企業内部へのアプローチを取る研究も増えてきている」としている。
6) CSRへの管理会計の適用については伊藤［2004］がある。
7) この分類は何を重視するかで，理念的に分けたものである。

識されている企業で，管理会計手法を中心とした内部管理手法を意識的に公表している事例を確認する。ここではトヨタ自動車と京セラについて概観する。

1．コミュニケーション，マーケティングを重視するマネジメント

　まず，コミュニケーションやマーケティングを重視するレピュテーション・マネジメントを提唱する考え方である。ここではフォンブランとヴァン・リール，オールソップ，ハニングトンおよび松田ほかの見解について簡潔に確認する。これらの論者はコーポレート・レピュテーションをステークホルダーの有するイメージや知覚としてとらえており，もっぱらステークホルダーのイメージや認識，知覚を通じた操作対象としての側面を強調している。このため，企業のいわば外部への働きかけを重視し，その結果，コミュニケーションやマーケティングに注目することとなると考えられる。

(1)　フォンブランとヴァン・リールの見解

　フォンブランとヴァン・リール（Fombrun=Van Riel [2004]）は名声が富を生むとし，名声を高めるための原則を5つ提示する。レピュテーションについての系統的な調査にもとづいて，1999年に開発したレピュテーション指数（The Reputation Quotient ; RQ）を算出し，この指数の高い企業を観察した結果として5原則を引き出している。

　5原則とは，①顕示性（Visible），②独自性（Distinctive），③真実性（Authentic），④透明性（Transparent）および⑤一貫性（Consistent）である。まず，①顕示性とは注目度の高い企業であることである。マスコミ媒体などを積極的に活用し，まず注目される必要がある。しかし，注目度が高いことは，レピュテーションにいつまでも残る負の影響を残しかねないという両刃の剣でもある。②独自性とは違いを際立たせることである。企業の行動とコミュニケーションの焦点をコアのテーマに定めることが，レピュテーションを向上させる。③真実性とは誠実に自らを開示することである。真実性が情緒的アピールを生みだし，レピュテーションを向上させる。④透明性とは適切に情報を開示することである。消費者は幅広く自社の情報を開示する企業のほうが，レピュ

テーションが高いとみなす。⑤一貫性とは「対話」を確立することである。複数の部門にまたがって調整・統合された一貫性のあるコミュニケーションがレピュテーションを向上させる。

フォンブランとヴァン・リールはレピュテーション・マネジメントのポイントをコミュニケーションの観点からまとめている。そして，マーケティングを主要なツールのひとつとして企業が行うべき行動を提案する。

(2) オールソップの見解

オールソップ（Alsop [2004]）はコーポレート・レピュテーションを高め，維持し，毀損した場合にいかに修復するのかという観点から，18の法則をまとめている。具体的には以下のとおりである。

まず，よい評判をいかに築くかについて，7つの法則を示している。

（法則1）最強の武器である企業の評判を研ぎ澄ませる。このためには評判重視の社風を育てる。
（法則2）レピュテーション・リサーチを行い，己を知る。
（法則3）ステークホルダーの優先順位をあらかじめ決めておき，多くの聴衆にアピールする。
（法則4）社会の価値観と倫理観に従う。
（法則5）模範的な市民となる。
（法則6）心をつかむ企業ビジョンを伝える。
（法則7）心の琴線に触れるように，感情に訴える。

つぎに，よい評判をいかに保つかについて，6つの法則を示している。

（法則8）厳しい現実と向き合い，問題点を知る。
（法則9）たえずつきまとう危険に常に警戒する。
（法則10）社員を主役に据える。
（法則11）翻弄される前に制御する。
（法則12）声を一本化する。
（法則13）レピュテーションを失墜させる危険に注意する。

最後に，傷ついた評判をいかに修復するかについて5つの法則を示している。

(法則14) 危機的状況をコントロールではなく，手際よく管理する。
(法則15) 最初の機会を逃さず，成功させる。
(法則16) 世間の冷ややかな視線を甘く見ない。
(法則17) 保身はしない。問題を先取りして攻勢にでる。
(法則18) 最後の最後の手段に社名変更がある。

オールソップはレピュテーション・マネジメントのポイントを，コミュニケーションを重視し，いわば経営者の「座右の銘」のようにまとめている。したがって，経営者の行動パターンに直接的に参考になるものとなっている。

(3) ハニングトンの見解

ハニングトンはコーポレート・レピュテーションを構築するシナリオを提示する（Hannington [2004]）。まず，コーポレート・レピュテーションの重要性を認識することから始める。そして，ステークホルダーが実際に誰で，どのように影響しあっているのかについて360度の視点からマッピングし理解する。経営幹部のコミットメントを得て，顧客および潜在顧客ならびに従業員に対しコーポレート・レピュテーションの調査をし，スタッフの期待との差異を明らかにする。そのうえで，計画を組んでCEOのリーダーシップのもと実施していく。その過程では業界アナリストへの経営幹部の働きかけがとくに重要となる。

このように，ハニングトンはレピュテーション・マネジメントについて段階を追ってまとめている。どのような点にポイントをおいてコミュニケーションを図るのかなど，参考になる点が多い。

(4) 松田ほかの見解

松田および実務家を中心とするグループ（松田ほか [2007]）は，レピュテーション・マネジメントについてさまざまな角度からまとめている。そして，マーケティングの観点からもレピュテーション・マネジメントを論じている。

そこでは概念的な提案にとどまるものの，「信頼と互酬性の規範にもとづいたつながり」である社会的関係性が啓発的自己利益を誘発し，社会全体に経済

価値や社会価値をもたらす社会資本を構築する。そして、関係性マーケティングなどの協働型マーケティングを通じて、コーポレート・レピュテーションを向上させるとする。

2．内部統制などを重視するマネジメント

つぎに、内部統制などを重視するレピュテーション・マネジメントを提唱する議論を概観する。内部統制についてはかつて管理会計の一部と解釈できる時代もあったとされる（櫻井［2008］p.34）が、ここでは近年の通説にしたがって両者を一応別個に扱う。また、リスク・マネジメントなどは内部統制と関係が深いと考えられるので、便宜的にここで取り扱う。この立場は日米両国における会計をめぐる一連の事件[8]の存在と深い関連を有する。

(1) 櫻井の見解 ◇◇

櫻井は内部統制やリスク・マネジメントについて、レピュテーション・マネジメントの観点から論じている。簡潔に概観する。内部統制について櫻井［2008］は以下のように論じている。

従来の内部統制は①会計監査と②業務監査とを対象としてきた。しかし、1993年のアメリカのトレッドウェイ委員会支援委員会（the Committee of Sponsoring Organizations of the Treadway Commission：COSO）による内部統制に関するあたらしい概念の提示、2002年のSOX法制定、わが国では2006年の金融商品取引法による内部統制報告制度の創設、2004年の日本内部監査協会の基準改定などにより、内部統制の概念にあらたに③法令順守、リスク・マネジメントおよびリスク・コントロールが加わった。

コーポレート・レピュテーションのリスクのことを櫻井［2005b］はレピュ

---

8) この一連の事件としてアメリカでは、2001年12月のエンロン社による破産申請とその不正会計に加担したアーサー・アンダーセン会計事務所の消滅、そしてそれがSOX法（Sarbanes-Oxley Act of 2002：いわゆるサーベインズ・オクスリー法）の導入の契機となった。またわが国では、西武鉄道の有価証券報告書への大株主の持ち株比率過小表示問題がJ-SOX法の導入を後押しし、さらにJ-SOX法（金融商品取引法：証券取引法を改組。2006年6月成立）の検討過程で、カネボウの粉飾決算とそれを許容した中央青山監査法人の崩壊があったことなどがあげられる。

テーション・リスクと呼び，以下のように論じている。この領域としては①コーポレート・ガバナンス，②企業倫理とコンプライアンス，③環境問題，④雇用と人権問題および⑤製品の安全性と製造物責任とがある。

①コーポレート・ガバナンスから生じた事件として有名なのは，エンロン社の積極型会計等による破たん事件や西武鉄道による有価証券報告書への大株主の持ち株比率の過小記載事件などがあげられる。②企業倫理とコーポレート・ガバナンスについては，多くの企業がすでに極秘情報の漏えい禁止，公私の別，贈収賄や汚職の禁止，人権擁護およびセクハラ禁止などを内容とするコンプライアンス規準を有している。そこでの問題は経営幹部だけでなく，従業員の行為によって起こされることにある。③環境問題とは1960年代にみられた公害の問題とは異なり，不法投棄や土地汚染隠ぺいなど，コンプライアンス上の問題も含まれていることが多い。④雇用と人権問題とは海外工場などでの低賃金労働などの問題や最近のアウトソーシングの一般化に伴う契約先の情報漏えいなどの問題などを指摘しうる。⑤製品の安全性と製造物責任については雪印乳業の不適切な経営行動などの事件がある。他方，レピュテーション・リスクを回避した例として，パナソニックのFF式石油温風機にかかる対応があげられている。

以上のような領域にかかわるレピュテーション・リスクに対するリスク・マネジメントについては，1994年以降，各国で開示に向けた圧力が増大し，その後，全社的リスク・マネジメント（Enterprise Risk Management：ERM）として検討されてきている（Miccolis et al. [2005]）。このERMに関して，COSOは2004年にERMをマネジメント・プロセスの一環として構築する旨の報告書（COSO [2004]）をまとめた。COSOのERM報告書では，リスクをマイナスのものに限定しつつ，ERM自体はリスクと事業機会に適用している。櫻井 [2008, pp.186-189] は，リスクはマイナスのもののみ限定すべきではなく，プラスのハイ・リターンを期待しうるリスクも，リスクとしてERMを適用すべきであるとする。定義の問題ではあるが，リスクと事業機会とをわざわざ区分する必要性は薄いように思われる。ともあれ，櫻井 [2008, p.181, 186] はERMと内部統制との関係について，ともにコーポレート・レピュテーション

に貢献するものであるが,内部統制を有効に運用するには,すぐれた機会(プラスのリスク)を活用すべく,ERMとして構築・運用される必要があるとする。

従来の伝統的なリスク・マネジメントには,価格を通じたマネジメントを行う市場リスク,債務を通じたマネジメントを行う信用リスク,従業員やプロセスを通じたマネジメントを行うオペレーショナル・リスク,および,組織や人的資源を通じたマネジメントを行うビジネス・リスクがあるとされてきた。しかし,現在では櫻井[2008, p.191]は上記のCOSOの指摘などを踏まえ,(ⅰ)オペレーショナル・リスク,(ⅱ)資本調達のリスク,(ⅲ)財務上のリスク,(ⅳ)建築基準法違反などの社会的リスクおよび(ⅴ)知的財産・ブランド・顧客・従業員などの無形のリスクの5つの領域となってきたとし,「魚は頭から腐っていく」との言葉を引用しつつ経営幹部の責任を強調している。

ITにかかる内部統制について櫻井[2008, p.218]は,分散型システムの一般化によって全社的統制を確保することがむずかしくなったこと,海外などへのアウトソーシングによってチェックがむずかしくなってきたこと,プロジェクト管理や工程管理,品質管理などの困難さが増してきていることおよび顧客による仕様変更などによるコストの増大といった事情から,ITにかかる内部統制がレピュテーション・リスクにとって重要となりつつあるとする。アメリカではITガバナンス協会(IT Governance Institute)が上記のCOSOのERM報告書を基礎に,ITの内部統制の基準であるCOBIT(Control Objectives for Information and related Technology)を定めている(日本ITガバナンス協会HP)。しかし,わが国にはこれに相当する基準がまだないと指摘している。

以上が内部統制などを中心とした櫻井の見解の概要である。レピュテーション・マネジメントの焦点が,1.に掲げた諸見解では企業内部に目配りをしつつも,もっぱら企業外部への働き掛けにあるのに対して,櫻井の見解は企業外部への目配りをしつつも,その視点はもっぱら企業の内部プロセスにあるという違いがあると考えられる。

(2) 松田ほかの見解

松田ほか[2007]でもコーポレート・レピュテーションについて,内部統制

や組織内部のマネジメントの観点からの重要性も指摘している。内部統制においてはレピュテーション・リスクやITのリスクなども考慮する必要があり，また，組織内部のマネジメントにおいては自律的組織を意識し，従業員の自律化が必要であるとするが，いずれも概念の提示にとどまっている。

3．管理会計手法を活用したマネジメント・モデル

コーポレート・レピュテーションのマネジメントに使うことのできる管理会計手法としてBSCを指摘する見解もある。その具体例として，全社的なモデルと内部監査部門のモデルを示している櫻井の見解と，BSCを活用した戦略的レピュテーション・マップを示している松田ほかの見解について概観する。

(1) 櫻井の見解

櫻井はBSCの全社的なモデルおよび内部監査部門を対象としたBSCのモデルについて論じている。簡潔に概観する。

BSCの全社的なモデル

BSCの全社的なモデルとして櫻井［2008, p.254］は図表3-1を提示する。これは全社的なBSCにコーポレート・レピュテーションに関する因果関係をのせた戦略マップである。そして，そのための管理モデルとして3つの図表を示している。

まず，図表3-2のような理論モデルで，成果指標と先行指標とを目標値と実績値で表し，さらに実施項目をつける。つぎに，図表3-3のようなより実践的なモデルで，目標値と実績値を記入し両者の差異を算定し分析することで将来の実施項目に結びつける。さらに，戦略性に重点を置くモデルで，戦略の実行に焦点をあてるものである。著者なりに図表にすれば図表3-4のようになる。これらの図表は必要に応じて使い分けることが求められよう。

櫻井［2008］は戦略マップの作成の際には，はじめから組織を巻き込んでというのではなく，少なくともはじめは担当者が自社のレピュテーション・マネジメントのための戦略には何が必要で何が有効かを検討するためのツールとして活用するのが望ましいとする。

図表3-1 コーポレート・レピュテーションの戦略マップ

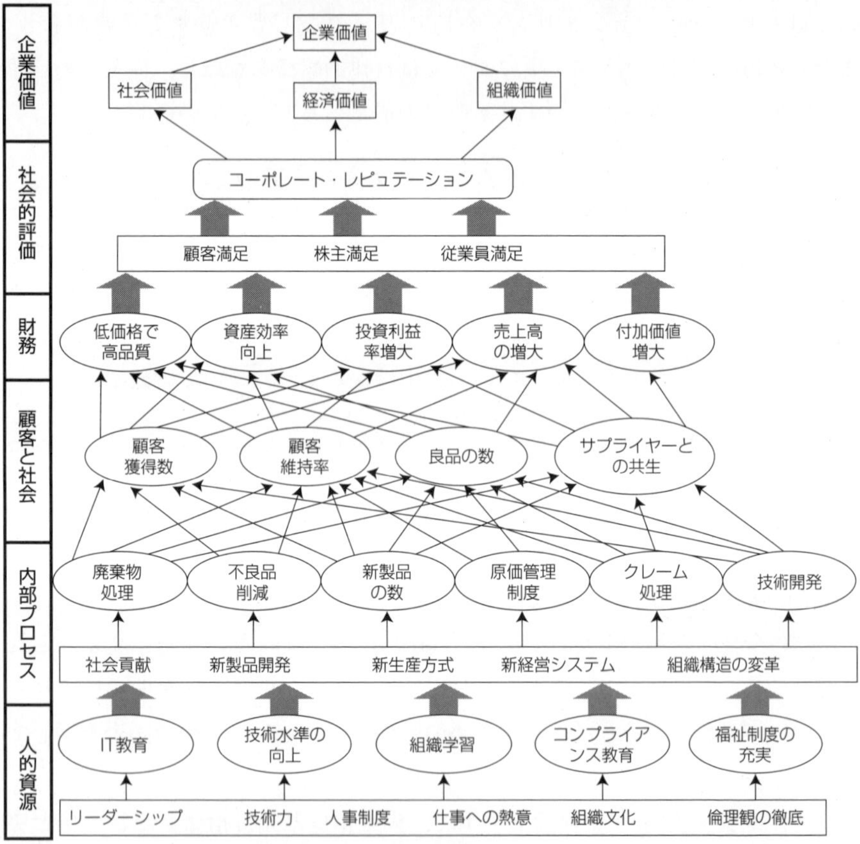

（企業価値）
- 企業価値
  - 社会価値
  - 経済価値
  - 組織価値

（社会的評価）
- コーポレート・レピュテーション
- 顧客満足　株主満足　従業員満足

（財務）
- 低価格で高品質
- 資産効率向上
- 投資利益率増大
- 売上高の増大
- 付加価値増大

（顧客と社会）
- 顧客獲得数
- 顧客維持率
- 良品の数
- サプライヤーとの共生

（内部プロセス）
- 廃棄物処理
- 不良品削減
- 新製品の数
- 原価管理制度
- クレーム処理
- 技術開発

- 社会貢献　新製品開発　新生産方式　新経営システム　組織構造の変革

（人的資源）
- IT教育
- 技術水準の向上
- 組織学習
- コンプライアンス教育
- 福祉制度の充実

- リーダーシップ　技術力　人事制度　仕事への熱意　組織文化　倫理観の徹底

（出典：櫻井[2008] p.254）

図表3-2 コーポレート・レピュテーションの評価モデル

視　点	戦略目標	成果指標		先行指標		実施項目
		目標値	実績値	目標値	実績値	
財務						
顧客と社会						
内部プロセス						
人的資源						

（出典：櫻井[2008] p.255より著者修正）

図表3-3　コーポレート・レピュテーションの業績評価

視　点	評価指標	評価尺度	2009 Q1	Q2	Q3	Q4	2010	2011
財　務 　投資利益率 　売上高増大 　EVA増大 　付加価値増大 　株価の上昇								
顧客と社会 　顧客定着率 　顧客獲得率 　良品の数 　環境保全活動 　サプライヤー数								
内部プロセス 　新技術の開発 　特許の取得数 　製造方法発見 　廃棄物処理 　ノウハウ獲得								
人的資源 　社内教育の数 　IT教育への参加 　組織学習 　成果主義の導入 　福祉制度の導入								

(出典：櫻井 [2008] p.256)

図表3-4　戦略性に重点をおく評価モデル

視点	戦略テーマ	戦略目標	目標値	四半期実績値	実施項目
財務	売上高増大	売上げ高増大	+10%	良好	―
		新製品売上高	+15%	良好	店頭での販売促進
顧客と社会	顧客獲得数	新規顧客数	+20%	要注意	新規チャンネルの開拓
		満足度	+10%	危険	店頭での新規サービス
内部プロセス	新製品の数	販売開始新製品数	50	要注意	生産立上時間の低減
		新製品提案件数	80	良好	提案効率の向上
人的資源	組織学習	開発投下時間数	のべ500時間	要注意	実質稼働時間の確保
		優秀な技術者数	15人	良好	離職率の低減

(出典：櫻井 [2008] p.257より著者作成)

内部監査部門のBSCのモデル

つぎに，内部監査部門を対象としたBSCのモデルである。まず内部監査の定義から確認する。櫻井［2008, p.222］は米国内部監査人協会（the Institute of Internal Auditors：IIA）による定義（IIA HP）を紹介する。

> 内部監査は，組織体の運営に関し企業価値（value）を創造し，また改善するために行われる，独立にして，客観的な保証およびコンサルティング活動である。内部監査の目的は，組織体の達成に役立てることにある。このために，内部監査は，体系的手法と規律順守の態度とをもって，リスクマネジメント，コントロールおよび組織体の統治プロセスの有効性を評価し，改善する。

そして櫻井は内部監査のためのBSCのフレームワークを図表3-5に示している。財務の視点をそのままとするのであれば，対象となるステークホルダーは取締役会／監査役会が適当とする。顧客の視点は事業部のマネジメントそのものであり，マネジメントの視点とする。内部ビジネス・プロセスの視点は内部監査人を対象とする内部監査プロセスの視点とする。最後に学習と成長の視点も内部監査人を対象とする革新とケイパビリティの視点とする。このフレームワー

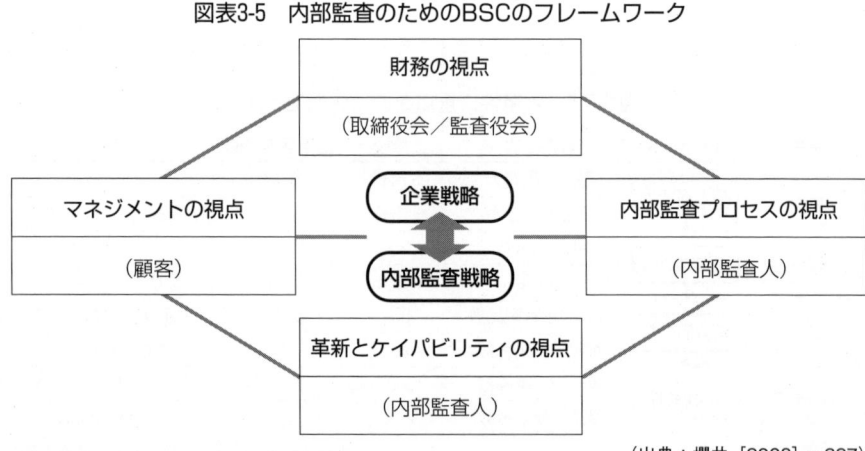

図表3-5　内部監査のためのBSCのフレームワーク

```
                     財務の視点
                  （取締役会／監査役会）

  マネジメントの視点      企業戦略       内部監査プロセスの視点
      （顧客）          ↕            （内部監査人）
                     内部監査戦略

                 革新とケイパビリティの視点
                     （内部監査人）
```

（出典：櫻井［2008］p.227）

図表3-6 内部監査部門のための戦略マップ

財務：企業価値の増大

マネジメント：業務担当者の満足

内部監査プロセス：付加価値サービスの提供、生産性と応答の改善、付加価値サービスの増大、内部監査人の生産性向上、内部監査人の効率と応答の改善

革新とケイパビリティ：付加価値提供のためのケイパビリティの促進、内部監査の技術インフラの改善

(出典：櫻井[2008] p.228)

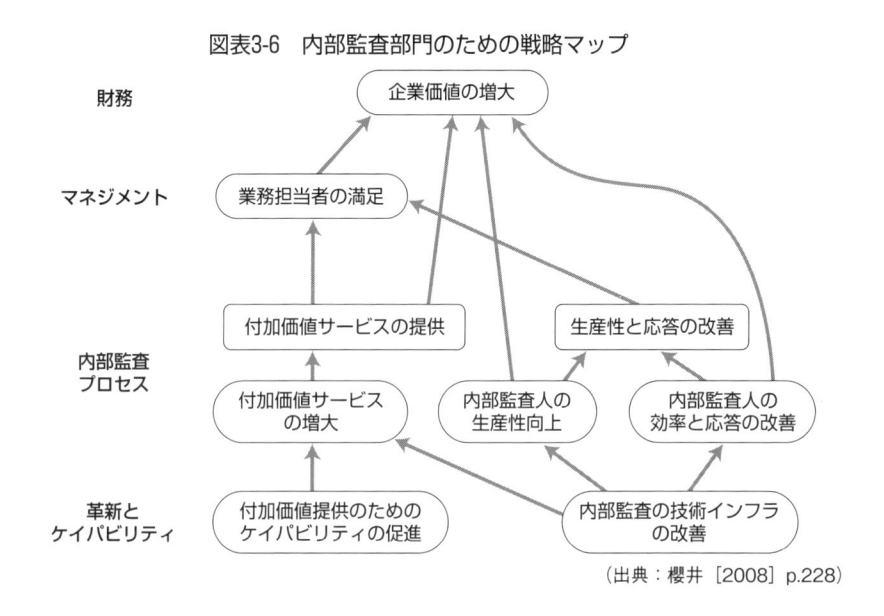

クのもと図表3-6のような戦略マップを構築する。そして，因果関係でつながった戦略テーマごとに図表3-7のような戦略目標，目標値および実施項目を表した表の作成をモデルとして提案する。

図表3-7 戦略テーマ，戦略目標，目標値，実施項目

視点	戦略テーマ	戦略目標	目標値	実施項目
財務	企業価値増大	企業価値	＋10％	──
		コンプライアンス	－5％	周知徹底
マネジメント	価値提案	改善項目	＋20％	現場を探求
		満足度	＋10％	意識改革
内部監査プロセス	業務の効率化	完成した監査計画	100％	システム構築
		改善提案件数	35	現場に赴く
革新とケイパビリティ	能力の高い内部監査人	教育・訓練時間	8時間／人	意識の高揚
		優秀な監査人数	15人	職場の雰囲気

(出典：櫻井[2008] p.231)

(2) 松田ほかの見解

　松田ほか［2007］もレピュテーション・マネジメントにBSCが活用できるとする。BSC自体はかなり崩しているが，図表3-8のような戦略的レピュテーション・マップの構築を提案している。

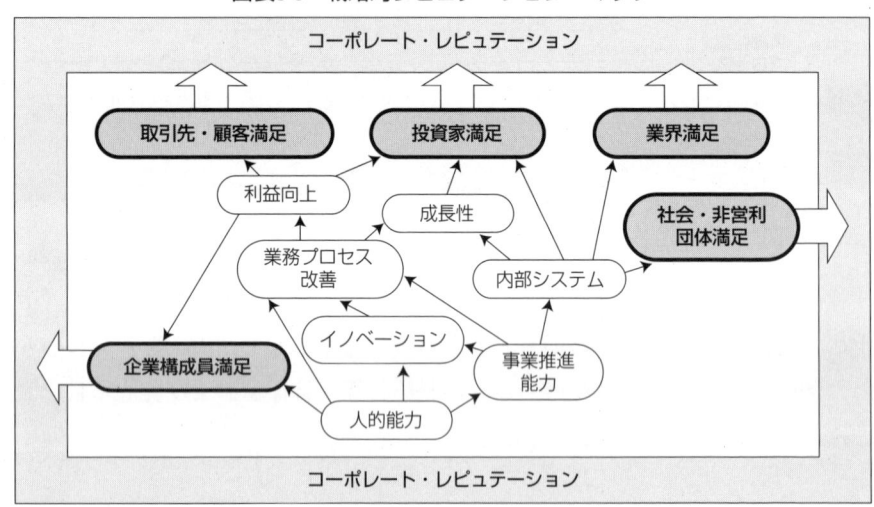

図表3-8　戦略的レピュテーション・マップ

（出典：松田ほか［2007］p.66）

4．高レピュテーション企業が内部管理手法を公表している事例

　本項ではコーポレート・レピュテーションが高いと認識されている企業が，その経営理念などとともに，内部管理手法を公表しているわが国の事例を2つあげる[9]。内部管理手法としたのは，わが国の管理会計システムは生産システムに依存している側面があり，JIT（Just-In-Time）のように管理会計手法というよりも生産システムとしてとらえるほうが自然であるものも多いからであ

---
9) これらの事例は経営理念や経営哲学から導かれ，各社の判断でその経営管理手法を公表してきたと推察される。コーポレート・レピュテーションの向上を事前の目的としていたかは定かではない。

る。コントローラー制度を実践基盤として管理会計が形成されたアメリカであれば，これらも管理会計手法として形成された可能性もあると思われる。

(1) 原価企画，TQC，改善，JIT，学習する組織など　—トヨタ自動車　◇◇◇◇

　トヨタ自動車には，いわゆる日本的管理会計の代表例のひとつである原価企画や，必ずしも管理会計手法とは位置づけられない全社的品質管理（TQC），改善およびJITがあり，経営学の観点からは「学習する組織」の代表格とみられている。これらをあわせてトヨタ生産システムということもある。そして，これらがトヨタ自動車の経営理念であるトヨタ基本理念とともに，トヨタ自動車の対外的イメージに好ましい影響を与えている。その基礎に好調な財務業績があることは否定し得ない。過去，トヨタ自動車は「乾いたタオルをさらに絞る」といわれ，単なるコスト・カッターのように受けとめられてきた時期もある。しかし現在では，コーポレート・レピュテーションの高い企業と認識されている。

　このトヨタ生産方式についてはトヨタ自動車内部でも当初は外部への公表に躊躇があった。大野は以下のように述べている（亀甲括弧内は著者補足）。

　　もともと，なんとか日本の風土にあったオリジナルな方法をという考えから，他社，特に先進国に簡単にわからないように，さらに，イメージさえ生じがたいようにと思って「かんばん」であるとか，「ニンベンのある自働化」とかを実践し，強調していったのですから，わかりにくいのは当然かもしれません。（大野［1978］まえがき）

　　かつて昭和三十年代の前半まで，私〔大野〕の打ち込んできた製造技術を，トヨタ式とはとても呼ぶ勇気がなかった。大野式と自称して静かに潜航していた。
　　昭和三十年代後半から四十年代，トヨタ自工内部の盛んな試行錯誤の末，トヨタ式と命名しても恥ずかしいものではなくなっていた。
　　昭和四十八年秋のオイル・ショック以降，トヨタ生産方式は，トヨタ・グループ外でも広く注目され…るようになった。（大野［1978］pp.132-133）

このようにトヨタ生産方式は，事前にコーポレート・レピュテーションの向上を目的として始まったものではない。試行錯誤の末，トヨタ生産方式を完成させ，躊躇しつつも公表してみたに過ぎないともいえよう。しかし，そうではあっても，コーポレート・レピュテーションの向上に役立たせるために，内部管理手法の公表を検討してみることも価値があるように思えてならない。

(2) ミニ・プロフィット・センター（アメーバ経営） ─京セラ ◇◇◇◇◇◇

京セラには1965年より実務で開始されたミニ・プロフィット・センター，いわゆるアメーバ経営という管理会計手法がある。その研究が研究者間で開始されたのは1990年代半ばになってからである[10]。現在，アメーバ経営は日本的管理会計の代表例のひとつに加えられている。その基礎には京セラの安定した高収益があるのであろうが，京セラはコーポレート・レピュテーションの高い企業と認識されており，そこには独特の経営哲学と管理会計手法であるアメーバ経営が存在している。

当初，京セラ内部にはこのアメーバ経営を公表することには反対もあったようである。稲盛［2006, p.256］は著書のあとがきで「アメーバ経営は，私が長年にわたり苦労して築き上げた独自の経営管理手法であり，京セラの高収益経営の根幹をなすものなので公開すべきではない，という意見も社内にはあった」と記している。公表するにあたっては，競争力の源泉を公開するのはどうかという意見が強く，たぶんに相当の躊躇があったと推察される。

5．小括

以上，企業のレピュテーション・マネジメントを概観してきた。概念が比較的あたらしいこともあり，レピュテーション・マネジメントには外部とのコミュニケーションを重視する考え方，内部統制などの内部プロセスを重視する考え方および管理会計手法等によるマネジメントを重視する考え方が併存している。管理会計手法が，また内部統制などの内部プロセスが，コーポレート・レ

10）上總ほか［2006, p.194］はクーパーをもって最初の学術的研究と位置づける。

ピュテーション獲得のための重要な経路であることは否定しえないことを確認した。

第3節　公的組織と信頼

つぎに目を公的組織に転じ，本節以降で公的組織への信頼と信頼性を概観していく。公的組織においても以上と同様の点を指摘しうるのである。

1990年代は官僚の不祥事が相次ぎ，行政に対する国民の信頼が大きく揺らいでいる。この状況について西尾[2003 p.28]は以下のように述べている[11]。

> 信頼感の喪失が「危機」だというのは，公務員の善意の行為，積極果敢な政策対応までが時に疑いの目で見られ，仕事が著しくやりにくくなってきたということである。合理的に考えれば，民間人との接触，夜の会合，再就職，公共事業のすべてが悪であるということなどあり得ず，国民は是々非々で判断すべきであるが，信頼の喪失とは恐ろしいもので，すべてに疑惑が付着し，そこからあらゆる業務に支障が生じてくる。

この状況のもと，公的組織への信頼および公的組織の信頼性についてどのように考えればよいか。また，管理会計の観点から貢献する余地はないのか。これらの点について先行研究を概観しつつ考察を加えたい。

1．信頼とは

ここでは信頼についての先行研究を概観する。信頼については各国も含め，先行研究が多い。現在，総務省において平成17年度より5年間の予定で「行政の信頼性確保，向上方策に関する調査研究」が行われており，先行研究の蓄積・

---

11) 西尾[2003, p.29]はさらに以下のように述べる。行政学の観点から重要な論点と考える。
　　政治家・官僚を含め政府全体の立場から危機感をもたれている問題として，専門能力の弱化が挙げられる。…佐竹五六元水産庁長官によれば，日本のエリート官僚のファクト・ファインディング能力や実務能力の弱化，法令執行過程への関心の希薄化は，1960年代後半から進んでいたという。このことには，旧制専門学校出身のノンキャリア職員からの情報が弱くなったことが関係しているという…

整理等が進んでいる。本項ではこれらの蓄積を踏まえつつ論を進める。

(1) 菊地によるサーベイ

菊地［2007］は行政管理研究センターが実施する「行政の信頼性確保，向上方策に関する調査研究」の研究委員会での議論をもとに，これまでの先行研究をサーベイした。まず，菊地は信頼の状況についてナイ（Nye et al.［1997］）の見解を引きつつ，政府活動に対する市民の信頼低下は米欧日といった先進諸国に共通の現象であり，各国の政府や国際組織は市民の信頼低下を深刻に受けとめるようになったと指摘する。先進諸国では1980年代から90年代にかけて公共制度に対する信頼が低下している（Pharr=Putnam［2000］pp.3-27）。そして，政府や行政に対する信頼低下が行政改革を誘引している（Kettl［2000］pp.8-40）。ニュー・パブリック・マネジメント（New Public Management：NPM）型改革もこの流れにあるが，各国をみても信頼低下とNPM型改革の実施とは必ずしも一致するわけではない（Suleiman［2003］pp.65-66）。行政改革の取り組みが信頼向上にどれほど寄与したかもあいまいであると指摘する。

信頼低下の理由，信頼回復の方策を検討するにあたり，その前提として信頼の要因を分析し特定する作業が必要となる。しかし，信頼の意味するものはきわめて多様であり，文脈依存的な概念である。ルーマン（Luhmann［1973］）は信頼概念を「システム信頼」と「人格的信頼」に区分している。先行研究をルーマンにしたがって整理すれば，業績評価，NPMの影響を受けた顧客主義，および，サービス満足度調査などは「システム信頼」を向上させようとするものである。対して，情報公開，公務員倫理の確保，監視機能の強化，および，市民参加手段の確保などは「人格的信頼」を向上させようとするものと整理している。

行政における信頼研究には2つの流れがある。第1に伝統的な行政観の動揺である。かつて「政府は潰れない」という観念のもと，市民の信頼低下は行政の存立基盤に限定的な影響しか及ぼさなかった。しかし現在では，社会保険庁の解体に見られるように，市民の支持を失うか市民に選択されない行政組織は解体される。第2にガバナンス論との交錯である。ローデス（Rohdes［1997］

p.53）によれば，現代のガバナンスは法体系を前提とした命令と統制という伝統的な行政活動とは異なり，信頼と交渉によるマネジメントが重要となる。

そして，このように信頼の低下を深刻に受けとめ，市民の政府・行政への信頼を真剣に検討する研究は，市民の視点を強調する点で官僚制を中心とした伝統的行政研究が前提とするエリート論アプローチとは異なる。また，信頼という規範論を扱う点で，NPMのような合理主義アプローチの修正でもある。さらに，市民への淡い期待を前提とした協働論アプローチとも異なる，あらたなアプローチであるとまとめている（菊地［2007］p.76）。

(2) 山岸の見解

つぎに，山岸［2006, pp.171-182］の信頼に対する見解を概観する。山岸は社会心理学における信頼研究のわが国での代表的研究者である[12]。

信頼を考える場合，信頼と信頼性に分けられる。信頼は信頼する側が信頼するかどうかであるのに対して，信頼性は信頼される側の問題である。心理学ではおもに前者を扱い，社会科学ではおもに後者を扱う。そして，信頼には能力に対する期待と意図に対する期待との2つがある。心理学は後者の意図に対する期待において適用できるとする。

意図に対する期待は信頼と安心という2つの異なった内容を含む。信頼とは，相手が自分の利益を気にかけてくれているから，相手は自分を搾取しないであろうと期待することをいう。対して，安心とは，自分を裏切ると相手自身が損をするといったインセンティブ構造が存在している場合である。特定の相手とのコミットメント関係で長期的な取引関係を作るということは後者の安心に該当し，裏切ったら自動的に喉に針千本が刺さるという「針千本マシン」をお互いに装着した状態といえるとする。

行政に対して国民は，信頼を求めるのか，安心を求めるのか。信頼を求めるのであれば国民を搾取しないという倫理性を求めることになるが，情報の非対称性が存在するため，搾取するかどうかは行政に委ねられる。行政に対して信

12）たとえば，山岸［1998］。

頼をするということは、国民自らがリスクをとるに等しい。逆に、行政の側からみれば、「信頼していただきたい」と国民を説得できれば、搾取を生みだす可能性を作りだすことができるとする。

対して、安心を求めるのであれば行政に「針千本マシン」を装着させることとなる。しかし、「針千本マシン」が強すぎると行政の効率性の達成が阻害される。したがって、「針千本マシン」の強さを調節し、行政の効率を最大にできるやり方を考えることが重要となる。そのさい、行政に自分たちが身に着ける「針千本マシン」を作らせることも考えられる。

以上のような論を示したのち山岸［2006, p.182］は、トラストしてやらせ、その上で、結果をヴァリデイト（確認）するべきとし、この結果による評価が一番効率的ではないかとする。また、行政が提供する安心の手段として、ウォッチドッグ（監視者）も有効であるが、ウォッチドッグがあまりにも仔細なことにこだわると効率が落ちてしまうとも指摘する（山岸［2006］p.182）。

(3) 大山の見解

さらに、大山の見解を概観する。大山［2007, pp.15-33］は山岸の信頼と安心の両概念を踏まえつつ、以下のように述べている。

一般の人間関係では、相手を信頼することが信頼しないより社会的な利益が大きいが、信頼して裏切られるリスクを小さくするために、相手の信頼性をよく見きわめる必要がある。しかし、相手が政府の場合、政府の信頼性について情報の非対称があるため、市民はリスクを小さくすることがむずかしい。そこで、市民はリスクのある信頼よりも、保証のある安心を求めることとなる。

1980年代以降、先進諸国では政府への信頼が低下する傾向にある。政府への信頼低下の要因分析には政府と市民という2つのアプローチがあり、それにより問題のとらえ方や解釈が逆になる傾向がある。政府からのアプローチでは政府への不信は悪であり、政府の信頼性を向上させる必要があるとする。このアプローチはエリート民主主義的、内部統制的で、応答責任や職業倫理を強調する。対して、市民からのアプローチでは政府不信を市民の成熟を表す善ととらえ、市民による政府のガバナンス（監視）が必要とする。こちらのアプローチ

は参加民主主義的,外部統制的で,説明責任や抑制均衡を強調する。

問題は,市民からのアプローチでいうガバナンスの強化が,政府の効率性を損なう点にある。ここに,市民が政府を信頼する意義がある。政府を信頼するのは政府に自由裁量を与えて効率性をあげるためである。

今後の課題は効率性や自由裁量を与えつつ,市民を裏切らない政府の実現にある。大山は,まずは行政にやらせてみるが,結果をしっかり監視・評価し,責任を明らかにする制度設計が求められるとする(大山［2007］p.30）。

(4) 行政への信頼とは

以上,行政を中心に,信頼についての先行研究を概観した。信頼の概念は多義的ではあるが,ここでは山岸および大山の見解を中心にまとめる。

山岸および大山はともに信頼と安心を区別する。国民が行政を信頼することには行政に裏切られるリスクがともなう。そこで国民は,裏切らないという保証（いわゆる「針千本マシン」）のある安心を求めることとなる。

そのうえで山岸は,保証のある安心のなかで,効率性に配慮した弱い保証を作りだす必要があるとする。一方,大山は,行政が裏切らないという保証は効率性を損なうので,行政を信頼する意義があるとしたうえで,裏切らない行政をいかにつくるかという議論をしている。両者,表現や力点には違いがあるが,結論はほぼ同じである。行政が国民を裏切らず,かつ,効率性も阻害しない,弱い保証（弱い「針千本マシン」）の構築ということである。

そして山岸は信頼と信頼性とを区別している。信頼は信頼する側が信頼するかどうかであるのに対して,信頼性とは信頼される側の問題であるとする。この区分と上記の弱い保証（弱い「針千本マシン」）の構築とをあわせて考えると,弱い保証の構築が信頼性の構築を意味することとなると考えられる[13]。

---

13) 山岸の弱い保証について大山は「山岸の議論は行政学の外部統制論そのものといってよい」とする（総務省大臣官房企画課編［2006］p.149）。外部統制は行政学ではより一般的な用語である外在的統制のことと思われる。行政学（西尾［2001］p.384）の用語でいえば,本章は内在的統制である管理会計あるいは内部管理システムを公表することにより,外在的統制に役立てようとする立場に立つ。

2. 公的組織に関する信頼と企業のレピュテーション

　以上では行政における信頼を概観した。ここで公的組織に関する信頼と企業のレピュテーションとの関係を整理する。まず，公的組織に関する信頼には，山岸がいうように，公的組織への国民の信頼と公的組織が国民から信頼を受ける特性である信頼性とが区別される。

　一方，企業のレピュテーションには先にみたように2つの流れがある。すなわち，企業のいわば外部への働きかけに注目し，ステークホルダーの有する知覚等を通じた操作対象としての側面を強調する立場と，企業のいわば内部的な管理に注目し，企業を通じた管理対象としての側面を強調する立場とである。

　ここで若干乱暴だが，コーポレート・レピュテーションにおけるステークホルダーと公的組織における国民とを両者同一と考えれば，コーポレート・レピュテーションにおける前者の立場は公的組織への国民の信頼に，また，後者の立場は国民からの信頼を受けるための公的組織の信頼性に類似することとなろう。公的組織をコーポレート・レピュテーションとのアナロジーで考えれば，信頼の議論は公的組織のいわば外部にむけた働きかけに，信頼性の議論は公的組織の内部的な管理（これは弱い保証の構築でもある）に，それぞれ対応しよう。そこで，3．では外部への働きかけとしてのコミュニケーション戦略を，4．では内部的な管理としての管理会計についてみていくこととする。

3. コミュニケーションによる信頼の確保

　公的組織への信頼確保というテーマを考えた場合，公的組織で最初に考慮されるのが外部への働きかけ，PR活動も含めたコミュニケーションであろう。一般的な意味ではこの分野はこれまでにも試みられてきている。

　この点に関してコーポレート・レピュテーションの議論から学ぶとすれば，第2節1．における「コミュニケーション，マーケティングを重視するマネジメント」での各見解のような見方をどの程度取り入れるかということになる。操作性も高く，コミュニケーションにより結果も変わるので重要である。

　とくに公的組織のそれぞれのステークホルダーが，どのような理由で，どの

ように知覚しており,どうすればその知覚がどう変わるのかなどを解明することは,公的組織への信頼を向上させる観点から非常に重要である。各分野あるいは各機関で,このような分析ができることが望ましい。

加えて,このような分析はそれぞれのステークホルダーの知覚等を扱うものであるので,その認識について,利得領域では凸に,損失領域では凹になり,かつ損失領域のほうが急勾配を示す価値関数などの行動経済学的な分析(友野[2006])とも親和性があろう。この点に関し著者は,自らの実務経験や報道にあらわれた公的組織の対応などから,昨今,行政組織が相対的に小さな問題に過剰に対応し,根幹にかかわる課題への対応が後回しになっているのではないかとの仮説を有する。

社会保険庁を例として説明すれば,過去,社会保険庁に関連して,第一線の公務員が担当外の保険料納付記録をのぞきみた問題と,過去の支払い済み年金保険料の突合ができていない問題とが,報道上は同じレベルの問題と扱われていた。もちろん,どちらも悪いとはいえ,問題の質として両者は異なる。前者は担当者以外には閲覧できないようにコンピュータ・システムを改善することで防げる。一方,後者の過去の年金保険料納付記録の不十分な管理は,年金保険料払込記録というストックを扱う社会保険庁の本質からみて根幹にかかわる問題を抱えていることが推察される。

そうでありながら,かりに国民の認識も報道と同じだとすると,国民の認識は小さい問題には大きく反応し,大きな問題には相対的に小さくしか反応しないという価値関数における感応度低減性がみられると想像される。そうであれば,公的組織は国民の認識にしたがい,小さな問題に集中して対応したほうが,結果的には国民の知覚等をより効率的に操作することができることとなる。

しかし,これは公的組織全体のマネジメントを考えた場合,適当とはいいがたいであろう[14]。現状では,信頼のメカニズムもよく分かっていない。そのような段階にあるにもかかわらず,公的組織の限られたエネルギーを国民のイメージを操作する方向でどこまで投入するかは悩ましい。これが公的組織の内部

---

14) 著者としては現状を危惧するがゆえにあえて長々と記した。

管理の点では変化がないことを考えあわせれば，勧められるものではなかろう。

　さらに，高すぎるレピュテーションは企業の持続的発展に望ましくないとの議論もある（越智 [2007] p.10）。巧みなコミュニケーションにより特定組織への信頼を確保しえたとしても，得られたレピュテーションと実際の業務との間にあるギャップをコントロールできなければ，当該組織は過大なレピュテーションのしっぺ返しを食らうこととなる。公的組織でも一時的に納税者の目をごまかせても，そのことが逆に長期的にはリスクになりかねない。

　ここでは以上を指摘しておくにとどめ，本書では公的組織の信頼性向上の観点から，より本筋であると考えられる内部管理を中心とした管理会計の観点から考察を進める。すなわち，弱い保証としての管理会計システムの問題である。

4．弱い保証としての管理会計の構築と公表

　効率性を阻害しない程度の弱い保証（弱い「針千本マシン」）[15] が信頼性の構築の観点から必要であるならば，それはどのようなものであるか。コーポレート・レピュテーションから学ぶとすれば「第2節2．内部統制などを重視するマネジメント」，「第2節3．管理会計手法を活用したマネジメント・モデル」あるいは「第2節4．高レピュテーション企業が内部管理手法を公表している事例」といった内部的な管理に着目したものとなると考える。

　このうち，内部統制やリスク・マネジメントについては企業において現在でも模索中である。公的組織でも企業の試行錯誤やベスト・プラクティクスから有益なポイントを見つけていくことは非常に大切である。企業の内部統制では暗黙知を形式知に変換しつつ，内部統制に活用する（國廣ほか [2007] p.200）などの議論もなされている。公的組織では業務がかなりの程度定められている

---

[15] 公的組織の信頼を論じる論者は一様に，透明性の確保および成果指標の重視を主張する。しかし，これらには逆機能もある。何もかも透明にすれば，山岸の指摘する強い針千本マシンによって効率性が犠牲になる。また，何もかも成果指標とするのであれば，因果関係の定かではない結果責任までを背負い込むことになりかねない。どこかで区切りが必要である。ここに弱い針千本マシンとしての管理会計システムの役割があると考える。

ことが多く，内部統制やリスク・マネジメントには馴染みやすいと考える[16]。

　管理会計手法等については企業によってはそれなりに実践されている。したがって，企業から学べるものは学び，それを上記でいう弱い保証（弱い「針千本マシン」）として活用していくことが考えられよう。弱い保証の存在を納税者等のステークホルダーに周知するためにも，採用する管理会計手法等を積極的に公表していくことが適当であると考える。

　管理会計手法をこのように位置づけることに関して類似の見解もみられる。澤邉［2006, pp.16-17, p.30］は東京三菱銀行米州本部におけるBSCの導入事例研究から，管理会計手法が外部報告目的で用いられるようになれば管理会計が公共性を帯びるようになり，企業自らのアイデンティティの確立を担い，結果としてコーポレート・レピュテーションが左右されると指摘する。また，西村［2007, pp.130-135］は企業と投資家との関係において，企業は経営の効率化のために内部管理用に活用してきた管理会計情報を外部報告用に開示することで，公正かつ効率的な事業活動を行うという企業側の「意図」を外部に表明する働きを有すると指摘する。

　これを公的組織で考えれば，内部管理目的のための管理会計手法を外部報告目的に転用することになる。これにより，公的組織は安心のための保証を提供することができる。したがって，公的組織において管理会計を弱い保証（弱い「針千本マシン」）として活用していくことは十分に考えられよう。

5．小括

　行政への信頼についての先行研究から，行政が国民を裏切らず，効率性も阻害しない弱い保証（弱い「針千本マシン」）の構築が行政の信頼性（信頼される側の特性）の構築を意味すると考えられる。企業のレピュテーション・マネジメントのアナロジーで考えた場合，公的組織でもコミュニケーションによる信頼の確保と，弱い保証としての管理会計の構築と公表とが考えられる。信頼性の構築の観点から，管理会計を外部報告目的に転用することが考えられる。

---

16) 昨今では上位の各部局が現場部局の動きを想像せずに，五月雨式に各種指示等を流していることが多いと思われる。非常に大きな問題を内包している。

第4節　外部環境と管理会計

　公的組織では管理会計を弱い保証として外部報告目的で活用することが考えられるとして，つぎに整理しておかねばならないのが，管理会計＝内部会計という一般的な位置づけにとどまらず，管理会計概念を外部環境の管理にまで拡張しうるかという点である。なぜなら，かりに公的組織についてのみ管理会計の外部報告目的での活用が考えられるのであれば，公的組織の管理会計は企業の管理会計とは別の概念となる可能性があるからである。この点については環境との関係を論じるコンティンジェンシー理論から概念的ヒントが得られる。

1. コンティンジェンシー理論

　組織の有効性は構造などの組織特性と環境との適合関係に条件依存するとされるコンティンジェンシー理論は条件適合論ともいわれ，1960年代半ばに組織論の分野でローレンスとローシュ（Lawrence=Lorsch [1967]）により提唱された[17]。その後，環境がすべてを決定する環境決定論にすぎないとの批判を受け，ネオ・コンティンジェンシー理論が提示された（石井 [1983] p.105）。

　マイルズとスノー（Miles=Snow [1978]）は，①経営的ないし戦略的な選択は組織と環境との間を基本的につなぐ，②組織環境の創造とその学習・管理に向けた経営者の能力に焦点をあてる，③組織の環境への反応の多様な方法をも射程におくとした。両者の相違は「コンティンジェンシー理論では，環境の選択→戦略の策定→組織特性の決定というプロセスが独自に完結していくのに対して，ネオ・コンティンジェンシー理論においては，適応サイクルの各要素が，いわゆる環境の選択⇔戦略の策定⇔組織特性の決定というように相互依存的な関係をなしている」と指摘されている（星野 [1992] p.9）[18]。

---

[17] 会計文献では1970年代半ば以降コンティンジェンシー理論がみられる（Otley [1980] pp.413-428）。
[18] コンティンジェンシー理論と管理会計研究については新江 [2005] がある。

2．外部環境の管理会計

　ネオ・コンティンジェンシー理論の相互依存的な関係を踏まえると，組織の一部を構成する管理会計が戦略に働きかけ，そのうえで管理会計を含んだ戦略が外部環境に働きかけるという作用の構図も相互依存的な関係の一部として考えうる。管理会計は組織の一部として戦略を媒介して外部環境に働きかけうるという概念的ヒントが得られる。

　しかし，管理会計＝内部会計という位置づけを踏まえると，管理会計が戦略の一部としてであれ，外部環境に働きかけることをどう考えればよいか。この点について石井［1983, pp.102-103］は以下のように述べる（亀甲括弧内は著者補足）。

　　管理会計＝内部会計とする見方は，1966年のAAAのASOBAT（A Statement Of Basic Accounting Theory）までは，それほど確固たるものではなかった。

　　たとえば，AAAの1958年度管理会計委員会は…管理会計は内部会計を含むとみているし，マクファーランドも…管理会計＝内部会計とはみていない。やはり，内部利用のための会計もしくは内部経営管理のための会計を，内部会計と称して管理会計と同義で使用したASOBATによって，管理会計＝内部会計，財務会計＝外部会計というフレームワークが築かれたといえよう。

　　…管理会計を内部会計と同一視し〔た〕…点で，特筆すべきはアンソニーの貢献である。アンソニーが管理会計をマネジメント・コントロールに位置づけたことは…管理会計と財務会計との異質性を…会計研究分野…に根強く植え付け…た…

　すなわち，管理会計＝内部会計という一般的な位置づけは1966年のASOBATまではアンソニーなど[19]の貢献があるゆえに有力であったとはいえ，確固としたものではなかった。この経緯を踏まえると，管理会計が戦略の一部としてで

19）石井［1983］はアンソニーをあげるが，それ以前の1962年にはホーングレン（Horngren［1962］p.3）が財務会計を外部報告，管理会計を内部報告と整理している。

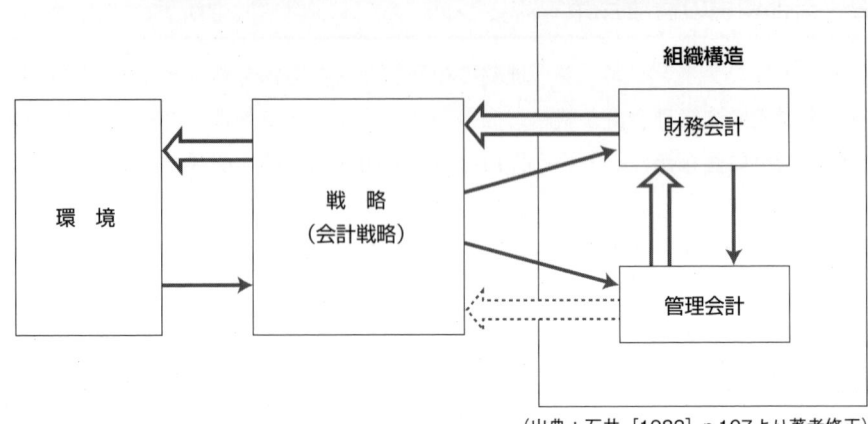

図表3-9 ネオ・コンティンジェンシー理論と会計システム

(出典：石井［1983］p.107より著者修正)

あれ，環境に働きかけるという作用の構図を考える余地が生まれる[20]。

ネオ・コンティンジェンシー理論の「環境⇔戦略⇔組織」の関係のなかで管理会計および財務会計を示せば図表3-9のとおりとなる。管理会計＝内部会計とした場合には，「組織構造」内で管理会計は財務会計を通じて会計戦略を含む戦略に働きかけ，戦略が環境に働きかけるという，財務会計を媒介とした間接的な関係となる。

しかし，石井［1983, p.108］は管理会計が財務会計と連動して会計戦略を形成し，環境に働きかけるとすれば，管理会計から戦略への図表3-9の太い点線の矢印のような作用をも考慮に入れるべきとする[21]。そして石井は，「外部環境の管理会計」あるいは「外部環境の管理に係わる管理会計」[22]を，内部業績の管理にかかわる管理会計と両輪をなすものとして対置し，管理会計概念を拡張すべきとする。石井は外部環境の管理会計が財務会計と連動して会計戦略を形

---

20) なお，管理会計には外部の利害関係者への財務諸表の作成も含むとする有力な見解もある（NAA［1981］)。
21) ただし，石井［1983］は，図表4-10にある太い点線の矢印を用いていない。
22) 石井［1983］は，外部環境の管理会計と外部環境の管理に係わる管理会計という2つの用語を用いているが，同論文では両者の差異は明確ではない。

成し,環境に働きかけると展開できるとする[23]。

以上から,企業の管理会計でも概念的には管理会計を外部環境と関係づけることも可能と考えられる。したがって,企業でもレピュテーション・マネジメントを外部環境とのかかわり合いのなかで考えていくことができよう。

それでは,外部環境の管理会計を公的組織との関係で考えればどうなるか。会田(円卓討論[2006] p.123)は以下のように述べている。

> …今まで余りにも我が国のパブリック・セクターは中身が見えなかった。それが問題だったんじゃないか。恐らく管理会計面から入って,徐々に実態を明らかにしていく必要がある…

たしかに外部の納税者等からすれば,公的組織の中身は法的なものは別として,会計的な表現としては財務諸表等以上のものはみえにくかった。このため,外部の納税者等が理解しやすいという意味で透明性が求められている[24]。

それでは,外部の納税者等に中身が見える,理解されやすいという意味での透明性のある公的組織を,公的組織の側から考えれば何か。公的組織は外部の納税者等の理解がなければ効果的な行政は展開できない。ここに,外部の納税者等に対して,管理会計を通じて理解を求め働きかける,すなわち「外部環境に働きかける管理会計」が成り立つと考えられる。公的組織では管理会計を構築し公表することにより,レピュテーションを向上させ,もって外部環境に働きかけていくことが考えられる。これは企業におけるレピュテーション・マネジメント以上に外部環境とのかかわり合いが強いと評することができよう。

---

23) ここでは石井の整理にしたがうが,近年では戦略自体が管理会計に取り込まれてきていると指摘される(櫻井[2009a] pp.155-157)。
24) 国の予算は,立法府から行政府に対する財政権限付与の一形式であり(小村[2002] p.161),立法府が行政府の経済活動に上限を設定したものである(貝塚[2003] p.40)。このような予算の本質と,理解しやすいという意味での透明性との関係はむずかしいが,本章では論じない。現在検討されている予算制度改革のなかには管理会計に関連すると思われるものもある(前章参照)。

3. 小括

　管理会計＝内部会計という一般的な位置づけからは，「外部環境に働きかける管理会計」という概念はでてきにくい。しかし，環境との関係を論じるコンティンジェンシー理論から管理会計を考え，管理会計＝内部会計という一般的な位置づけが生じた経緯をたどることによって，公的組織の場合には「外部環境に働きかける管理会計」という管理会計の役割が導かれると考えられる。第3節で述べた公的組織における弱い保障としての管理会計システムの構築と公表は，管理会計のこの役割の一環として考えることができよう。

第5節　まとめ

　本章では企業のレピュテーション・マネジメントについての議論を整理し，公的組織の信頼性との関係を検討した。まず，企業のレピュテーションを概観して，コミュニケーションやマーケティングを重視し，レピュテーションを操作する意識の強い考え方がある一方で，内部統制などの企業内部のマネジメントを中心に，透明性，信頼性および好感度の向上に力点をおく考え方もあることを確認した。そして，レピュテーションの高い企業が内部管理手法を公表している事例に言及した。

　つぎに，公的組織と信頼との関係を概観した。公的組織の信頼性（信頼される側の特性）にも，コミュニケーションによる信頼の確保と，弱い保証としての管理会計の構築と公表との2つの方向がある。そして，前者が先に述べたレピュテーションを操作する意識の強い考え方に，後者が企業内部のマネジメントに力点をおく考え方に近いことを述べた。さらに，弱い保証としての管理会計の構築と公表は，公的組織ではとくに外部環境に働きかける管理会計という役割も考えられることに言及した。

参考文献

新江孝 [2005]『戦略管理会計研究』同文舘。
石井薫 [1983]「管理会計のフレームワークとコンティンジェンシー理論」『企業会計』Vol.35 No.10, pp.1462-1471。
伊藤和憲 [2004]「CSRにおける管理会計の役割」『企業会計』Vol.56, No.9, pp.57-63。
稲盛和夫 [2006]『アメーバ経営 ひとりひとりの社員が主役』日本経済新聞社。
円卓討論 [2006]「管理会計が拓く公共経営の新時代」『会計』Vol.169, No2, pp.283-312。
大野耐一 [1978]『トヨタ生産方式―脱規模の経営をめざして―』ダイヤモンド社。
大山耕輔 [2007]「政府への信頼低下の要因とガバナンス」『季刊行政管理研究』No.120, pp.15-30。
大柳康司 [2006]「コーポレート・レピュテーションの重要性とその効果」『企業会計』Vol.58, No.8, pp.1248-1256。
越智慎二郎 [2007]「公営企業とコーポレート・レピュテーション」『公営企業』Vol.39, No.3, pp.2-10。
小村武 [2002]『予算と財政法 三訂版』新日本法規。
貝塚啓明 [2003]『財政学 第3版』東京大学出版会。
加賀田和弘 [2006]「企業の社会的責任（CSR）：その歴史的展開と今日的課題」『KGPS review: Kwansai Gakuin policy studies review』vol.7, pp.43-65。
上總康行・澤邉紀生編著 [2006]『次世代管理会計の構想』中央経済社。
菊地端夫 [2007]「行政の信頼性に関する研究の論点と意義―既存研究・調査を中心に―」『季刊行政管理研究』No.118, pp.67-78。
國廣正ほか [2007]『内部統制とは、こういうことだったのか―会社法と金融商品取引法が求めるもの―』日本経済新聞出版社。
櫻井通晴 [2005a]「レピュテーション・リスクの管理」『専修経営論集』No.80, pp.9-52。
櫻井通晴 [2005b]『コーポレート・レピュテーション 「会社の評判」をマネジメントする』中央経済社。
櫻井通晴 [2008]『レピュテーション・マネジメント 内部統制・管理会計・監査による評判の管理』中央経済社。
櫻井通晴 [2009a]『管理会計 第四版』同文舘。
櫻井通晴 [2009b]「コーポレート・ブランドの意義、必要性、歴史的発展、ケース―コーポレート・レピュテーションとの対比において」『ZEIKEITSUSHIN』9月, pp.17-27。
澤邉紀生 [2006]「管理会計の公共性―外部報告と管理会計技法」『会計』Vol.169, No.2, pp.186-205。
総務省大臣官房企画課編 [2006]『行政の信頼性確保、向上方策に関する調査研究報告書（平成17年度）』総務省。
友野典男 [2006]『行動経済学 経済は「感情」で動いている』光文社新書。

西尾隆 [2003]「公務員制度改革と「霞が関文化」」『年報行政研究』No.38, pp.22-43.
西尾勝 [2001]『行政学（新版）』有斐閣.
西村三保子 [2007]「企業・投資家間における信頼創出―「信頼」の概念と管理会計の役割」『企業会計』Vol.59, No.8, pp.1202-1207.
日本会計研究学会 [2009]『スタディ・グループ　インタンジブルズの管理会計研究―コーポレート・レピュテーションを中心に―中間報告』日本会計研究学会，9月．
日本ITガバナンス協会HP, http://itgi.jp/cobit/index.html , 2008年5月アクセス.
星野優太 [1992]『企業戦略と会計情報システム―環境適応と革新に関する理論的・実証的研究』多賀出版．
松田貴典ほか [2007]『コーポレート・レピュテーション戦略』工業調査会．
山岸俊男 [1998]『信頼の構造　こころと社会の進化ゲーム』東京大学出版会．
山岸俊男 [2006]「信頼の構築とリスクテイキング（講演要旨）」，総務省大臣官房企画課『行政の信頼性確保，向上方策に関する調査研究報告書（平成17年度）』総務省．
Alsop, R. J. [2004], *The 18 Immutable Laws of Corporate Reputation*, Dow Jones & Company. トーマツCSRグループ訳『レピュテーション・マネジメント』日本実業出版社, 2005年．
Blair, M. M. and Wallman, S. M. H. [2001], *Unseen Wealth, Report of the Brookings Task Force on Intangibles*, Brookings Institution Press. 広瀬義州ほか訳『ブランド価値入門―見えざる富の創造』中央経済社, 2002年．
COSO [2004], *Enterprise Risk Management − Integral Framework, Executive Summary Framework*. 八田進二監訳, 中央青山監査法人訳『全社的リスクマネジメント　フレームワーク篇』東洋経済新報社, 2006年．
Fombrun, C. J. [1996], *Reputation; Realizing Value from the Corporate Image*, Harvard Business School Press.
Fombrun, C. J. and Van Riel, C. B. M. [2004], *Fame and Fortune: How Successful Companies Build Winning Reputations*, Pearson Education. 電通レピュテーション・プロジェクトチーム訳『コーポレート・レピュテーション』東洋経済新報社, 2005年．
Hannington, T. [2004], *How to Measure and Manage Your Corporate Reputation*, Gower. 櫻井通晴・伊藤和憲・大柳康司監訳『コーポレート・レピュテーション　測定と管理』中央経済社, 2005年．
Horngren, C. T. [1962], Choosing Accounting Practices for Reporting to Management, *NAA Bulletin*, Sep., pp.3-15.
IIA (The Institute of Internal Auditors) HP, http://www.theiia.org/guidance/standards-and-guidance/ippf/definition-of-internal-auditing/?search=Internal%20audit%20definition , 2008年7月アクセス.
Kettl, D. F. [2000], *The Global Public Management Revolution*, Brookings Institution

Press.

Lawrence, P. and Lorsch, J. [1967], *Organizational and Environment: Managing Differentiation and Integration*, Harvard University Press. 吉田博訳『組織の条件適応理論』産業能率短期大学出版部, 1977年。

Luhmann, N. [1973], *Vertrauen, ein Mechanismus der Reduktion sozialer Komplexitaat, 2. Erweiterte Auflage*, Ferdinand Enke Verlag. 大庭健ほか訳『信頼』勁草書房, 1990年。

Miccolis, J. A., Hively, K., and Merkley, B. W. [2005], *Enterprise Risk Management*, the Institute of Internal Auditors Research Foundation. 眞田光昭訳『全社的リスク・マネジメント—近年の動向と最新実務 第2版』日本内部監査協会, 2005年。

Miles, R. E. and Snow, C. C. [1978], *Organizational Strategy, Structure, and Process*, McGraw-Hill. 土屋守章ほか訳『戦略型経営—戦略選択の実践シナリオ』ダイヤモンド社, 1982年。

NAA (National Association of Accountants) [1981], Definition of Management Accounting, *Statements on Management Accounting*, Statement No.1A. 西澤脩訳『IMAの管理会計指針』白桃書房, 1995年。

Nye, J. S., Zelikow, P. D. and Ling, D. C. [1997], *Why People Don't Trust Government*, Harvard University Press. 嶋本恵美訳『なぜ政府は信頼されないのか』英治出版, 2002年。

Otley, D. [1980], The Contingency Theory of Management Accounting: Achievement and Prognosis, *Accounting, Organizations and Society*, Vol.5, No.4, pp.413-428.

Pharr, S. J. and Putnam, R. D. [2000], *Disaffected Democracies: What's Troubling the Trilateral Countries?* Princeton University Press.

Rhodes, R.A.W. [1997], *Understanding Governance: Policy Networks, Governance, Reflexivity, and Accountability*, Open University Press.

Suleiman, E. [2003], *Dismantling Democratic State*, Princeton University Press.

第4章

人的資源の管理と管理会計

　労働集約的な業務については，公的組織では管理会計手法があまり議論されておらず，議論がもっとも遅れた分野である[1]。この労働集約的な業務を行う公的組織への資源配分の中心は人件費[2]である。人件費の効率的かつ効果的な活用のためには，人的資源の管理[3]が中心的な課題となる。そこで本章では，人的資源の管理と管理会計について検討する。まず人件費の無駄を確認し，個別の管理会計手法への適度な距離感を確保する観点から，自律的組織論や責任会計論について述べる。その後，手法論に検討を進め，コスト構造の可視化について考察する。

第1節　公的組織における人件費の無駄

　本節では公的組織の無駄について整理する。そして，人件費の無駄を削減していくためのプロセス構築の必要性を述べる。

1．納税者からの「無駄をなくせ」との要求

　現在，多くの公的組織には「無駄をなくせ」という要求が納税者から突きつけられている。井堀［2008, pp.2-3］は以下のとおり記している。

　　「まず無駄をなくせ」という議論は一見，もっともらしい。誰もが反対できないような正論である。そのため，増税を伴う税制改革や財政制度，社会保障制度の改革よりも優先順位が高い政策目標になりがちである。しかし，…国民の大多数

---

[1] とくに国レベルの議論が遅れている。
[2] 運営交付金等の名目で人件費を予算措置しているものも含む。
[3] 本書でいう人的資源の管理とは，公的組織の目的に向けた職員等の人的資源の効率的かつ効果的な活用という意味で用いる。

が一致して無駄と思う明白な無駄は，よく考えてみると，その規模が意外に大きくない…正論の一つの落とし穴である。

さらに，正論にはもう一つの落とし穴がある。それは，無駄の中には明白な無駄ばかりではなく，結果としてやむを得ず生じる無駄や国民に痛みを伴う無駄があり，こうした無駄の方が明白な無駄よりもはるかにその規模が大きいという点である。たとえば，過疎地での公共事業…年金給付や生活保護費のような補助金…こうした，国民の間で評価の分かれる無駄を削減するのは大変であるし，…そう簡単ではない。

…「絶対的な無駄」（誰からみても明らかな無駄）はそれほど大きくはないし，これを根絶するのはむずかしい。「絶対的な無駄」が巨額であるように宣伝し，それを完全になくすことをターゲットにすることは，仮想の無駄をつくってそれを根絶するという，二重の意味で非現実的な目標設定をすることになる。…

その副作用で，「相対的な無駄」（多少は有益であってもそれを上回る費用がかかるので，無駄な歳出）へのメスも入らない。…「相対的な無駄」が手つかずのままで必要な増税が先送りされると，既得権を温存したい業界団体，利益団体とともに，税負担を逃れる現在世代，特に中高年の世代が"逃げ得"をしてしまう。少子高齢化社会では，多くの国民が感じている以上の規模で「相対的な無駄」が存在している。この無駄をどれだけ削減できるか。ここが本丸である。

井堀［2008, p.31］は絶対的な無駄の定義として，「公共サービスの質を劣化させないで削減できる歳出」等をあげ，人件費もこれに含まれると指摘する。そして，優秀な人材，普通の人材，問題のある人材が１／３くらいずついると仮定し，全体の３割の公務員を対象に20％程度のレント（民間相場よりも２割程度の上乗せ）が発生しているのであれば，国の総人件費５兆円[4]のうち絶対的な無駄（レント）は3,000億円程度になり[5]，政府関連部門も含めた地方全体

---

[4] 人件費は予算上，多くの交付金等に紛れ込んでいる。これらを含めれば５兆円にとどまらない。
[5] 著者は後述のように「サービスの質を劣化させないで削減できる業務」と考える。この場合，より重要な業務へのシフトにより全額が削減されるわけではないが，井堀の指摘する3,000億円よりもはるかに大きな規模となる。政府関連部門も含めた国全体でみればさらに大きい。

では2〜3兆円と推定する（井堀［2008］p.94, 182）。

　井堀［2008, p.184］は絶対的な無駄の規模は大きくないにもかかわらず，極端に大きく見積もることで，規模としてはるかに大きな相対的な無駄の削減が進まないことを意味するとする。井堀のいう絶対的な無駄の規模の多寡はともかく，この指摘は重要である。絶対的な無駄は誰からみても明らかなだけに，納税者の視線はどうしてもそこに集中しやすい。冷静な議論を吹き飛ばしてしまう可能性がある。人件費はその典型である。

　公的組織で人件費の無駄を排除すべく努力していることを，公的組織から納税者に示すことができない，あるいは示していないことによる納税者の欲求不満がここでは問題となる。かりに公的組織がその努力を示すことができれば納税者の公的組織への信頼も変わってこよう。これが示せないばかりに，議論が出口の見えない迷路に入り込んでしまっている。

2．無駄削減のためのプロセス構築の必要性

　それでは人件費に関し「公共サービスの質を劣化させないで削減できる歳出」とは何であろうか。著者は「サービスの質を劣化させないで削減できる業務」と考える。人件費は公的組織の職員の労働時間から発生するコストである。この労働時間をいかに効率的に，効果的に稼働させるかが決定的に重要である。削減できた労働時間はより重要度の高い業務へシフトする時間にあてるべきである。このような業務がなければ公共部門全体のなかで人員再配置の問題となる。

　人件費に関して公的組織が無駄を削減すべく努力していることを示すためには，公的組織に従事する職員の労働時間をいかに効率的に，効果的に稼働させるようプロセスとして担保していることを示していくことが適当であろう。いわばこういうやり方で効率的に効果的に働いている，無駄を削減すべく努力しているのだから，信頼をしてほしいということである。ここで重要なのはプロセスを，換言すればやり方をきちんと示していくことである。

第2節　組織構成員と管理会計

　人的資源が中心となる労働集約的な業務を担う公的組織において，管理会計手法の機械的な適用にとどまる場合，職員の心理的な支持がともなわないのでその効果は限定的である。そこで，本節では最近議論されている自律的組織に関する先行研究を概観し，組織構成員のための管理会計およびミクロ・マクロ・ループとしての管理会計を概観する。

1．自律的組織論

　自律的組織について廣本［2004］を概観する。企業は伝統的に大規模市場の存在を前提に，生産活動の機械化・自動化のための大規模投資を行ってきた。そこでは市場も技術も比較的安定していた。このため，伝統的な管理会計も工場の生産活動を標準化し，標準どおりの活動を期待するとともに，工場の操業度を上げるマネジメントのためのシステムとして発展してきた。

　しかし，現代は変革の時代であり，変数自体わからないという不確実性のもとにある。販売量等もこれまで想定された変数の不確実性とは異なってきている。この現代の不確実性のもとでは柔軟な生産体制が求められ，設備投資は最小限に抑えられ，固定費の変動費化が必要となる。また，在庫投資もリスクが大きくなるので，基本的には受注生産で市場に提供することが求められる。

　企業ではこの不確実性要因のために微調整のためのシステムが必要となってきている。人間の体には意思とは関係なく働く自律神経があるように，企業の生産現場にも自律神経，すなわち従業員の自主的判断機能が求められる。自律的組織は不安定な市場に適切に対応するための微調整のメカニズムである（廣本［2005a］p.22）。そこでは各構成員が自主的判断を行うことが期待されている。自律的組織では各構成員がCSR（Corporate Social Responsibility：企業の社会的責任）を踏まえ，組織の理念や行動規範を共有することが不可欠となる。

　自律的組織における経営は手段による管理（Management By Means：MBM）に相当する。従来の機械論的な組織観にもとづく量的目標，特に会計数値を通じた結果による管理（Management By Results：MBR）とは異なる。

図表4-1　MBMとMBR

	MBM（Management By Means）	MBR（Management By Results）
プロセス	・目標達成の手段が焦点。 ・手段自体が機能していることが目的。	・組織内各部分の業績が焦点。 ・目的が最優先。
組織観	・企業は，従業員同士，従業員と顧客，コミュニティ，環境システムを結びつけるパターンと関係のネットワーク。	・企業は，各部分のパフォーマンスの最適化を通じて全体業績を向上させる機械。
部分と全体	・全体システムの業績に焦点。	・各部分の業績に焦点。
利　益	・利益は会社の存続のために必要だが，存在理由ではない。	・利益は会社全体の目標。 ・何よりも利益最大化が重要。
コントロール	・ローカルの意思決定と責任を強調。システムの部分は，それ自身英知を持つ。	・集権的な意思決定と目標設定を強調。システムの部分は，外部の力に反応するのみ。

（出典：廣本［2004］pp.16-17より著者修正）

廣本［2004, p.21］はMBMとMBRについて図表4-1のとおりにまとめている。そして，企業を自律的組織とした場合，適切なミクロ・マクロ・ループを作りあげる必要があり，その鍵を管理会計が握っていると指摘する。

この自律的組織の例として廣本［2004, pp.13-14］は，自律連結型組織としてトヨタを，自律分散型組織として京セラをあげている。トヨタの場合にはJIT（Just-In-Time）と自働化が連結の中心をなし，柔軟な生産体制が敷かれ，従業員の役割分担，担当する仕事の範囲・内容が固定されておらず，伸縮的分業が行われる（廣本［2004］p.11）。そして，京セラについて尾畑［2005, pp.60-61］は，京セラのアメーバ経営を支える管理会計として時間あたり採算の計算をあげている。その計算構造は非常にシンプルなつくりになっており，そのシンプルさゆえに時間あたり採算は目標指標として機能する一方，最終的企業利益につながるものとして結果指標としても意味をもつと指摘する。

自律的組織論は公的組織でも課題である。とくに専門性の高い職員が多い公

的組織ではこの議論が求められる[6]。機械的な組織論にもとづくのではなく，職員の自主的な判断も入れ込んだ組織論が求められよう。すなわち，統制と自律性との両面にわたる考慮が求められる。一方だけしかみない議論は実務では有害であろう。

では，具体的に自律神経（従業員の自主的判断機能）をいかに強めるのか。組織の理念や行動規範の重要性などは指摘されている[7]。これ以外にどのような手立てがあるのか。著者はここに公的組織の管理会計の役割があると考える。

2．ミクロ・マクロ・ループ

自律的組織にはミクロ・マクロ・ループが必要となる。ミクロ・マクロ・ループについて廣本［2005b, p.62］は以下のようにまとめている。第1に個々の組織構成員（ミクロ）と組織全体（マクロ）の間の関係性を作りだすメカニズムであり，第2にミクロとマクロの間に流れる情報に焦点を当てており，第3にミクロとマクロの間に流れる情報には，各構成員の判断，価値観など観念的なものと，それらの結果としての行動に関する情報の2種が含まれるとする。

そして，自律的組織に適切なミクロ・マクロ・ループを機能させるためには，管理会計でも組織単位への情報提供が必要となる。すなわち，マクロ・レベルの経営管理者だけでなく，ミクロ・レベルの組織構成員への情報提供にも配慮しなければならない。したがって，誰でも理解しやすい管理会計の設計が必要視される（廣本［2005b］p.67）。製造現場での見える化の努力も，現場の人間が十分な情報を入手したうえで，適切な判断と解釈を行い具体的な改善策を講じることが求められる。BSCもミクロ・マクロ・ループ構築のひとつのツールとして解釈することができる（廣本［2005b］pp.81-82）。

---

6) 西野［2008, pp.206-207］は行政に関して以下のように述べている。
　　NPMの背景には経営管理主義があるが，行政評価での評価シートの作成のように様式化された作業が多くなる。専門性の強い職員や行政マンとしてのプライドの高い職員は，そうした作業に対して忌避感が強い（テイラー主義への反発に似ている）。公務員は，職務の性質上，案外と専門家気質が強い…上から押し付けられても，納得しないと自ら進んでは動かない。
7) 多くの公的組織では組織理念や行動規範を作っているが，いわばあれもこれもそれもになっており，著者には覚えられないものが多い。直観的にわかりやすくする必要があろう。

同様の視点はこの用語が一般化する前[8]の芝野［1996, p.40］の論考でも作業者層のための管理会計として述べられている。以下に引用する。

　最近は，管理会計の分野においても活動基準会計の台頭により，従業員の活動の分析に焦点が当たってきた。そしてその実践の中で，目標実現のためのプロセス（やり方）も従業員に伝えて，本来の目標を達成する上で効率的な仕事の進め方について従業員の創意をひきだすことが重要であるという議論もなされるようになってきている。
　このように従業員一人一人が実務遂行者であると同時に，経営管理機能を兼任するような形になると，経営目的を従業員レベルでも明確に意識し，その目的達成のための活動を計画し，遂行を自己管理することが要請され，そのために役立つ情報と理論体系が求められる。これこそが…作業者層のための管理会計である。

また，藤野［2007］はミクロ・マクロ・ループとしての管理会計の設計・改善を考察する。藤野はそのさいに留意すべき点として，①アントレプレナリアル・ギャップ，②仮説検証の必要性をあげる。藤野［2007］によればアントレプレナリアル・ギャップとは，あえて各部門内では完結しない業績目標を第一義的に位置づけるとき，各部門だけで可能な努力水準と業績目標達成のために必要となる努力水準との間にギャップが生まれる。これをアントレプレナリアル・ギャップと称し，これを組み込んだ設計が求められる。その際には設定された業績目標の各部門における主観的な認識のレベルが検討されなければならない。ただし，アントレプレナリアル・ギャップには逆機能があり，厳しい目標がプレッシャーとなって不満や失敗の恐怖を起こす場合もある。したがって，厳しい目標でもその正当化の根拠を明示する必要があると指摘する。

つぎに仮説検証の必要性について藤野［2007］は，主観的な認識は各部門の抱く仮説によるので，主観的な認識のずれを解消するために仮説検証のプロセスが繰り返される必要がある。このプロセスが機能するかが問題となるとする。

---
8) CiNii（国立情報学研究所論文情報ナビゲータ）によれば，ミクロ・マクロ・ループを最初に用いた論稿は塩沢［1999］である。

そして藤野［2007, p.124］は管理会計の改善のために組織文化の重要性を強調する。ミクロ・マクロ・ループとしての管理会計は構成員の主観的な認識レベルを考慮に入れて設計されるので，組織文化との関係が重要視されるとする。
　以上の点は公的組織において管理会計手法等を考えていく場合には考慮されなければならない。管理会計がミクロ・マクロ・ループとして職員に参照され，公的組織はこれにもとづいた職員の自主的判断機能を期待しうる自律的な組織であることが望ましい。管理会計手法の教科書的な導入だけでは，労働集約的な業務の主要な資源である人的資源それ自体を活性化させることはできないと考える。

第3節　責任会計と公的組織のマネジメント

　責任会計は管理会計手法等の前提となることが多い。そこで本節では責任会計を概観する。責任会計は1950年代より管理会計の主要な概念のひとつと認識されてきた。この責任会計は動機づけと結びつく。この動機づけの基盤に組織の価値観をおくことが重要であることを述べる。

1．責任会計論の概観

　責任会計（responsibility accounting）とは会計を管理上の責任に結びつけ，職制上の責任者の業績を明確に規定し，もって管理上の効果をあげうるように工夫された会計制度である。伝統的には自己の管理下にあるセグメント（一般的には部門）で発生した原価についてのみ責任を負う組織である原価中心点（cost center），収益と費用（原価）の両者とその差額である利益に責任を負う組織である利益中心点（profit center），さらには原価と収益だけでなく，投資額も管理できる組織である投資中心点（investment center）に分けられる（櫻井［2009］pp.45-47）。
　伊藤（克）［2007, p.83］は責任会計の概念がアメリカで形成され，文献上にあらわれはじめるのは第2次世界大戦直後にあるとする。当時の代表的論客であるヒギンズ（Higgins［1952］p.102）は責任会計を「原価が，組織内の責任のレベルごとに集計され報告されるように，組織にあわせて設計された会計シ

ステム」と定義している[9]。当時の議論では公式の職務記述書ならびにそれにもとづく責任および権限が非常に強調されていた（伊藤克［2007］p.83, 87）。

責任会計の概念化がこの時期にアメリカでみられた理由として、ひとつには戦時経済体制から正常な体制への急転換にともない、予想される競争に勝ちぬくために、企業はよりタイトな原価管理の必要性を感じていたとする指摘もある（伊藤克［2007］p.83）。

そして、責任会計の発展について溝口［1967, pp.14-21］は、まず責任会計はコスト・コントロール上の責任として取りあげられ、つぎに予算統制との関連で論じられ、利益管理の分権化を促進する事業部制のもとでより包括的な利益管理の概念のもとに統合されていく可能性を指摘する。すなわち、原価中心点としての責任会計が先に生成され、その後、利益中心点としての責任会計が事業部制における責任会計として成立した。溝口［1967, p.7］はわが国で責任会計の概念は1960年に公表された通商産業省産業合理化審議会の答申「事業部制による利益管理」[10] 以来一般化したとし、その答申での責任会計の定義の特色は職制上の責任者[11]の業績測定をあげていることにあると指摘する。

---

9) 青木［1962, pp.18-19］も、責任会計は、会計の記録・測定および報告機能に関して、執行責任にもとづいた報告を職制組織上の責任、権限と一致するように行うことにあり、責任会計のもとでは会計の構造が組織構造と合致するように行わなければならないと指摘する。

10) 当該答申は以下のように記述する（通商産業省産業合理化審議会［1960］p.17）。

　…責任会計とは、予算統制や原価管理を遂行する場合に要請される会計制度であって、その要点は会計数値と管理組織上の責任者との結びつきにある。いい換えれば、それは職制上の責任者の業績を明瞭に測定しうる会計制度である。

　責任会計のバックボーンをなすものは、その企業の管理組織（責任と権限の構造）である。責任会計においては、会計数値を経営組織の各管理単位に合わせた分類が必要であり、またできる限り費用や収益の配賦計算を避けることが要請される。

　つぎに責任会計には、予算や標準原価のような管理基準と適切な報告制度との整備が必要であり、特に大切なことは企業における人間関係の配慮である。すなわち責任会計を通じて、企業の経営活動にたずさわる各従業員に明確な目標を伝達し、また各員の参加によって予算や標準原価の設定を行うなど、できる限り各自の自発的協力を推進するよう措置を講ずる必要がある。

11) 責任会計は責任・権限をともなった各管理責任単位の管理者個人の業績を測定評価する（山口［1966］p.140）。このため、物的な製品あるいはプロジェクトなどを中心点に会計データを識別・測定・集計・伝達する会計システムに対比して、責任会計は組織内に設けられた人的な権限と責任との関係を中心点とする会計システムと定義される（奥山［1988］pp.1-2）。

このように責任会計は職制上の責任者を中心点とし，原価管理から原価（費用）と収益を管理する利益管理へと展開してきた。責任会計の出発点は原価中心点としての責任会計にある。したがって，利益管理が求められる公的組織のみならず，原価管理のみの公的組織でも責任会計は十分に成り立ちうる。

　公的組織には多種類の業務を担うものもある。このような公的組織では組織全体で責任会計を考えることにそれほどの意味はない。多種類の業務のために原価管理ないしは利益管理上の責任を明確にしにくいからである。この場合には活動基準責任会計（Activity-Based Responsibility Accounting）の議論が参考になる（Hansen=Mowen［2006］；小菅［2000］）。公的組織の担う多種類の業務を業務ごとに分割して把握し，それぞれに責任会計を考えていく。業務すなわち活動（Activity）に着目することにより[12]，公的組織内部の管理上の責任も分けて考えることができる。各業務に対応する職制上の責任者の業績も明確となる。各業務に責任会計が成り立つこととなる。

2．責任会計における管理可能性

　責任会計での業績測定・評価の基礎にあるもっとも重要な基準として管理可能性（controllability）がある。ミラー（Miller［1982］p.35）は「管理可能性が責任を定義する」とし，管理可能性がその本質であるとする。管理可能性にもとづく責任会計は，管理者に対する区分集計を下位の組織単位から順次上位の組織単位に対し行うという階層的計算構造をもち，高度の職務細分化，責任・権限関係の明確化，垂直的・非対人的な命令系統と階層的支配関係によって特徴づけられる機械的組織を前提にする（谷［1984］p.80, 83）。

　管理可能性にもとづく責任会計は3つの外部効果の影響のもとにある（奥山［1988］pp.5-6）[13]。第1の外部効果は環境の不確実性による影響である。業績結果は不確実な環境のもとでの行動決定と努力遂行からもたらされるものであり，

12）活動と業務との関係についてはのちほど整理する。
13）奥山［1988］は3つの外部効果の影響を緻密に整理し，その影響を分離すべきとする。

この環境の不確実性は考慮されなければならない[14]。第2は責任中心点間の相互依存性による影響である。業績結果はほかの責任中心点との相互依存的な関係のもとで達成されるものであり、この相互依存性は考慮されなければならない[15]。第3は測定の期間性による影響である。業績結果は、測定期間より前の過去の行動による影響と、測定期間より先の将来にまで及ぶ影響とを考慮しなければならない。

　管理可能性にもとづく責任会計はこの外部効果、とりわけ環境の不確実性による影響を受けて修正されることとなる。環境に不確実性がある状況[16]では管理者間の水平的関係による相互調整ないしは統合が有効である。しかし、伝統的な責任会計は独立的に測定される組織単位の業績に焦点をあてるので、相互調整に必要なコミュニケーションを阻害し、その結果有効に機能しない（谷［1984］p.85）。そして機械的組織と対称的な有機的組織、すなわち、環境の不確実性や複雑性の結果、責任・権限関係の弾力性、分権的意思決定、水平的・対人的な相互作用の特徴をもつように組織面での適応が行われる有機的組織となると、責任会計も適合的に設計し直す必要がある（谷［1984］p.87）。このように環境の不確実性に応じて組織の特徴が変化し、これに応じて責任会計も適合的に考えていかねばならないと指摘されている。

3. 責任会計における動機づけ

　管理会計と動機づけ（モティベーション）の関係にもさまざまな指摘がある[17]。責任会計でも同様である。青木［1976, p.112］は責任会計と動機づけと

---

14) 谷［1984, pp.92-93］は不確実性等をともなう意思決定環境と責任会計との関係についてのこれまでの諸説を簡潔に整理する。
15) フェララ（Ferrara［1964］p.160）は原価が発生した領域を第一次的責任領域とし、原価の大きさに影響を及ぼす領域を第二次的責任領域として、後者もその影響部分に相当する原価を配分すべきとする二重責任の問題を指摘する。小林［1984］は因果連鎖的な管理可能性概念にもとづく業績測定を概念的に提案する。
16) 谷［1984, p.84］は意思決定環境が不確実かつ複雑な状況とする。
17) 動機づけと管理会計との関係については西澤［1978］が詳しい。西澤は動機づけ理論の系譜を整理し、管理会計における責任会計、原価統制、予算管理を例に、動機づけとの相互関係を考察している。

の関係について，会計が従来一般的にいって物的計算であったのに対し，責任会計の性格は責任計算であり，人的体系の会計である。これは会計を責任中心点の経営管理者の責任と権限との関係において展開することを意味し，動機づけなどの人間的側面の問題が重要視される。動機づけは責任会計の支柱をなすものであり，責任会計は動機づけなしには展開しないとする。

伊藤（克）[2007, p.89] は責任会計に関する米国の文献研究から，方向づけをともなう動機づけの問題を意識するようになった結果，1950年代〜1960年代に責任会計論が変容したと指摘する。そこでは，経営管理者に全社的なあるいはより上位のレベルの必要にもとづく行動をうながすため，情報提供機能が重要視されてきた。そして，自主的な判断を組織の末端に委ねつつも誤った判断につながらないように，ガイドラインともなるべき文脈情報の提供が重要であると指摘する。伊藤（克）は以下のように自律的組織に関する廣本 [2005a] の論説と関連づける（伊藤克 [2007] pp.97-98）。

　…自律的組織におけるマネジメント・コントロール・システムについて求められる属性としては，①自主的な判断が組織各所で実施されるために，組織内部で何がおこなわれているのか，自らの行動が組織全体に対してどのような影響を及ぼすのかを可視化するような情報提供機能を備えていること，②絶えず変化する企業環境に柔軟に適用することを支援するような学習促進機能を備えていることが期待される…

責任会計における動機づけはこのように自律的組織では情報提供機能と学習促進機能が重視される。これは前項で確認した有機的組織に応じた責任会計として考えるべき機能でもあろう[18]。

公的組織には環境からは影響の受けにくい，比較的単純な業務を担っているものもあれば，複雑な環境に左右される業務を担っているものもある[19]。環境に不確実性があるもとで公的組織が自律的組織ないしは有機的組織の特徴を有

---

18) 著者はこの自律的組織について前項の有機的組織と同義と理解している。
19) 業務の性質を述べているだけであり，上下関係でとらえるべきではない。

するようになった場合，管理可能性にもとづく責任会計も修正が必要となる。そこでは責任会計に情報提供機能および学習促進機能による動機づけが求められることになる。責任会計が業務のガイドラインともなるべきさまざまな文脈情報を含む情報提供を行うことにより，むかうべき方向に動機づけるとともに，学習を促進させるように動機づける必要があるのである。

4．責任会計の動機づけと組織の価値観

　情報提供機能と学習促進機能による動機づけが求められる責任会計は，公的組織ではどのような姿になろうか。実効的な動機づけは何を基盤として成り立つのか。企業の責任会計であれば，利益の極大化[20]のための原価管理および利益管理というものはイメージしやすい。これに対して公的組織の場合には，利益管理は何らかの公共性のもと副次的な目的であることが多く，公的組織の多くでは原価管理が中心となる。

　ここで問題となるのは，原価管理の人間性との相性の問題である。原価管理に関して櫻井［2009, p.46］は，「人間はだれでも原価を削減することよりも，利益の増大に大きな喜びを感じる」と述べている。したがって，原価低減を主たる目的とする原価管理は，公的組織といえども人間が担う以上，どうしても動機づけの基盤としては弱い。

　それでは，どのように考えたらよいのであろうか。著者はここに組織の価値観を持ち込むべきと考える。すなわち，動機づけの基盤に組織の価値観を埋め込むのである。公的組織は何らかの公共的な目的があって存在している。その公共的な目的は通常，何らかの価値観をともなう。組織の価値観からして望ましい業務を識別することが可能である。それゆえに，当該価値観からして，望ましくない業務をいかに削減し，いかにしてそれを望ましい業務にまわしていくかという発想を，自然なものとして入れ込むことができる。したがって，これを動機づけの基盤におくことが適当であると考える。

　第1節で著者が示した「公共サービスの質を劣化させないで削減できる業務」

20）企業であってもつねに利益の極大化をめざしているわけではないが，ここでは単純化する。

をいかにみいだし，その分をより重要度の高い業務，すなわち，組織の価値観からして望ましい業務にまわしていくか。これは結果として提供する公共サービスの質と量を向上させる結果となろう。単なる業務の削減だけであれば，人間の本質から通り一遍しか動かない。しかし，このように組みたてることにより，より実効的な動機づけが構築できると考える。

第4節 公的組織に活用できる管理会計を中心とした手法

　労働集約的な業務は企業でも存在し，それに応じた管理会計手法が発達してきている[21]。本節では公的組織のマネジメントに活用できる管理会計を中心とした手法について概観する。本節で言及する手法の範囲はオストレンガ（Ostrenga [1990]）[22] を参考にしているが，究極的には行政実務家としての著者の経験にもとづく[23]。

　具体的にはまずプロセス分析をみる。著者は，プロセスが管理会計手法の活用の基盤となると考えている。そして，管理会計手法として標準原価計算，ABM・ABCおよびBSCを概観する。さらに，リーン・マネジメント，全社的品質管理（TQC），原価企画および制約条件の理論（TOC）を概観し，相互の関連性も考察する。

1．プロセス分析

　プロセス分析は工程分析ともいわれる。製品が作られていく過程をプロセス（工程）といい，一連のプロセス（工程）を調査・分析する手法をプロセス分析（工程分析）という（石渡 [1984] p.16）[24]。生産における工程分析では製品

---

[21] 管理会計は計数的管理実践における諸展開を管理会計論の対象に組み入れ，「方法の技術学」として積極的に対応してきた（津曲 [1973] p.41）。このため，管理会計の前提となる計数的管理実践と管理会計の範囲とは明確には分けにくい。

[22] オストレンガ [1990] は，プロセス価値分析から活動基準プロセス原価計算，責任会計，そして活動基準製品原価計算などにつなげるTCM（Total Cost Management）を提案している。

[23] したがって，ここで言及する手法以外のものを排除することは意味しない。

[24] 石渡は工程という言葉を用いている。工程は生産についての用語であり，情報も対象とした場合にはプロセスが用いられている（たとえば，藤本 [2001]）。

図表4-2 プロセスの例―伝統磁器製造工程（高級ウイスキーボトル）

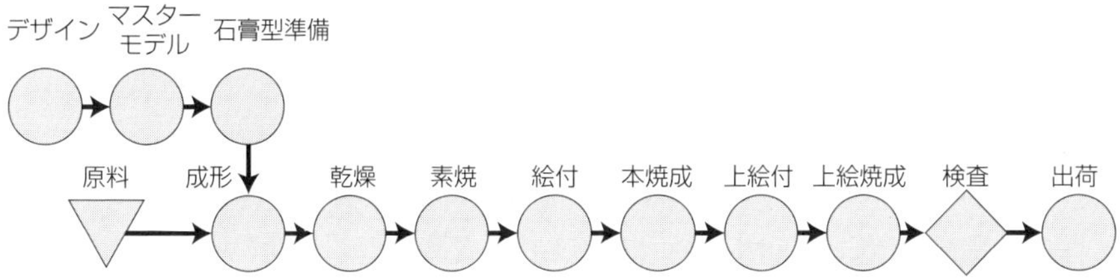

デザイン → マスターモデル → 石膏型準備 → 原料 → 成形 → 乾燥 → 素焼 → 絵付 → 本焼成 → 上絵付 → 上絵焼成 → 検査 → 出荷

（出典：藤本［2001］p.17より著者修正）

工程分析，作業者工程分析，人と機械などの組み合わせに対する連合工程分析および事務工程分析に分けられる（石渡［1984］p.18）。工程分析は，①工程の流れを整理し，②工程の流れの無駄や停滞をみつけだし，③工程中の仕事を再吟味し，割愛できないかなどを検討し，改善案を作成する（石渡［1984］p.17）。IE（Industrial Engineering）の作業研究として知られている手法にはほかに，動作研究や時間研究，稼働分析などがある。

藤本［2001, p.158］は時間配分の分析・評価が業務改善のためには重要で，標準時間を分解し価値を生み出していない時間，無駄な時間，省略可能な時間を洗いだすことが基本となり，これがIEでの稼働分析であると整理する。そこでは標準の概念が重視されている。おおくくりには工程分析があり，接近すれば稼働分析となるのであろう[25]。本書ではこれらをあわせてプロセス分析という[26]。プロセスを例示すれば図表4-2のとおりである。

プロセス分析は生産現場の事務を対象とした事務工程分析があるように，いわゆるペーパーワークも対象とすることができる。公的組織でも業務の流れをフローに表示することはでき，ここにプロセス分析を行う余地が生じる。プロセス分析には計数的に把握されるものが多く，さまざまな計数的管理実践を取り込んできた管理会計とは非常に高い親和性をもつ。プロセスを基盤として管理会計手法が展開されると表現してもよかろう。

プロセス分析は業務の標準を考慮しつつ行われる。公的組織でもサービスの

---
25) ほかのさまざまな手法の概説として桑田［1998］がある。
26) IEからみればこの用語法は粗いかもしれない。ご容赦いただきたい。

質を劣化させずに削減できる労働時間をみつけだすために，標準となる業務内容を考えてプロセス分析を行うことは非常に有効である[27]。従来それほど行われてきていないので，少しの努力で多くの成果を期待できるであろう。

2．標準原価計算

　標準原価計算（Standard Costing）は原価の流れのどこかの時点で標準原価を組み入れ，標準原価と実際原価を比較して原価差異を計算分析し，これを関係者に報告する会計のことをいう。標準原価計算の能率管理方式をPDCAのマネジメント・サイクルで表せば図表4-3のとおりとなる。標準原価を算定し（Plan），生産を行って実際原価を算定し（Do），原価差異を計算して差異の原因を分析し（Check），是正措置をとる（Action）（櫻井［2009］pp.319-320）。

　標準原価の算定にさいしては，作業活動の繰り返しによって作業時間がほぼ定率で減少していくという経験則から導かれる習熟曲線（learning curve）と，同じ製品系列でも革新的な技術革新や新しい生産方法の開発などによって系列別の総原価が減少していく経験曲線（experience curve）とを標準価格の設定に組み込むことが大切である（櫻井［2009］p.324）。

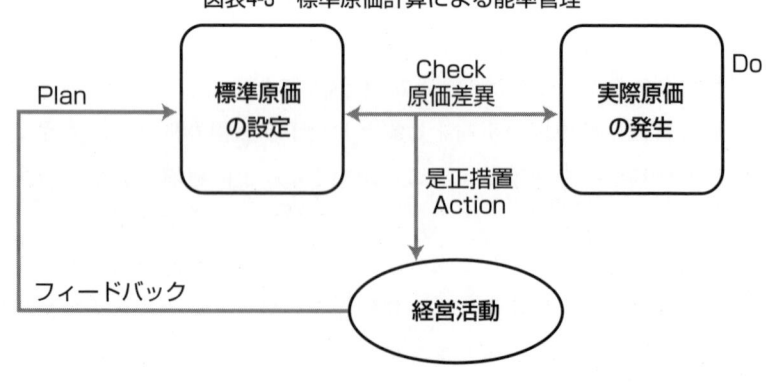

図表4-3　標準原価計算による能率管理

（出典：櫻井［2009］p.320より引用）

---

27) 業務の標準化は，担当職員からみれば非常に働きやすくなる。政策企画立案部局の高いレベルでは困難であろうが，執行部局等では重要であろう。

標準原価計算は科学的管理法のひとつの成果として，1930年代以降，製造業での現場作業員の能率向上に大きな役割を果たしてきた。作業条件のあまり変わらない企業，大量生産型の企業，労働集約的な企業ではとくに効果的とされてきた。しかし，工場自動化の進展により適用範囲が狭まるとともに，品質の観点が不足しており，粗悪な品質の製品が生産される可能性が指摘されている。

　公的組織でも標準さえできれば，業務をある程度のまとまりにしてそのコスト（原価）を把握することが可能となる。したがって，公的組織でも原価管理（コスト・コントロール）のために標準原価計算の概念を活用することは可能であろう。

3．ABMとABC

　本項では活動基準管理（Activity-Based Management：ABM）と活動基準原価計算（Activity-Based Costing：ABC）を概観する。多種類の業務を同時に担う公的組織では活動基準の考え方を活用できる領域は非常に広い。ABMにおおむね相当する手法を組織運営の基本としている公的組織も存在する[28]。

　ABMは経緯的にはABCから生じた。そこで後者からみる。ABCは資源，活動および原価計算対象の原価と業績を測定するためのツールである。製品が活動を消費し，資源が活動を消費するという基本理念のもと，資源の原価を活動に割り当て，活動をもとに原価計算対象に原価を割り当てる。ABCは1970年代後半からの工場自動化と多品種少量生産の一般化にともない，原価計算での製造間接費[29]の適正な配賦のため1980年代後半に誕生した。ABCは原価計算を製品戦略に反映させるリエンジニアリングのためのものである（櫻井［2009］p.385）。

　一方，ABMは活動やプロセスの改善による原価低減が主目的とされ，プロセス視点に立脚して活動分析，原価作用因分析および業績分析を活用して原価低減を図ろうとする。1990年代前半にABCからABMへの転換がみられ，これを境にわが国での関心が急速に高まった。ABMの特徴は図表4-4のとおりである。

28）第5章参照。
29）段取費，企画・設計費などを指す。

図表4-4　ABMの特徴

①	ABMの目標は資源配分ではなく，効果的な活動の実施にある
②	顧客との関連を，活動によって分析することができる
③	各プロセスの間の活動を合理的に連携させることができる
④	ムダな活動（非付加価値活動）を排除することができる
⑤	継続的に活動やプロセスを改善，変革することができる
⑥	活動の重複を避け，効率的な活動を行うことができる
⑦	標準的活動を測定し，その測定結果にもとづく弾力的活動を行う
⑧	従来の原価構成要素による内部資料の報告に代わって，活動という理解しやすい業績評価基準による報告書の作成が可能となる

（出典：櫻井［2009］p.387より引用）

　ABMは伝統的なアメリカの会計思考ではない，新しいパラダイムを必要とする。プロセスの変革を通じて，無駄，重複，不安定性を除き，経営の効率化を図る。ABCとABMとの関係は図表4-5のとおりとなる。

　プロセスと活動について櫻井［2009, p.386］は図表4-6のように整理する。プロセスと活動の違いは相対的な概念に過ぎないと思われる。実務の要請により

図表4-5　ABCとABMとの関係

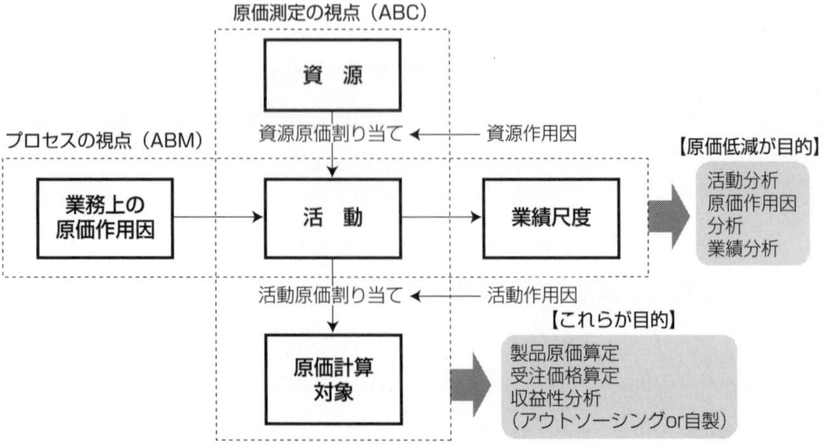

（出典：Turney［1991］p.92および櫻井［2009］p.386より著者修正）

図表4-6　プロセスおよび活動等の関係

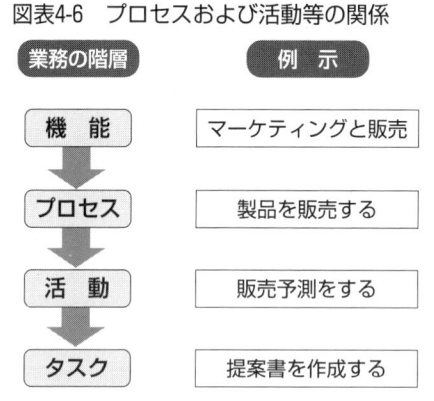

業務の階層	例　示
機　能	マーケティングと販売
プロセス	製品を販売する
活　動	販売予測をする
タスク	提案書を作成する

(出典：櫻井［2009］p.402より著者修正)

　大きなくくりで考えることも，また，原価計算の正確性を重視し精緻なものともできよう。ドイツではプロセス原価計算（Prozezzkosteenrechnung）といわれ，その基本的な構造は活動分析を行い，部分プロセスに原価を集計し，主要プロセスに原価を集計して原価計算対象に配賦する（西村［1995］pp.638-641）。櫻井［2009, p.402］によれば，プロセス原価計算を提唱したホルバッハは活動では対象が小さすぎるのでプロセスを対象にしたと述べている。

　ABMとABCを公的組織に活用するとどうなるのであろうか。ここでのポイントは，ABCが当初は製造間接費のより精緻な配賦方法として発展してきたことを横において理解することにあると考える。公的組織では活動を，業務ないし業務区分として理解し，配賦方法ではなく，業務改善の観点から理解することが望ましい。このような理解は企業を対象としたジョンソン（Johnson［1992］）の指摘と同様である。すなわち，業務改善の観点からABMを中心に考え，原価計算は必要に応じて考慮すれば足りる。著者としてはここに「業務の標準およびプロセス分析から活動基準管理（ABM）へ」という流れがみいだせると考える。

　実務でのABMの活用にあたっては職員各自の時間記録が非常に重要となる。なぜなら，第1に時間が把握できなければ定量的な計数による表示ができず，

現実のマネジメントに使えるものにはなりにくいからである[30]。第2に職員各自の勤務時間に関する感覚を鋭敏にするからである。勤務時間＝コストという意識づけがあれば，効果が定かでない業務に自らの時間を費消することに人間は本能的な反発を覚える。この人間のひとつの傾向から，業務改善に向けたアイデアもでてきやすい。原価管理が中心となる場合の人間性との相性の問題もクリアすることができる。時間記録を通じてABMが実効的なものとなろう[31]。

4．BSC

本項ではバランスト・スコアカード（Balanced Scorecard：BSC）を概観する。近年，多くの企業がBSCに取り組んできており，公的組織でも医療機関を中心に数多くの試行がなされてきている。

「1992年の発表当初，バランスト・スコアカードは主として業績評価のツールとして提案された。しかし，その後の実務への導入過程において，戦略を策定し実行させ，経営品質を向上させるためのツールとしての役割が大きいことが明らかとなった」（櫻井［2009］p.255）といわれている。BSCには戦略を業務レベルに落とし込むことができる経営戦略実行のシステムとしての役割が期待されている。いわば戦略実行のプロセスを可視化するものである。BSCは，財務指標と非財務指標，外部尺度と内部尺度，成果とプロセスおよび定量的な測定と定性的な測定とをバランスよくみていくものであり，財務の視点，顧客

図表4-7　BSCの視点と業績評価尺度

視　点	業績評価尺度の例
財務の視点	経常利益，ROI，売上高，売上利益率，CF
顧客の視点	顧客満足度，顧客ロイヤリティ，顧客収益率
内部ビジネス・プロセスの視点	開発効率，生産性向上率，事故率，特許権取得件数，単位原価，新製品導入率
学習と成長の視点	社員教育，離職率，提案件数，IT活用率，平均年齢

30)「測定できないものは，管理できない」とよくいわれる（たとえば，櫻井［2009］p.(3)）。
31) 活動を区分するさいには職員の意識から考えることがきわめて重要であると考える。

図表4-8　BSCの因果関係

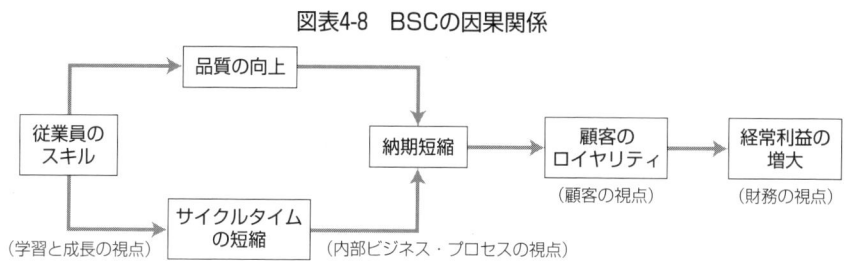

```
           ┌─→ 品質の向上 ──┐
従業員の   │                ↓
スキル  ──┤              納期短縮 ──→ 顧客の ──→ 経常利益の
           │                ↑          ロイヤリティ    増大
           └─→ サイクルタイム ┘
               の短縮
(学習と成長の視点) (内部ビジネス・プロセスの視点) (顧客の視点) (財務の視点)
```

(出典：櫻井, 2009, p.262より引用)

の視点，内部ビジネス・プロセスの視点および学習と成長の視点の4つの視点から評価していく（図表4-7）。

BSCでもっとも重要であるのは図表4-8のような因果関係である。因果関係が自明であれば問題はないが，実務ではそうでないことが多い。その場合には，最初は仮説にすぎない因果関係仮説を用いて組み立てていく必要がある。この因果関係仮説をみいだす段階では，現場の暗黙知を形式知に変え共有化するSECIモデル[32]を活用することもできよう。そして，PDCAサイクルのもと，この因果関係仮説を継続的に検証・修正していくこととなる。

各項目には図表4-9のように戦略テーマから戦略目標，目標値および実施項目に下方展開する流れがあり，目的―手段関係にたつ（櫻井［2008］pp.36-38）[33]。戦略目標の選択と実施項目の工夫も非常に重要である[34]。上記の因果関係はここでいう4つの視点間での因果関係となる。

そして，4つの視点の因果関係の全体像を示すものが戦略マップである（図表4-10）。これにより，因果関係が仮説も含めて明確になるとともに，因果関係が検証しやすくなる。因果関係仮説のもとに戦略があるので，戦略マップは戦略の仮説を検証するためのツールとなる。

---

32) SECIモデルについては野中と竹内（Nonaka＝Takeuchi［1995］）を参照。なお，ここでは代表例としてBSCとの関連で述べたが，ABMであれ，TQCであれ，SECIモデルを使うことはできよう。
33) ここでいう下方展開の流れを因果関係で説明する説（長谷川［2002］）もある。
34) 伊藤和憲教授は戦略目標の選択および実施項目の工夫が，因果関係の構築とともに，BSCでは非常に重要であると著者に述べられたことがある。BSCでは戦略の落とし込み（カスケード）や実施項目の選定などが重要である。これらについては伊藤（和）［2007］が詳しい。

図表4-9 戦略テーマ，戦略目標，目標値，実施項目

視点	戦略テーマ	戦略目標	目標値	実施項目
財務の視点	売上高増大 ↑	年売上伸率	+25%	××
		新製品売上	30%	××
顧客の視点	革新的な製品 ↑	顧客定着率	80%	・関係性管理
		顧客シェア	40%	・成果給
内部の視点	世界水準の社内製品開発	市場一番乗り	75%	・見本市出展
	↑	上市スピード	9ヵ月	・サイクル・タイム再構築
学習と成長の視点	安定的かつ能力の高い従業員	専門能力の利用可能性	100%	・コンピテンシー・モデル ・新規雇用
		重要な職員の維持	95%	・管理能力育成 ・報酬

（出典：Norton［2001］p.1より著者修正・翻訳）

図表4-10 BSCの戦略マップ

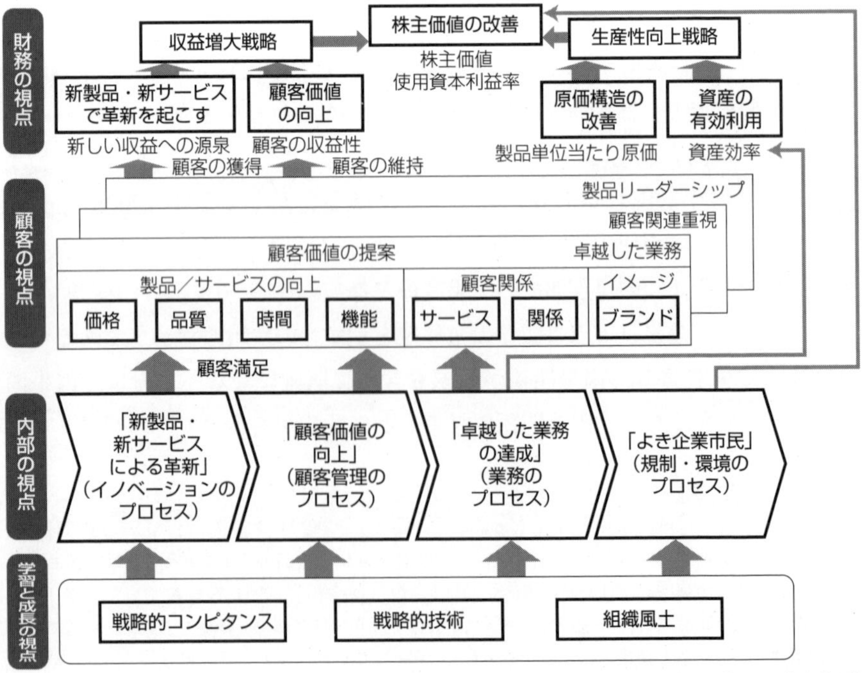

（出典：Kaplan=Norton［2001］より著者修正）

キャプランとノートン（Kaplan=Norton [2001]）はBSCの導入に成功した企業について「戦略志向の組織体の原則」と呼ぶ一貫したひとつのパターンがあるとする。BSCの活用のイメージをつかみやすいのでこれを紹介すれば，①戦略を現場の言葉におき換える，②組織全体を戦略にむけて方向づける，③戦略を全社員の日々の業務に落とし込む，④戦略を継続的なプロセスにする，⑤エグゼクティブのリーダーシップを通じて変革をうながす，である。キャプランらの議論について時間を追ってみていくと，戦略レベルの議論から業務（オペレーション）レベルへの戦略の落とし込みを重視するようになってきている[35]。

BSCではデンマーク企業の導入事例から，職能横断的統合，計画的文化，ベンチマーキング，ビジネス・プロセス・リエンジニアリング（Business Process Re-engineering：BPR）としても用いることができ，可塑的な側面があるとの指摘がある（Hansen=Mouristen [2005]）。さらに，方針管理[36]とBSCを統合しているわが国企業の事例（櫻井 [2008] pp.294-296）や，ABMとBSCとの統合モデルも指摘されている（櫻井＝藤野 [2000]）[37]。このように，BSCには可塑的な，換言すれば柔軟な側面があり，さまざまな活用のスタイルがある。唯一絶対の解があるわけではない。

BSCを公的組織に活用するとどうなるのであろうか。公的組織の類型により，財務の視点が頂点にある4つの視点は適宜修正する必要があると思われる[38]。戦略テーマ間の因果関係仮説，ならびに，戦略テーマの手段となる戦略目標の

---

[35] 実務での活用を踏まえたイノベーション・アクション・リサーチの結果であると考えられる。
[36] 方針管理とは，目標管理を品質管理の手法であるTQCと結合させることによって生みだされたわが国固有の経営ツールである。
[37] 櫻井＝藤野 [2000, pp.19-20] は，BSCの内部ビジネス・プロセスの視点とABMによる原価低減活動との関係などを指摘している。

　…顧客の視点で重要になる顧客満足度，顧客ロイヤリティ，品質といった非財務業績尺度は，業務効率化の指針として間接的にABMに組み込まれている。社内ビジネス・プロセスの視点では，プロセスにおけるサイクルタイム，生産性，品質，コストなどの尺度が重要になる。ABMは，顧客の視点から部門横断的にプロセスを再設計するうえで，いくつかの有効なツールを提供する…

[38] ケース・スタディでも報告されている。たとえば，済生会熊本病院などの8つの病院のBSC導入の事例を紹介している日本医業コンサルタント協会 [2006, pp.31-162] などがある。

選択および実施項目選択にあたっての工夫も重要となろう。

　公的組織でも組織能力[39]を強化する観点から，トップダウンの流れとともにボトムアップの流れも強化する必要があると思われる。とくに自律的組織にいたった公的組織では現場の自律的な対応をうながすような仕組みが必要となろう。このように考えてくると，公的組織ではとくにトップとボトムのコミュニケーションのツールとしてのBSCの活用が望ましい。多くの職員が従事する労働集約的な業務を担う公的組織においては，自律的組織論でのミクロ・マクロ・ループとしてBSCが機能していくことが期待できる。個々の職員が日々の業務のなかで参照し，検証し，修正していくものとしてのBSCとなろう。

　そして，公的組織によってはこれを外部のステークホルダーとのコミュニケーションのツールとして活用することもできよう[40]。換言すれば，BSCをコミュニケーションのツールとして，関係者の誰にでも理解可能な因果関係と目的―手段関係の明示に重点をおいたマネジメントの可視化を中心に考えていくことである。かりにABMができていれば，現実の業務の状況がどうであるのか把握しやすい。

　このため，BSCの因果関係仮説や目的―手段関係の構築にあたってABMは非常に有益な基盤となろう。何の業務をどれだけ増やせば，どの結果がどう変わるかといった定量的な基準のもとで考えることが可能となるからである。著者はここに，「業務の標準およびプロセス分析から活動基準管理（ABM）へ，さらにはバランスト・スコアカード（BSC）へ」という一連の流れがみいだせ

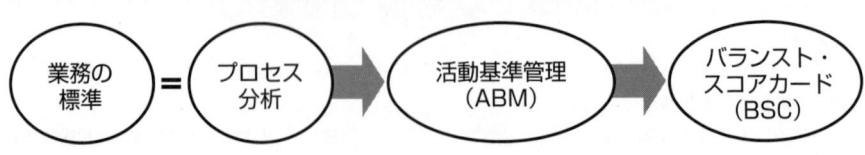

図表4-11　管理会計手法等の関係

業務の標準 ＝ プロセス分析 → 活動基準管理（ABM） → バランスト・スコアカード（BSC）

---

39) 組織能力とは，組織がある活動や仕事を，他の組織よりも上手に，しかもコンスタントにこなす力を指す（藤本［2001］p.105）。
40) 公的組織によっては外部とのコミュニケーションが適当ではない場合がある。極端な事例として，たとえばインテリジェンス機関があげられる。

ると考える（図表4-11）。

5．その他

　本項ではリーン・マネジメント，TQC，原価企画[41]およびTOCを簡潔に概観する。第Ⅱ部で述べるように，これらも上記の流れに関係づけられよう。

(1) リーン・マネジメント ◇◇◇◇◇◇◇◇◇◇◇◇◇◇◇◇◇◇◇◇◇◇◇◇◇◇◇◇◇

　リーン・マネジメントは1980年代にアメリカでのわが国自動車産業の研究を通じて，トヨタ生産方式がアメリカ流に理論化されたものである[42]。欧米諸国では1990年以降，その理論・実践が普及・一般化してきている。当初は大量生産型工場での議論からスタートしたが，1992年ごろからは大量生産型工場を超えて生産管理の分野で広く一般的に脚光を浴びはじめ，1996年ごろにはサービス産業への展開が議論され始めた（Laursen［2003］p.3）。

　リーン・マネジメントは，①顧客にとっての価値を実際に創造している活動，②顧客にとっての価値は創造しないが，現状のシステムでは必要となる活動，③顧客にとっての価値を何ら創造せず，ただちに排除できる活動の3つの活動のうち，②および③を無駄とし，最初に③の無駄を，つぎに②の無駄を排除する（Womack=Jones［1996］）。そして，そのための思考をつぎの5つの基本原理にまとめている（Womack=Jones［1996］）。①製品の価値の正確な定義づけ[43]，②製品の価値をもたらす一連の活動[44]の構築，③当該活動のよどみない流れの構築[45]，④顧客による価値のプル[46]，⑤完全性の追求[47]である。

---

[41] 藤本［1997, p.18ほか］が「怪我の功名」と表現するトヨタ生産システムは非常に複雑であり，藤本も「トータル・システムとして統一的に説明する分析的枠組みは必ずしも用意されているとは言い難い」とする。門田［2006, p.9］の詳細な解説をみてもそのように思われる。そこで，本章ではいくつかに分解して検討する。
[42] ウォーマックほか（Womack et al.［1990］）で一応の完成をみたとされる。
[43] 顧客にとっての価値を正しく定義すること（Womack=Jones［1996］）。
[44] Womack=Jones［1996, pp.37-49］ではvalue stream（価値の流れ）とされる。
[45] バッチ処理にともなう在庫やスクラップなどをなくすこと（Womack=Jones［1996］）。
[46] 下流側が要求するまで上流側は製品などをつくらないこと（Womack=Jones［1996］）。
[47] 完全性の追求にむけた改善に限りなく努力すること（Womack=Jones［1996］）。

リーン・マネジメントは無駄に着目しその削減を図る観点から，顧客にとっての価値とそれを創っていく一連の活動，換言すれば，業務の流れに着目する。このためABMとの高い親和性を有する。リーン・マネジメントは各部門の現状ではなく，顧客[48]にとっての価値に焦点をあてて無駄を省くという意味で，ABMを補完する手法として位置づけられる[49]。

(2) TQC

全社的品質管理（Total Quality Control：TQC）[50]は日本的な形での改善を指向したシステムであり（藤本［2001］p.284），「カイゼンと問題解決への，統計的かつ体系的なアプローチである」（今井［1991］p.110）。TQCの具体的内容としては，①全階層の社員および全部門の参加を指向する全社的活動であること，②品質の管理のみならず，原価管理，量管理，納期管理を含めて総合的に行われるものであることが指摘されている（石川［1984］pp.128-129）。

藤本［2001, p.284］はわが国におけるTQCの特徴として，QCサークル運動（品質管理・改善のための小集団活動），方針管理（トップダウン的な目標・施策の展開），定型的な統計的手法（QCの七つ道具[51]など），問題解決手順（QCストーリー[52]など）の現場での活用，教育・訓練の重視，企業横断的なTQC普及組織（日本科学技術連盟，日本能率協会，日本規格協会および社会経済生産性本部[53]）とその活動，デミング賞を頂点とする全国レベルから社内レベルまでの表彰制度などがあげられるとする。そして，いずれも全員参加・改善指向というTQCの基本に深く結びついた仕掛けであると指摘する。

---

[48] 公共サービスには対象となる納税者等を顧客と位置づけることが適当ではない分野も存在する。
[49] ABMでも行うことはできるが，強調のポイントが異なるということである。
[50] TQCは現在TQMに発展しているが，本書では現場の改善活動を強調する観点からTQCとしている。
[51] 特性要因図，チェックシート，層別（グループ分類のこと），ヒストグラム，パレート図，散布図および管理図のことである（藤本［2001］p.286）。
[52] 定型化した問題解決手順のことであり，たとえば，テーマ選定→テーマを取りあげた理由の説明→目標（あるべき姿）の把握→現状把握→要因分析→対策（解決案）提案→効果確認→歯止め（成果の維持と問題再発防止）→残された課題と今後の進め方のレビュー，といった標準的な問題解決ステップに忠実にしたがうことが多い（藤本［2001］p.285）。
[53] 2009年4月，財団法人日本生産性本部に名称変更された。

TQCを公的組織で活用するにあたっては，QC七つ道具のような定型的な統計手法などは手直しする必要があると思われるが，そのほかについてはかなりの程度活用が可能であると考える。ABMの特徴をまとめた図表4-4と見比べてみると，両者の非常に高い親和性を観察できる。これらを通じて，公共サービスのコストと品質の両面について，原価低減（従事労働時間の削減等）と品質管理（必要な品質の向上）とを追求することができる。

　先述したが，この活用にあたっては職員各自の時間記録が非常に重要となる。時間記録により勤務時間への感覚が鋭敏になり，勤務時間の大切さ（＝コスト）という意識づけができれば，無駄と思われるものには誰しも本能的な反発を覚えるという人間の傾向から，業務改善にむけたアイデアもでてきやすい。時間記録はQCサークル運動の貴重な推進力になると考える[54]。

(3) 原価企画

　原価企画はわが国で開発された管理会計手法である（櫻井［2009］p.333）[55]。コストは企画・計画段階で70〜80％，設計・試作段階で15〜28％が決定されるのに対して，後工程の量産までの段階では2〜5％でしかない事例も報告されている（岩橋［1982］p.13）。原価は生産の上流段階でほぼ決まるので，目標とする原価（目標原価）にむけて，上流段階で原価を創り込むものである。具体的には，市場の状況から予定販売価格を決定し，次いで目標利益との関係から許容原価が導かれ，一方，技術者の現状見積り（成行原価）を基礎にVE（Value Engineering）などの活用によって原価低減活動を行い，許容原価との擦り合わせから目標原価を導く。

　公的組織ではさまざまな法令が先にあり，執行部局はこれを実施するだけという受身の姿勢になりやすい。執行部局の現場をいたずらに複雑にする法令もないではない。したがって，原価企画を公的組織に活用した場合には，発想は

---

[54] 病院のQCサークルでは種が枯れるという問題があり，いかに継続させるかが最大の課題であると指摘されている（高橋［1997］pp.124-128）。
[55] 櫻井［2009, p.337］は「かねがね原価企画を標準原価計算と並ぶかそれ以上に革新的で現代的意義をもつ技法として管理会計のなかで定着させたいと考えてきた」と述べている。

企業の場合と同じであるとしても、具体的な姿を変えて活用されよう。

　著者としては業務処理手順が決まる段階で活用できると考える。一般の行政組織であれば法令・通達等の作成段階であろう。執行現場での業務の流れを考え抜いた法令・通達等の作成が求められる。そのさいに感覚的な検討で終わらせないためには執行現場の業務の状況が明確となっていることが望ましく、ABMによる各種の定量的な指標が必要となる[56]。執行部局から政策企画立案部局へのアピールすべき視点として原価企画の発想が活用できると考える[57]。

(4) TOC

　制約条件の理論（Theory of Constraints：TOC）は1980年代にゴールドラットにより構築された経営哲学[58]である。これは企業をシステムと考え、思考プロセス（ブレークスルーのアイデアを作りだす手法）、改善の5ステップ（ボトルネックに注力し、改善を続ける手法）、ドラム・バッファー・ロープ（製造現場の姿を示し、生産計画と結びつける手法）およびスループット会計（「売上高―直接材料費」であるスループットと「スループット―業務費用」である利益を考え、利益増加のためにスループットの増加か業務費用の削減を基本とする考え方）からなる（入江ほか［2001］p.6）。櫻井［2009, p.250］はスループット会計を「直接原価計算の発展形態」とする。

　TOCは管理会計というよりシステム思考に近いと思われる。著者が公的組織に活用できると考えるのは、システム思考ともいうべき改善の5ステップである。これを要約すれば[59]、生産能力などの物理的制約条件の場合、能力に比して負荷が高い工程であるボトルネックのうち、その比率がもっとも高い工程である制約条件（Critical Constrained Resources：CCR）をみつけだし、その

---

56) 田坂［2007］はABCを通じて間接費を原価管理に取り込む可能性を検討している。公的組織の場合、間接費ではないが、基本的な発想はほぼ同じである。

57) 原価企画は戦略的コスト・マネジメントのひとつの手法であるが、公的組織ではコスト・マネジメントを超えて政策企画立案部局と執行部局とのより機能的な関係の構築に役立つと考える。

58) ゴールドラット（Goldratt）の原著が何冊かの小説であるため、TOCの全体像は分かりにくい。入江ほか［2001］はTOCを簡潔にまとめている。

59) 入江ほか［2001, p.10, pp.28-34］を参照した。

解消を以下の5つのステップで改善する。すなわち，①制約条件をみつける，②制約条件を徹底的に活用する，③制約条件以外をこれに従属させる，④制約条件の能力を向上させる，⑤惰性に注意しながら①に戻る，である。

公的組織には業務の負荷が高まると追加的な資源（たとえば人員）の投入を求める発想が根強い。これは結果として組織肥大化・コスト増大に結びつく。したがって改善の5ステップの活用が適当である。これは職員の多能化を推進する。トヨタ生産方式における多能工化（門田［2006］pp.183-205）と同様，公的組織でも多能化は重要な課題となろう。

それでは，かりに改善の5ステップを公的組織で活用する場合，どのようなものとなるのであろうか。著者はABMでの活用をイメージする[60]。ABC・ABMとTOCとの関係性について詳細な文献研究を行った岩田［2003, p.96］は，その統合の可能性も示唆している。そこではABCとTOCとを結びつける研究の存在を指摘し，これらは「ビジネス・プロセスを改善するためにABCによる活動分析とTOCの制約管理の統合である。活動分析によると，プロセス・マップによる活動間の相互関係の理解が深まり，時間的な側面と因果関係から制約を識別できる。加えて，制約管理によって改善活動に優先順位が与えられ，プロセス志向が強まる」と指摘する[61]。また山田［2000, p.106］は，ABMでは非付加価値活動の排除と付加価値活動の効率向上が中心的な課題であり，制約やボトルネックの管理にもとづく全体的な視野からの管理は欠如していたと指摘する。なお，労働集約的な業務についてではないが，TOCを公共事業に応用した議論（岸良［2007］)[62]もみうけられる。

6．手法論の小括

ABMはさまざまな手法と親和的である。これは原価管理が中心となる公的

---

[60] スループットというパラダイムは伝統的な会計概念に適合しないとする議論もあるが，改善の5ステップについて著者は，プロセス分析やABMとともに活用できると考える。

[61] ただし，岩田［2003, p.96］は，この点に関して「アクション・リサーチなどによる実証が必要であり，今後の更なる研究課題としたい」としている。

[62] 「サバ取り虫」などユニークな命名を行った岸良［2006］も参照に値する。

組織では注目されるべきである。そこでの中心は「業務の標準およびプロセス分析から活動基準管理（ABM）へ，さらにはバランスト・スコアカード（BSC）へ」という一連の流れである。必要に応じて，このABMにリーン・マネジメント，TQC，原価企画およびTOCが関連づけられよう。必ず全部を活用するということではなく，公的組織それぞれがおかれた環境により，さまざまな活用のパターンがありうる。第Ⅱ部で事例を考察する。

第5節　原価計算と公的組織

本節では原価計算を検討する。公的組織の多くでは個々のサービスの原価算定よりも，コスト構造の可視化が重要であることを述べる。

1．原価計算概観

岡本［2000, p.1］は原価計算は複式簿記とともに企業の会計情報システムを

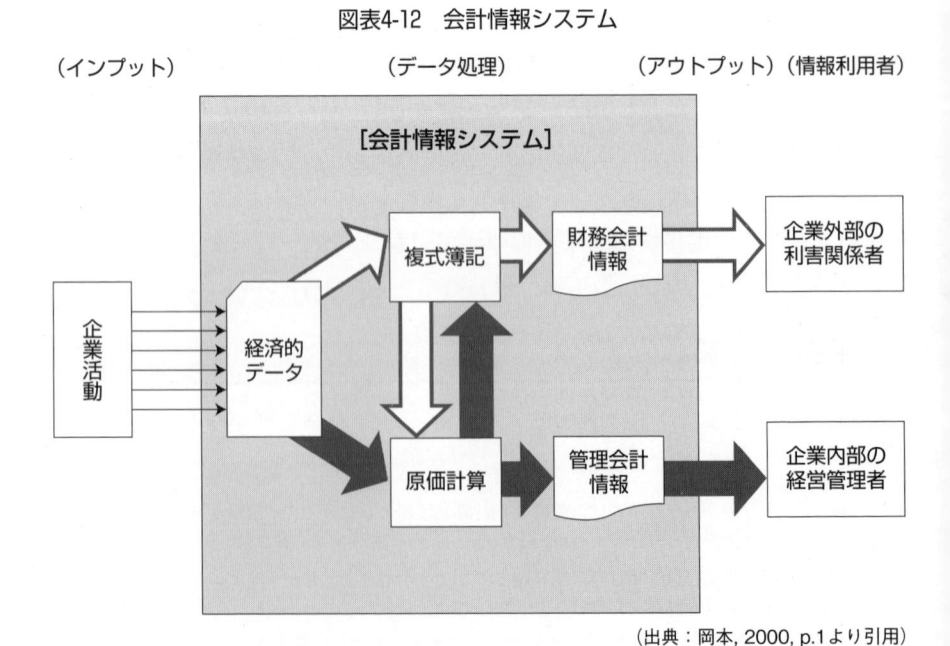

図表4-12　会計情報システム

（インプット）　　　　　（データ処理）　　　　（アウトプット）（情報利用者）

（出典：岡本, 2000, p.1より引用）

形成するとし，図表4-12のように整理する。どちらかといえば複式簿記は財務会計情報と，原価計算は管理会計情報と結びつく（岡本［2000］pp.1-2）。櫻井［1981a, p.55］も原価計算は管理会計の母体であるとし，原価計算と管理会計の密接な関係を指摘する。

　原価計算は企業での特定の経済活動単位についての原価（インプット）と給付（アウトプット）との比較計算であるという特徴を有し，原価を給付にかかわらせて把握する。ここでいう給付は最終完成品のみではなく，部門給付（部門のアウトプット）も意味すると理解すべきである（岡本［2000］pp.2-3）。

　給付概念について櫻井は原価計算研究の変遷を考察し，原価計算の対象が製品などから部門活動や営業活動などのセグメント単位のアクティビティなども含まれるようになってきたと指摘する。櫻井［1981b, p.23］は以下のように述べている。

> …現代の原価計算では，製品や用役だけが計算の対象とされるのではなく，原価管理のためには個々のセグメントごとの活動が，そして経営意思決定のためにはプロジェクトが原価計算対象となっているのであるから，原価計算単位は，
> 　(1) 製品や用役（products or services）だけでなく，
> 　(2) 活動（activities）や
> 　(3) プロジェクト（projects）
> についても広く考察されなければならない…

2．公的組織の原価計算の現状

　ここではまず利益管理が，つぎに原価管理が求められる公的組織を文献より概観する[63]。公的組織の原価計算ではABCが重要な役割を果たしている。

　まず利益管理が求められている公的組織である。代表的な分野は医療機関である。2002年の診療報酬本体部分の引き下げ以降，医療機関経営への関心も非

---

63) 文献検索としてCiNii（国立情報学研究所論文情報ナビゲータ）を用いた。

常に高まり，近年，数多くの試行が行われている。医療機関の管理会計の思想はABCの考え方にもとづくと指摘されている（今村ほか［2006］p.156）。医療機関の経営では持続可能性確保の観点からの利益管理が，そしてその一環としての原価低減が重要視されてきており，原価計算が注目されてきている。

医療機関の原価計算は大きくは部門別原価計算，診療行為別原価計算および疾病別原価計算の3つに分かれ，後者のほうが前者よりも複雑なものとなる（今村ほか［2006］p.159）。原価計算の必要性を強調する文献は多いが，現在のところ多くの病院では医師等の人件費の分解が難しく，配賦に困難をともなうことから，部門別原価計算までとなっている。しかし，一部の先進的な医療機関では疾病別原価計算まで進んでいる。たとえば財団法人脳血管研究所美原記念病院の事例（内田［2005a～c, 2006a～c］）が報告されている。

つぎに原価管理が中心となる公的組織ある。文献ではもっぱら地方公共団体の事例が紹介されている。先駆的な事例として，ABCを用いた三重県四日市市の地区市民センターを対象とした分析がある（宮嵜［2000］）。また，同時期の千葉県柏市税務第3課の事例ではABCだけでなくABMも用いている（櫻井編［2004］pp.297-311）。さらに，首都圏の公共図書館の事例と静岡県内の授産施設の事例も紹介されている（南［2002］）。最近では千葉県市川市の事例が報告されている（市川市企画部［2007］）。

ここで注目されるのは千葉県市川市の事例である。市川市ではメイン業務を対象として，業務改善を主目的に管理会計を活用している。市川市は「一般的・学術的なABCとは考え方が違う」とし，以下のように述べる。

> 市川市版ABCの分析の視点は，職員活動の結果が直接市民サービスに結びつく活動と，直接には影響を与えない内部管理事務，間接経費に大きく区分し，その割合が適正かどうかを判断していく。これまで漠然と言われ続けてきた「行政事務は内部管理コストが大きい」ということを，実際に目に見えるように写し出してみようとするものである。そして，事務の合理化，効率化によって創出した経営資源（人材）を，市民サービスに直結する活動に重点配分していきたい…（市川市企画部［2007］pp.41-43）

…業務改善で大きな成果をあげるためには，業務を熟知している職員自らが取り組むことが重要であるとともに，…その自治体の組織文化にあった適用が必要である。こうした取り組みは，職員自らやればできるという自信と，経営的視点による行政運営への意識改革にも繋がっていく…（市川市企画部［2007］p.47）

3．個々のサービスの原価算定とコスト構造の可視化

　医療機関のように一定の利益の確保を考慮せざるを得ない公的組織ではある程度の精緻な原価計算が概念的には望ましい。また，地方公共団体の窓口業務のように一定の手数料等を前提とする業務も，収支を考慮せざるを得ないため同様である。これらの公的組織の原価計算は対価をともなうサービス（給付）ごとの原価算定が適当であり，その中心はABCになろう。

　収益を認識できない，原価管理が中心の公的組織ではこれが異なる。千葉県市川市では直接市民サービスに結びつく業務の割合を増やすべく，業務改善の基礎として原価を算定している。ここでの原価計算対象は市民に提供される個々のサービスではなく，市役所各部門の業務そのものである。工場でいえば個々の製品ではなく，工場のプロセス自体に相当する。

　原価管理が中心の公的組織での原価計算として求められるものは千葉県市川市のような考え方であろう。そこでは公的組織の内部の業務ごとに原価を明示し，組織内の業務改善につなげようとしている。業務のコスト構造を可視化し，これをもとに組織内部で業務改善にむけて努力している。その努力のプロセスについて，本章の各手法の考え方を活用して外部に示していくことが，わが国の公的組織には求められると著者は考える。

第6節　まとめ

　本章ではまず人件費の無駄を検討した。公的組織では「公共サービスの質を劣化させないで削減できる業務」をみつけだすことについて，プロセスとして担保することが重要であることを述べた。つぎに管理会計手法との適度な距離感を確保する観点から，組織構成員に着目した自律的組織論とミクロ・マクロ・

ループとしての管理会計を考察した。さらに公的組織の責任会計論を検討した。原価管理が求められる公的組織でも責任会計が成立する。自律的組織では責任会計でも情報提供機能および学習促進機能による動機づけが重要となる。原価管理が中心となる場合，人間はコスト削減には消極的となるので，動機づけの基盤として組織の価値観が重要となることを述べた。

また，労働集約的な業務を対象に管理会計を中心とする手法を概観した。「業務の標準およびプロセス分析から活動基準管理（ABM）へ，さらにはバランスト・スコアカード（BSC）へ」という一連の流れを指摘した。そして必要に応じ，リーン・マネジメント，TQC，原価企画およびTOCも活用できることを述べた。

さらに，公的組織と原価計算との関係を検討した。利益管理が必要な公的組織では公共サービスの原価計算が重要となる。一方，原価管理のみの公的組織では組織内部の業務についてのコスト構造の可視化が重要となることを述べた。

参考文献

青木茂男［1962］「責任会計について」『会計』Vol.82, No.1, pp.17-26。
青木茂男［1976］『現代管理会計論』国元書房。
石川馨［1984］『日本的品質管理　増補版』日科技連出版。
石渡淳一［1984］『新現場QC読本9　現場のIE（Ⅰ）―工程分析』日科技連。
市川市企画部［2007］「特集　公共サービス改革への道筋　市川市版ABC（活動基準原価計算）による取り組み」『地域政策研究』No.41, pp.41-47。
伊藤和憲［2007］『戦略の管理会計―新たなマネジメント・システムの構築』中央経済社。
伊藤克容［2007］『組織を活かす管理会計―組織モデルと業績管理会計との関係性』生産性出版。
井堀利宏［2008］『「歳出の無駄」の研究』日本経済新聞社。
今井正明［1991］『カイゼン―日本企業が国際競争で成功した経営ノウハウ』講談社文庫。
今村知明ほか［2006］『医療経営学』医学書院。
岩田弘尚［2003］「ABCシステムとTOCとの関係性―文献研究を基礎として」『原価計算研究』Vol.27, No.2, pp.89-98。
岩橋聡夫［1982］「久保田鉄工における品質展開」『品質管理』Vol.33, No.5, pp.422-429。
入江淳一ほか［2001］「特集　製造現場から始めるTOC（制約条件の理論）構築ガイド」『工場管理』Vol.47, No.7, pp.2-50。
内田智久［2005a］「原価計算・心得帳第1回」『医事業務』No.261, pp.48-51。

内田智久［2005b］「原価計算・心得帳第2回」『医事業務』No.263, pp.63-69。
内田智久［2005c］「原価計算・心得帳第3回」『医事業務』No.265, pp.65-69。
内田智久［2006a］「原価計算・心得帳第4回」『医事業務』No.268, pp.72-77。
内田智久［2006b］「原価計算・心得帳第5回」『医事業務』No.270, pp.54-61。
内田智久［2006c］「原価計算・心得帳最終回」『医事業務』No.272, pp.72-75。
岡本清［2000］『原価計算　六訂版』国元書房。
奥山修司［1988］「責任会計のパラドックス：責任会計の機能と管理可能性原則との関係について」『商学論集』Vol.56, No.3, pp.153-176。
尾畑裕［2005］「自律分散型組織と原価計算システム」『企業会計』Vol.57, No.12, pp.1740-1746。
岸良祐司［2006］『マネジメント改革の工程表』中経出版。
岸良祐司［2007］『三方良しの公共事業改革』中経出版。
桑田秀夫［1998］『生産管理概論　第2版』日刊工業新聞。
小菅正伸［2000］「活動基準責任会計の展開―活動基準予算管理を中心として」『商学論究』Vol.48, No.2, pp.13-34。
小林哲夫［1984］「責任会計における管理可能性概念」『国民経済雑誌』Vol.149, No.5, pp.19-37。
櫻井通晴［1981a］『アメリカ管理会計基準研究』白桃書房。
櫻井通晴［1981b］『経営原価計算論―新しい原価計算体系の探求　増補版』中央経済社。
櫻井通晴・藤野雅史［2000］「アメリカ政府関係機関による管理会計情報の活用」『行政＆ADP』Vol.36, No.3, pp.15-20。
櫻井通晴編著［2004］『ABCの基礎とケース・スタディ　改訂版―ABCからバランスト・スコアカードへの展開』東洋経済新報。
櫻井通晴［2008］『バランスト・スコアカード―理論とケース・スタディ　改訂版』同文舘。
櫻井通晴［2009］『管理会計　第四版』同文舘。
塩沢由典［1999］「ミクロ・マクロ・ループについて」『経済論叢』Vol.164 No.5, pp.463-535。
芝野治郎［1996］「管理会計発展の系譜についての一考察」『会計』Vol.150, No.1, pp.33-45。
高橋淑郎［1997］『変革期の病院経営―医療サービスの質の向上をめざして』中央経済社。
田坂公［2007］「管理会計ABCと原価企画の統合可能性」『経理研究』No.50, win., pp.283-293。
谷武幸［1984］「管理会計システムと相互依存性の管理」『国民経済雑誌』Vol.149, No.2, pp.79-97。
通産省産業合理化審議会答申［1960］『事業部制による利益管理』（『企業会計』Vol.12, No.12収録）。

津曲直躬［1973］「管理会計体系論の再検討（2・完）」『経済学論集』Vol.39, No.1, pp.41-53。
西澤脩［1978］「行動会計におけるモチベーション会計の研究」『早稲田商学』通号 269・270, pp.29-57。
西野勝明［2008］「第5章　新公共経営（NPM）の課題と今後の方向」静岡県編『県庁を変えた「新公共経営」――行政の生産性の向上を目指して』時事通信社, pp193-214。
西村慶一［1995］「ドイツのプロセス原価計算の基本原理」『大阪学院大学流通・経営科学論集』Vol.21, No.2,1 pp.627-647。
日本医業経営コンサルタント協会編［2006］『医療機関BSC導入ハンドブック』日本医業経営コンサルタント協会。
長谷川惠一［2002］「バランスト・スコアカードと予算管理」『会計』Vol.161, No.5, pp.68-82。
廣本敏郎［2004］「市場・技術・組織と管理会計」『一橋論叢』Vol.132, No.5, pp.583-606。
廣本敏郎［2005a］「自律的組織と管理会計――市場志向のマネジメントの観点から」『企業会計』Vol.57, No.12, pp.1698-1706。
廣本敏郎［2005b］「ミクロ・マクロ・ループとしての管理会計」『一橋論叢』Vol.134, No.5, pp.828-858。
藤野雅史［2007］「ミクロ・マクロ・ループとしての管理会計」『企業会計』Vol.59, No.4, pp.601-605。
藤本隆宏［1997］『生産システムの進化論――トヨタ自動車にみる組織能力と創発プロセス』有斐閣。
藤本隆宏［2001］『生産マネジメント入門Ⅰ――生産システム編』日本経済新聞社。
南学［2002］「解説 行政サービスの原価計算――有効なABC分析（特集 サービス業としての地方自治体）」『月刊自治フォーラム』No.512, pp.14-18。
宮嵜浩［2000］「活動基準原価計算（ABC）を活用した行財政運営の効率化――四日市における事例を参考に」『行政＆ADP』Vol.36, No.1, pp.10-18。
門田安弘［2006］『トヨタ プロダクション システム――その理論と体系』ダイヤモンド社。
溝口一雄［1967］「責任会計」,黒澤清編『新しい会計学第4巻責任会計』日本経営出版会, pp.1-97。
山口年一［1966］「責任会計の性格――文献考察を中心にして」『亜細亜大学経営論集』Vol.1, pp.131-143。
山田義照［2000］「TOCの本質とABMとの関係」『産業経理』Vol.60, No.1, pp.95-107。
Ferrara, W.L. [1964], Responsibility Accounting-A Basic Control Concepts, *NAA Bulletin*, Dec., 1964, in W. E. Thomas, ed., *Reading in Cost Accounting, Budgeting and Control, 3rd ed.*, South-Western Pub., 1968, pp.152-163.
Hansen, D. R. and Mowen, M. M. [2006], *Cost Management: Accounting and Control, 5th ed.*, Cincinnati, Ohio, South-Western College Pub..

Hansen, A. and Mouristen, J. [2005], Ch.7 Strategies and Organizational Problems: Constructing Corporate Value and Coherence in Balanced Scorecard Processes, in Chapman, C. S., ed., *Controlling Strategy -Management, Accounting and Performance Measurement*, Oxford University Press. 澤邉紀生＝堀井悟志監訳『戦略をコントロールする―管理会計の可能性』中央経済社, 2008年。

Higgins, J. A. [1952], Responsibility Accounting, The Arther Andersen Chronicle, April 1952, in Thomas, W. E., ed., *Reading in Cost Accounting, Budgeting, and Control*, 1955, pp.101-128.

Johnson, H. T. [1992], It's Time to Stop Overselling Activity-Based Concepts, *Management Accounting*, Vol.74, No.3, pp.26-35.

Kaplan, R. S. and Norton, D. P. [2001], *The Strategy-Focused Organization: How Balanced Scorecard Companies Thrive in the New Business Environment*, Harvard Business School Press, 2001. 櫻井通晴監訳『戦略バランスト・スコアカード』東洋経済新報, 2001年。

Laursen, M. L. [2003], *Applying Lean Thinking in Hospitals – Exploring Implementation Difficulties*, Center for Industrial Production, Aalborg University, Denmark, 2003.

Miller, E.L. [1982], *Responsibility Accounting and Performance Evaluation*, Van Nostrand Reinhold.

Nonaka, I., and Takeuchi, H. [1995], *The Knowledge Creating Company: How Japanese Companies Create the Dynamics of Innovation*, Oxford University Press. 梅本勝博訳『知識創造企業』東洋経済新報, 1996年。

Norton, D. P. [2001], Building Strategy Maps: Testing the Hypothesis, *Balanced Scorecard Report*, Vol.3, No.1, Jan./Feb., 2001.

Ostrenga, M. R. [1990], Activities: The Focal Point of Total Cost Management, *Management Accounting*, National Association of Accountants, Feb.

Turney, P. B. B. [1991], *Common Cents: The ABC Performance Breakthrough*, Cost Technology.

Womack, J., Roos, D. and Jones, D. [1990], *The Machine That Changed the World*, Simon & Schuster. 沢田博訳『リーン生産方式が、世界の自動車産業をこう変える』経済界, 1990年。

Womack, J. and Jones, D. [1996], *Lean Thinking: Banish Waste and Create Wealth in Your Corporation*, Simon & Schuster. 稲垣公夫訳『リーン・シンキング』日経BP, 2003年。

第Ⅱ部

事例の考察

　第Ⅱ部では労働集約的な分野の事例をいくつか考察する。まず「第5章　国税組織における事務運営と管理会計」では，人件費が8割を占める国税組織の内部管理システムを概観し，具体的事例とともに，これをもととしたABCに相当するコスト分析を検討する。そして，国税組織の事務運営と管理会計との関係を考察する。「第6章　アメリカ等の公的組織での管理会計手法の導入事例」ではアメリカ，カナダ，オーストラリアおよびニュージーランドの公的組織の管理会計手法の導入について行政組織の事例をとりあげ，論点を考察する。「第7章　デンマークにおける病院経営改革」ではデンマークで流行しているリーン・マネジメントについて病院を中心に検討し，プロセスに着眼して展開されていることをみる。「第8章　信州大学医学部附属病院の経営」では信州大学病院を対象にケース・リサーチを行い，アクション・リサーチにつながる経営改革のための試案を考察する。なお，第Ⅱ部の事例は，著者が行政実務を通じて経験した順に並べている。

第5章 国税組織における事務運営と管理会計

　本章では国税組織[1]の事務運営を記述し，管理会計の観点から検討を加える。国税組織の予算は人件費が約8割を占め[2]，人的資源の管理を中心とする公的組織の代表的な事例である[3]。本章ではまず現行の事務運営の代表例として個人課税事務（所得税関係）をあげ，その概要を述べる[4]。国税組織では活動基準管理（ABM）に概ね相当する，いわゆる「人日（にんにち）」という内部管理システムを用いたマネジメントを行っている[5]。つぎに具体的事例をいくつか検討する。国税組織では現在，活動基準原価計算（ABC）に取り組んでいる。そして現行の事務運営について管理会計の観点から考察する。

第1節　国税組織の事務運営の概要

　国税組織には所得税，消費税，資産税・相続税，法人税および管理・徴収事務など，いくつかの事務系統が存在する。どの事務系統も基本的には同様の事務運営を行っている。そこで，「人日」という国税組織の内部管理システムの基本を示す。つぎに，代表例として職員数の多い個人課税事務（所得税関係）の概要を記述し，近年比重が高まりつつある危機管理関係事務の概要も述べる。

---

[1] 財務省の外局である国税庁の組織についてここでは国税組織と称する。
[2] 平成20年度の国税庁の予算総額は7,226億円で，このうち人件費が5,841億円（80.8％）である。なお，国税庁の総定員は平成20年度で56,216名であり，人員面では最大の国の行政組織である。
[3] 著者は，国税組織の事務運営について本書を嚆矢として，たとえば税務大学校研究部を中心に管理会計も加味した学術的なレベルでの研究がなされることを期待する。なお，国税組織にはさまざまな利害にもとづく圧力が加わることが多いようであるので，その研究も一定の学術的なレベルを確保したうえでのみ論じるべきである。興味本位の論説は排除すべきであろう。
[4] 例示としてあげていないほかの事務系統でも同じである。
[5] 事務分析や稼働分析に相当するが，実質的機能に着目すれば広義のABMに相当する。

1. 「人日」システムの基本型

「人日」システムは事務系統[6]ごとに，国税庁の通達である事務運営指針を受けた事務運営要領の細目を定める事務堤要により，具体的に定められている[7]。そこでは業務を区分けし，いくつかのグループに分けて事務区分と称している。事務区分ごとに流れ図で示すことのできるフローを定めており，これを事務処理手順あるいは事務フローと称している。

事務区分はおおむね2層から3層構造となっており，最細目で事務系統ごとに100前後に区分されている[8]。各国税職員はそれぞれの事務区分ごとの投下日数について，少なくとも半日（0.5日）単位で事務日誌をつけ，報告することとされている。毎年7月1日から翌年6月30日をまでを事務年度とする。そして，事務年度ごとに，事務区分ごとの投下人日をいかに変更し，効率的な事務運営を行っていくかというマネジメント事務を事務監理と称している。この事務監理ではマネジメントの基本サイクルであるPDCAサイクルが機能している。国税組織ではこの「人日」（事務量）をマネジメントの中心に位置づけている。本章では「人日」システムと称する。

「人日」システムのためには各国税職員による事務区分ごとの投下日数の報告，いわゆる事務報告が必須となる。著者の知るかぎり，このような事務報告をほぼ全職員に求めている行政組織は存在しない。この起源・沿革も不明であるが，少なくとも50年前には存在していたと証言するOBもいる[9]。「人日」システムは国税組織において独自に編みだされ発展してきたと推察できる。

なお，国税組織での事務の効率化への努力は1949年（昭和24年）の国税庁発足当時にまでさかのぼることができる。国税庁発足と同時に，職員の訓練，事務処理の能率刷新，事務の改善等を図る観点から，国税庁総務課に能率調査室

---

6) 各税の事務グループを事務系統と，国税庁や各国税局の税目担当課を主務課と称する。
7) これらは大小があるが，いずれも国税庁発出の通達である。
8) 最細目の数は事務系統により異なる。
9) 1950年代にはすでに行われていたと推察できる。現行の事務運営に近いものができあがった1950年ごろの直後には「人日」システムも現行のものに近い形で開始されたと思われる。

が設けられ，事務効率化の検討が行われた（国税庁［2000］p.76）。1950年度（昭和25年度）以降，全国23の税務署を基準税務署に指定し，数々の刷新的諸施策を実施させ，その成果を分析・検討し，可能かつ効果的な施策を一般税務署に適用された（国税庁［2000］p.76）。

1950年（昭和25年）5月～7月に高橋衛国税庁長官ほかは米国の税制および税務行政を広範囲に視察し，帰国後の同年9月に「税務行政改善についての根本精神」を米国視察報告として総司令部に提出した。「根本精神」では能率の概念が強調されていた。これをもとに，各事務系統で基本通達・各種通達の類が制定され，政府と納税者との間の信頼感に基礎をおいた税務行政の確立を実現するためのさまざまな方策が示された（国税庁［2000］pp.77-78）[10]。現在の税務行政が形作られた国税庁発足当時に事務の効率・能率が強調されていたことは注目されるべきである。「人日」システムのもとには能率・効率が重視された歴史的経緯が存在する[11]。

2．個人課税事務（所得税関係）

本項では「人日」システムを，個人課税事務で確認する[12]。個人課税事務には国税局を除く全国の税務署で11,724名の国税職員が従事している[13]。この個人課税事務の事務区分一覧表は，図表5-1のとおりである。

個人課税事務では事務はおおきく，事務管理，内部事務，審理事務，他部門等への応援事務，記帳指導事務，確定申告関係事務および各種の調査関係事務

---

[10] 当時の税務行政について，国税庁［2000, p.78］は以下のように記している。
　「税務行政改善についての根本精神」に沿い，従来の過少申告→更正・決定→異議申立→課税訂正という悪循環を断ち切り，できる限り納税者の申告に基づいて納税を図り，確実な調査の結果誤りがあるものに限って更正・決定を行うという体制の確立を目指すことが関係者の共通の認識となっていた。このような方向に向かって大きく前進するためには納税者の税務への協力を確保することが基本的に重要であり，そのために最も効果のある施策は，質量ともに調査の充実を図り，その裏付けの下に権威ある申告指導を実施することであった。

[11] 管理会計の源流のひとつである科学的管理法と国税庁発足当時の能率・効率の概念との関係については別途の考察がなされるべきと考える。

[12] 個人課税事務提要による。

[13] 全国税務署便覧（平成20年11月）による。

図表5-1 個人課税事務（所得税関係）の事務区分一覧表（抄）

事務区分		事務の内容
事務管理		1 事務計画の策定，事務分担の決定及び事務の指令
		2 復命の聴取及び指示並びに決済に関する事務
		3 重要事案審議会，幹部会等への出席
		4 重要な事案の管理
		5 事務事績の分析，検討
		6 庁局主催の会議等への出席
		7 庁局との連絡・打合せ
		8 他部門，他署との連絡・打合せ
		9 外部団体との連絡・打合せ及び各種説明会等への出席
		10 会計検査院の検査に関する事務
		11 その他の管理事務
内部事務	総括事務	12 報告及び税務統計の取りまとめ
		13 確定納税額の集計及び申告書の管理担当部門への連絡・回付並びに申告書の審査・整理・保管
		14 各種届出書，申請書の審査・整理・保管
		15 税務相談
		16 納税証明事務
		17 会計検査院に提出する証拠書類の作成，推問に対する答弁書の作成
		18 転出入に関する事務
		19 その他の総括事務
	電算管理事務	20 納税者管理事務
		21 確定納税額の処理事務
		22 青色申告決算書及び収支内訳書の入力事務
		23 その他の電算事務
	予定納税事務	24 予定納税額の計算及び通知
		25 予定納税額の訂正，取消し及び減額承認申請の処理に関する事務
	確定申告書等の発送事務	26 所得税確定申告書，青色申告決算書及び収支内訳書の発送に関する事務
		27 消費税申告書（中間申告書を含む。）の発送に関する事務
	確定申告及び期限直後の内部事務	28 確定納税額等の集計及び申告書の管理担当部門への連絡・回付並びに申告書の担当部門への連絡・回付審査・整理・保管（個人課税台帳バインダーへの編てつ）
		29 山林所得事務整理票又は譲渡所得申告事績整理票の作成等
		30 所得税法代103条該当税額の集計等
	その他の内部事務	31 税務統計
		33 報告書の作成
		34 その他の内部事務
審理事務		35 重要事案審議会への出席等
		36 納税者への回答等
		37 調査審理
		38 不服申し立てに関する真理
他部門等への応援事		39 他部門等への応援
研修等		40 同行指導事務
研修等		40 同行指導事務
		41 同行して受ける実地研修
		42 実務経験指導事務
		43 各税法及び事務実施要領に関する研修
		44 職場研修等，調査事績等の検討会その他の研修
		45 短期講習会等への出席
		46 健康デー
	記帳指導事務	47 青色申告者，記帳制度適用者，消費税課税事業者等に対する記帳指導に関する事務
		48 記帳指導に関する事務についての関係民間団体等との連絡・折衝
		49 青色申告の普及事務
		50 その他記帳指導関係事務
確定申告関係事務	確申期に向けて行うその他の事務	53 所得税の新規納税者の把握事務
		54 消費税新規課税事業者の把握及び届出書の提出しょうよう事務
		55 確定申告説明会への出席
		56 その他適正申告の指導に関する事務
	申告相談事務	57 準備事務等
		58 相談受付案内事務等
		59 申告相談

	資料情報事務	60	機動調査事務
		61	法定資料の収集，監査事務
		62	一般収集事務
		63	特別収集事務
		64	資料データ及び他部門からの資料収集
		65	新築，増築等資料に基づく事務
		66	住民税課税台帳等の照合等確認事務
		67	未活用資料の解明調査事務
		68	その他の資料情報事務
調査関係事務	調査等対象選定事務	資料総合	69 資料総合
		申告審理	70 個人カード等の整理及び個人調査ファイルの保管
			71 申告書未提出者の把握事務
			72 個人調査ファイルの加除整理
			73 申告審理
		継続管理事務	74 継続管理事案等の管理カードの記入及び整理・保管
			75 その他の継続管理事務
		業種別管理	76 業種別管理
	実地調査事務	事後処理事務	77 営業等所得者
			78 農業所得者
			79 その他所得者
		営業等所得者	80 特別調査
			81 一般調査
			82 着眼調査
		農業所得者	83 特別調査
			84 一般調査
			85 着眼調査
		その他所得者	86 特別調査
			87 一般調査
			88 着眼調査
	その他調査事務	不服申立て等事務	89 不服申し立てに関する事務
		更正の請求等事務	90 更正の請求等に関する事務
		許可承認事務	91 輸出物品販売許可場の許可申請に係る販売場の確認事務
			92 課税売上割合に準ずる割合の承認申請に係る事務
		その他の調査事務	93 他署からの依頼に係る反面調査
			94 不動産所得者に対する照会及び実地確認調査
			95 その他の調査

(出典：個人課税事務提要より著者抜粋)

に区分される。さらにいくつかの中区分が設けられているものもある。そして，それぞれの事務に数個から10個程度の最細目の区分が設けられている。

　それぞれの事務区分では事務処理手順ないし事務フロー（以下，事務フローという）が定められている。たとえば，納税証明書の発行を行う納税証明事務（図表5-1の項目16）の事務フローは図表5-2のとおりとされている。

　そして事務区分ごとに「人日」が集計されている。「人日」は0.5日単位での記録が基本であるが，局や部署により1時間単位での記録を行っている。税務署レベルでは図表5-1の最細目での時間の記録が求められており，これが集計

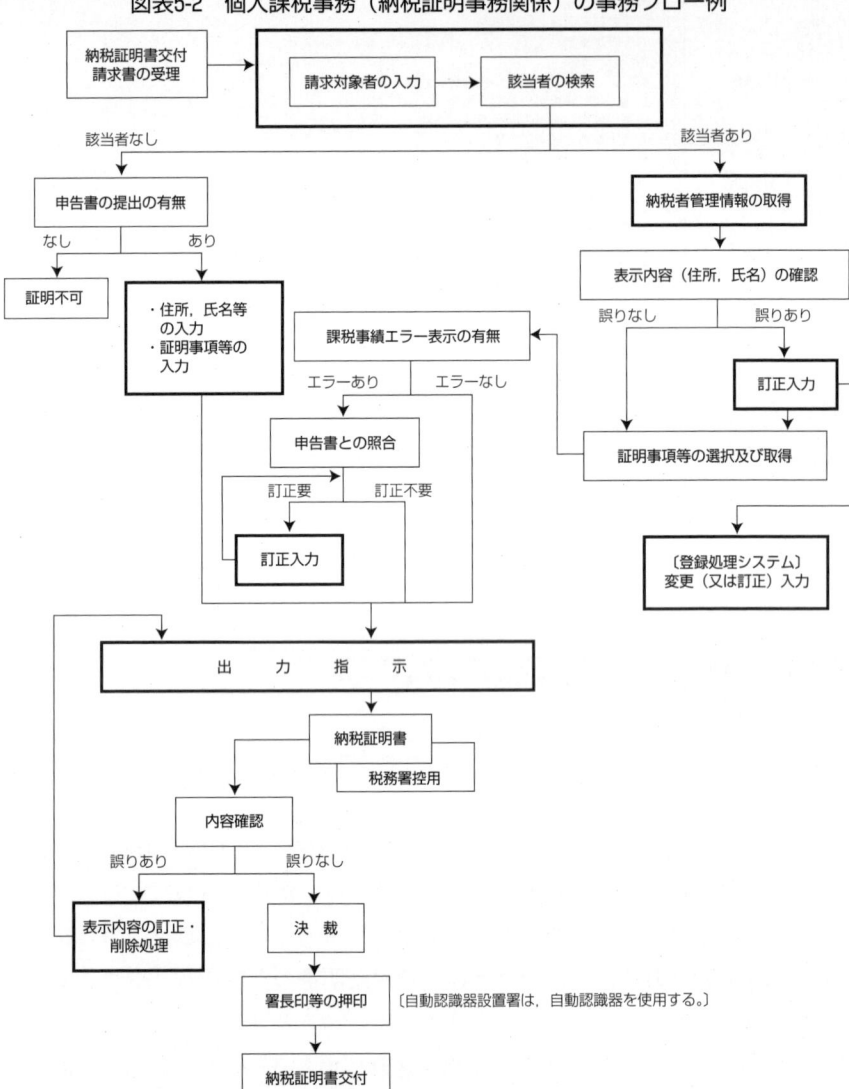

図表5-2 個人課税事務（納税証明事務関係）の事務フロー例

```
                納税証明書交付
                請求書の受理
                      │
                      ▼
              ┌─────────────────────────────────┐
              │ 請求対象者の入力 → 該当者の検索 │
              └─────────────────────────────────┘
               該当者なし │      │ 該当者あり
          ┌──────────────┘      └──────────────┐
          ▼                                     ▼
   申告書の提出の有無                    納税者管理情報の取得
     なし │ あり                                │
          │                                     ▼
   証明不可                          表示内容（住所，氏名）の確認
                                     誤りなし │ 誤りあり
          ・住所，氏名等の入力                  │
          ・証明事項等の入力                    ▼
                │                            訂正入力
                ▼                              │
         課税事績エラー表示の有無 ◀────────────┤
          エラーあり │ エラーなし               ▼
                ▼                      証明事項等の選択及び取得
           申告書との照合                       │
          訂正要 │ 訂正不要                     ▼
                ▼                      〔登録処理システム〕
             訂正入力                   変更（又は訂正）入力
                │
                ▼
          ┌─────────────────┐
          │   出　力　指　示   │
          └─────────────────┘
                      │
                      ▼
                  納税証明書
                  税務署控用
                      │
                      ▼
                  内容確認
          誤りあり │ 誤りなし
                │           │
                ▼           ▼
         表示内容の訂正・    決　裁
         削除処理              │
                              ▼
                        署長印等の押印  〔自動認識器設置署は，自動認識器を使用する。〕
                              │
                              ▼
                         納税証明書交付
```

(注) 1 確定申告等を提出した者又は賦課決定処分を受けた者すべてを対象として，課税事績管理対象者は入力されているデータ，課税事績管理対象者以外の者は納税証明書作成システムにおいて入力した必要事項により，「納税証明書（その2 所得金額用）」を作成し，出力する。
　　 2 「納税証明書（その1 納税額用）」で源泉徴収に係る所得税額の付記証明の請求がある場合には，管理担当部門から付記証明金額についての照会があるので，速やかに対応する。

（出典：個人課税事務提要より著者抜粋）

図表5-3　個人課税事務（所得税関係）の事務区分ごとの人日（抄）

		X　事務年度
個人課税部門の日数		2,400,000
	1人当たり稼動日数	228
他部門からの応援		90,000
稼働日数合計		2,490,000
稼働日数の内訳	管理事務	205,000
	内部事務	720,000
	審理事務	28,000
	他部門への応援事務	30,000
	研修等	170,000
	記帳指導事務	55,000
	確申関係事務	330,000
	資料情報事務	35,000
	調査関係事務	917,000

（著者作成。なお，数値は仮定）

されて，全国レベルではたとえば図表5-3のようにまとめられる[14]。

3．危機管理関係事務

　危機管理とは国税組織内の俗称であり，正確には緊急対応を中心にいくつかの事務をもって総称している。この緊急対応は，「納税者や税務行政等に大きな影響を及ぼすおそれのある緊急に対応すべき事案の発生時に適切に報告等の対応を行うことにより，納税者等の権利・利益の保護，職員の安全確保，税務行政の円滑な遂行，税務行政に対する信頼の確保等を図ることを目的とする」とされている[15]。そこでは，災害・事故・犯罪等に起因する災害・犯罪関係原因事案，不適切な事務処理等に起因する事務処理関係原因事案および職員の非行に起因する非行関係原因事案に分け，平常時における職員の問題意識の醸成等を含めた対応が定められている。そして，事案が発生した場合には，図表5-4のとおりダブル・トラック管理によって，情報伝達・対応の確実性・迅速

---

14) 報告事務の簡素化の要請から，国税庁への報告は最細目の数値ではない。
15) 平成14年9月27日事務運営指針（緊急対応体制の整備について）。

第5章　国税組織における事務運営と管理会計

図表5-4　緊急対応体制（緊急対応事案）イメージ図

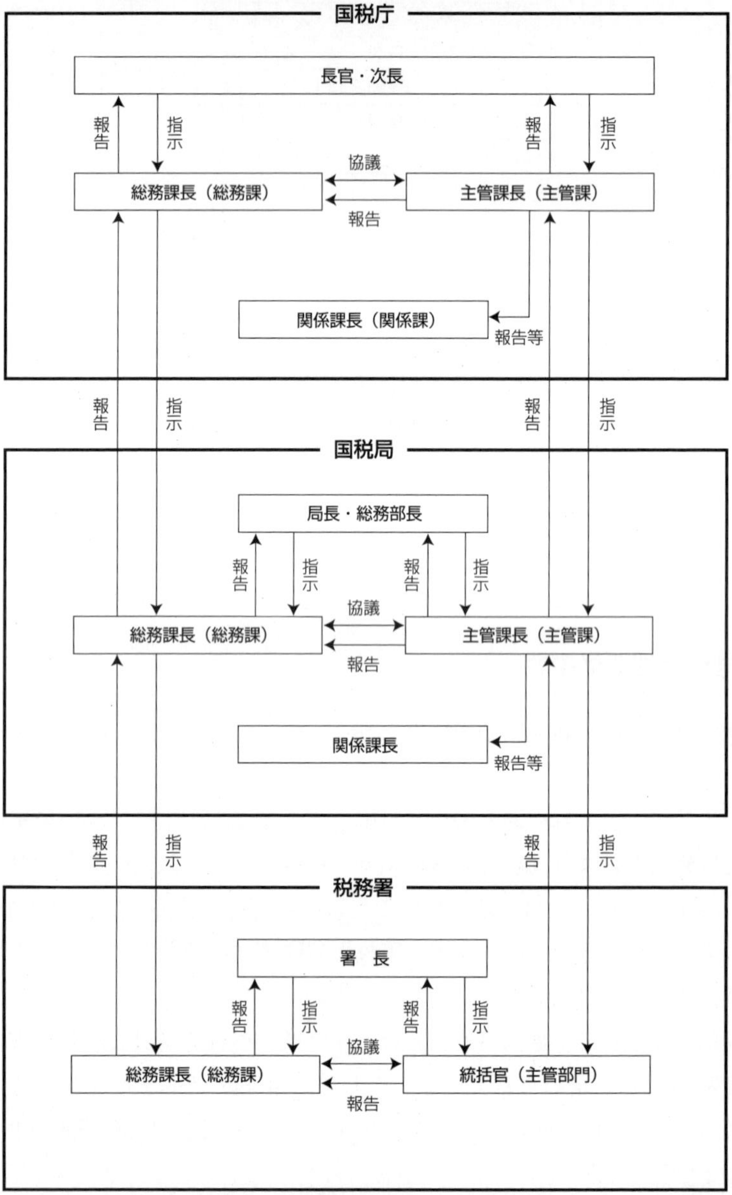

【国税庁】
- 長官・次長
- 総務課長（総務課） ←協議／報告→ 主管課長（主管課）
- 関係課長（関係課）
- 報告／指示（長官・次長 ⇔ 総務課長、主管課長）
- 報告等（関係課長 → 主管課長）

【国税局】
- 局長・総務部長
- 総務課長（総務課） ←協議／報告→ 主管課長（主管課）
- 関係課長
- 報告／指示（局長・総務部長 ⇔ 総務課長、主管課長）
- 報告等（関係課長 → 主管課長）

【税務署】
- 署長
- 総務課長（総務課） ←協議／報告→ 統括官（主管部門）
- 報告／指示（署長 ⇔ 総務課長、統括官）

国税庁⇔国税局⇔税務署　報告／指示

（出典：平成14年9月27日事務運営指針（緊急対応体制の整備について）別紙より引用）

性を確保しようとしている。

この危機管理は国税組織では相当に注力されている。いったん納税者間に国税組織への良からぬ評判がたってしまうと，加速度的に事態が悪化するという認識のもと，危機管理を合い言葉に非常に注意深い事務運営が行われている。

第2節　個別事例の検討

ここでは国税組織の事務運営の具体的事例を検討する。まず，個人課税事務では1990年代後半に確定申告事務の転換がなされた。この背景に「人日」システムが機能していた。また，徴収事務でも滞納圧縮の観点から集中電話催告センターが導入されたが，そこでも「人日」システムが機能していた。さらに国税組織では「人日」システムをもとに，ABCにむけた取り組みが行われた。

1．自書申告方式の導入

最初に個人課税事務（所得税関係）における自書申告方式の導入と「人日」システムとの関係を検討する。

(1)　所得税確定申告事務の沿革

所得税は1947年（昭和22年）に賦課課税制度から申告納税制度に切り替えられ，1950年（昭和25年）にはシャープ勧告にもとづく税制の全面的な再編成を契機に青色申告制度が創設された。そして，同年から，白色申告者について確定申告期前に調査した所得金額をあらかじめ書面により通知するお知らせ方式が実施され，課税のトラブルは大幅に減少した（国税庁［2000］p.228）。

しかし，このお知らせ方式には納税者の自発的な協力に基礎をおく申告納税制度の本旨からみて好ましくない点があり，一方，青色申告制度も次第に普及してきたことなどにかんがみ，1958年（昭和33年）にはお知らせ方式が廃止され，主として白色申告の営庶業所得者に来署を求め，所得計算の方法や申告書の書き方等を相談する納税相談方式が導入された（国税庁［2000］p.228）。その後，いくどかの見直しはなされたものの，基本的には来署案内を中心とする納税相談方式が継続された。来署案内は納税相談の申告水準の向上策として位

置づけられ（国税庁［2000］p.229），その後も来署案内は漸次拡大されていった。納税相談方式は長年にわたり確定申告事務の中心であり続けた。

(2) 確定申告件数の増加と各種施策の実施

年金受給者の増加などを背景とする還付申告件数の伸びにより，近年，確定申告件数が増加してきている。1986年（昭和61年）分の確定申告件数は1,630万1千件，うち還付申告件数は654万4千件であったものが，5年後の1991年（平成3年）分の件数はそれぞれ1,771万2千件，699万4千件に，10年後の1996年（平成8年）分では1,965万5千件，882万5千件になっている[16]。

このような確定申告件数の増加を背景に，税務署等の相談会場での長い待ち時間の解消の観点から各種の施策が講じられてきた。たとえば，1989年（平成元年）分からはじまった還付申告センターの漸次増加，1987年（昭和62年）からの電話相談（タックスアンサーサービス）の開始，1992年（平成4年）からのファクシミリサービスの開始，1997年（平成9年）からのタックスアンサーホームページサービスの開始，1998年（平成10年）からのタッチパネルの導入などである[17]。

このような施策と同時に，納税相談方式についても納税者自らが自己の正しい課税標準と税額を計算して申告するという申告納税制度の本旨から，自書申告への移行にむけた取り組みがはじめられた。

(3) 関東信越国税局における自書申告にむけた試行

自書申告にむけた取り組みは当初，自力記載・自力申告の推進として関東信越国税局において1994年（平成6年）分の確定申告から試行された。当初の考え方は1995年（平成7年）9月の全国国税局課税（第一・第二）部長（次長）会議における関東信越国税局からの発言によくあらわれている。そこでは，1994年（平成6年）分から確定申告事務を効率化・簡素化して調査事務にまわし，調査事務割合を20％とするという観点から考えると，納税相談方式は維持

---

16) 20年後の2006年分ではそれぞれ，2,349万4千件，1,225万3千件となっている。
17) 現在では電子申告（e-tax）の利用拡大を最優先課題として取り組んでいる。

できなくなる。また，若手職員の育成という観点からも調査事務の減少は大きな問題を含んでいると指摘したうえで，1994年（平成6年）度から来署案内者の削減，自力記載・自力申告の推進を進めている旨の発言があった。

　ここで注目すべきは，確定申告事務の効率化から調査事務の拡充へという方向が，自書申告が検討された最初の段階からうかがえることである。そこでは，伸び続ける確定申告件数等の将来的な計数面での予想，ならびに，そのもとでの確定申告事務量と調査事務量との将来的な推移予想およびその将来的な予想の根拠となる過去の事務量の推移把握によっていた。したがって，自書申告への転換の背景に「人日」システムが機能していたと指摘できる。

(4) 自書申告方式の全国展開

　関東信越国税局の試行に端を発する自書申告の推進は，1995年（平成7年）分の確定申告において来署案内等のスリム化とともに全国的に推進が図られた（国税庁［2000］p.229）。1996年（平成8年）9月の全国国税局課税（第一・第二）部長（次長）会議では，前年度の確定申告における施策をPDCAサイクルのなかで見直すとともに，自書申告の推進について「所得税の還付申告者対策のための自力記載の推進」として，以下のような方針が全国税局に対して示された。

> 　還付申告者が年々増加してきており，…依然として税務署における還付申告者の納税相談件数は多数にのぼる現状をかんがみ，納税者の利便に考慮しつつ，相談事務の効率化を推進するため，「納税者が自ら適正な申告書を作成すること」（いわゆる自力記載）を積極的に推進することとしており，将来的には，還付申告件数に占める税務署での相談件数の割合を減少させ，還付申告に係る事務量の削減を目指すよう努める。

　さらに，翌年9月の全国国税局課税（第一・第二）部長（次長）会議では自書申告の推進について前年度に引き続き以下のような方針が示された。

申告納税制度の一層の定着を図るため，「納税者が自ら適正な申告書を作成すること（いわゆる自力記載）」の施策を積極的に推進する。

特に，還付申告者が年々増加している中，依然として税務署における還付申告者の納税相談件数が多数にのぼり，確定申告期前後の事務量を圧迫している現状を踏まえ，積極的に推進する。

そして，1998年（平成10年）分の確定申告では自書申告の推進と申告水準の向上の2つを目標に，納税相談等を実施することとした（国税庁［2000］p.229）。とくに自書申告の推進については，申告納税制度の本旨からいえば納税者自らが適正な申告書を作成し提出するのが本来の姿であること，また，あたらしい時代における納税者の便宜といった面から，納税者自らが適正な申告書を作成できるよう的確なアドバイスが真の納税者サービスであるとし，自書申告のための施策が全国的に推進された（国税庁［2000］p.229）。これ以降確定申告広報キャンペーンでは「確定申告書は自分で書いてお早めに」とのフレーズが用いられた。

2．集中電話催告センターの導入

具体的事例の2つめとして，徴収事務での集中電話催告センター[18]の導入とその全国展開を概観する。

(1) 滞納整理の事務量確保の要請と集中電話催告システムの導入 ◇◇◇

バブル崩壊後のわが国経済の長期的低迷を受け，滞納残高は増加の一途をたどった。1991年（平成3年）に1兆7,048億円であった滞納残高は1998年（平成10年）には2兆8,149億円となった[19]。当時，少額滞納事案の件数が大幅に増加するとともに，処理困難となる長期滞納事案が増加していた。しかし，徴収職員数は限られており，事務量の効率的・効果的な活用が課題となっていた。

当時，税務署では新規発生滞納事案とりわけ大量の少額事案については，発

---

18) 機構上の正式名称は，集中電話催告センター室である。
19) 滞納残高は1998年をピークに減少に転じ，2006年には1兆6,844億円となっている。

生後初期段階での催告が効果的といわれていた。また，わが国企業でも文書による催告よりも電話のほうが効果が高いといわれていた。さらに，アメリカ，イギリス，カナダといった諸国ではコールセンターを設置し，滞納発生後初期段階の納税者に対して電話催告を集中的に行う方法が実施されていた。

そこで，国税組織でもパソコンを利用したオートダイヤルによる電話催告システムを試行することとし，1999（平成11）事務年度の5月～6月に国税局ごとに第一次試行を行い，システムの仕様設計や検討事項を洗いだした。同時に，国税局と税務署との徴収事務の分担，すなわち，各局に国税徴収コールセンター[20]を設置し，納付慫慂（しょうよう）を中心とした早期・大量処理を担当させ，税務署では捜索・差押えを中心とする厳正な処理に特化させることが検討された。

翌2000（平成12）事務年度の4月～6月には第二次試行が行われた。そこでは各国税局での試行署を5署程度に増加させ，将来の国税徴収コールセンターを想定し中心署に模擬センターが設けられた。これを踏まえKSK（国税総合管理）システムの修正などが行われた。

(2) 集中電話催告センターの導入・全国展開

以上のような全国的試行を踏まえ，2001（平成13）事務年度の4月には東京国税局に，引き続き大阪国税局，関東信越国税局に集中電話催告センターが設置された。その他の局でも順次同センターが設置され，2004（平成16）事務年度には全国展開が完了した。

この全国展開中も継続してより効率的・効果的な運営への見直しが行われた。そこでは催告事務を集中電話催告センターにより集中する方向で見直されるとともに，その催告方法などもPDCAサイクルで継続的に修正されてきた。

2007（平成19）事務年度10月の全国国税局徴収課長・機動課長・統括国税徴収官会議では以下の基本的な認識が各国税局に示されている。

　　…署が真に実地に滞納整理する必要がある事案だけを所掌し，センターの機能・

---

[20] 1999事務年度当時の呼称である。

役割が最大限発揮されるよう，センターの所掌基準は，滞納の状況（現在の署の所掌の状況，滞納発生の見込み等）を踏まえた適切なものとなっているか，常に分析・検証した上で，その見直しの必要性がないか検討する…

そこで，センターにおいては，これまで以上に，催告システムの機能を有効に活用することや催告方法を工夫することにより，効果的・効率的な催告を実施し，接触効率を高め，もって完結率を向上させることを通じて，署への返戻を極力抑制していくことが必要となっている。

(3) 自書申告方式導入事例との比較

ここでは2つの事例を比較する。まず相違点である。自書申告方式の導入は関東信越国税局の取り組みから始まり，国税局が国税庁を引っ張るスタイルとなっていた。これは確定申告期における税務署のレイアウトの変更など，個別的な対応が問題の中心であったためと思われる。他方，集中電話催告センターは全国の国税局でいっせいに行われてきた点で異なり，試行は技術的な検討事項を解決するためであった。集中電話催告センターではコンピュータ・システムによるバックアップという技術的要因が重要であった。

しかし，その基本的な構図は非常に似ている。特定の課題を解決するために，現状の人日，すなわち，事務量をどう配分し効率的・効果的な運営を行うかという発想が強くみられる。「人日」を制約条件として，その有効活用を思考の中心としているのである。

3．国税組織におけるABCの試行

国税組織では「人日」システムをもとにABCへの取り組みを行っている。検討開始から10年近く経過している。この取り組みについて検討する。

(1) 管理会計の活用にむけた検討

1990年代後半から2000年ごろまで地方公共団体や中央省庁では経費の不適切な流用などの各種の不祥事が頻発していた。このようななかで，国税庁では経

営管理的な方策を実施することができないのか，検討が進められていた[21]。その一環として国税庁会計課では各国税局会計課とともに，1999事務年度から国税組織に活用可能な経営管理手法についての模索を開始した。2000事務年度には国税組織に特有の「人日」システムとABCとの共通性に着目し，「人日」システムをABCとして構築できないかという方向で検討を開始した。

このような模索と検討はすべて部内的な研究・議論のなかでなされた。ここで管理会計への国税組織の理解度の高さについて若干述べておきたい。国税組織の理解度が高い要因として第1に，「人日」システムを中心として各種の計数把握が行われている国税組織の事務運営は管理会計との親和性が非常に高く，自然と理解度も高くなることがあげられる。第2に，国税職員が専門とする税務会計は財務会計および管理会計とは異なるとはいえ，非常に近い分野であることがあげられる。第3に，国税職員には法学や経済学と並んで経営学や商学を体系的に学んだ経験のある職員が多数存在することがあげられる。したがって，管理会計にも造詣が深いないしは多少勉強すれば理解可能な職員が多数存在する。これらを背景として国税組織では管理会計の活用が大規模に試みられた。

(2) 国税組織内でのABCの全国的試行

国税組織におけるABCはコスト分析と称されており，そこでは納税者に対する各種の税務行政サービスの原価の算定ではなく，税務行政内のおもな事務の原価の算定を基本的な思想としている[22]。これは工場でいえば製造間接費の

---

21) 1999・2000事務年度当時，国税庁では「全国均一・均質な税務サービスの提供に重点をおき，納税者の満足度と職員の満足度とを考える」という方針が強調されていた。また，申告納税制度に基盤をおく税務行政では納税者の信頼確保が重視されており，その一環として「国税庁は世の中の流れを先取りしている」というイメージの重要性が指摘されていた。同時に「つねに何かを検討し続け，何年かごとには見直しをすることが大事だ」とされ，守旧的になりがちな組織に対する動態的な視点が重要視されていた。さらに「税務行政はロー・スクール的な視点とビジネス・スクール的な視点の両者が必要である」とされ，税法令の視点だけでなく経営管理的な視点を加味することも重要視されていた。これらは著者が在籍した当時の国税庁幹部職員の言葉であるが，固有名詞は伏せて引用する。本章で紹介する責任はすべて著者にある。
22) 納税者に対する税務行政サービスの原価を算出しているところもある。

配賦方法としてのABCではなく，工場内の各プロセスの原価算定に相当する。

コスト分析は2000事務年度前半での検討を受け，2000年（平成12年）12月の全国国税局総務部長会議などにおいて，今後取り組むべき課題として提起された。そこではコスト分析は，①各種の事務に使用された資源の量に応じて個別のコストを算出し，それを指標化したうえで，②署間，局間および事務系統間で相互比較，分析を行うことによって，事務運営を効率化するための手がかりをみいだしていくものであるとされていた。そして，2000事務年度後半ごろから各国税局会計課や各主務課を巻き込んで試算が行われた[23]。

(3) ABCのその後の展開

しかし，翌2001事務年度以降いくつかの問題に見舞われた。まず問題となったのが，コスト分析にともなう膨大な作業負担であった。ABCは正確に行おうとすればするほど，資源の活動への割り当ておよび活動の原価計算対象への割り当ての2段階にわたる配賦に相当の作業量を要することとなる。コスト分析でも資源を各種の事務（Activity・活動）に配賦し，適宜の基準で指標化（これをコスト指標と称する）している。その作業量は「人日」システムにより軽減されていたが，それでも各種物件費等の細かい配賦に相当の作業量が生じた。

加えて，2002事務年度にはさらに別の問題も生じた。これは各府省の業務について，申請・届出手続などの国民との接点業務（フロントオフィス業務），政策の企画立案・実施などのミドルオフィス業務および給与，旅費，調達などの官房基幹業務（バックオフィス業務）に分け，最後者のバックオフィス業務は定型的業務の割合が高いことから業務の効率化を進める。その業務の実態を分析するさいにはABCを参考にするという方針が霞が関で定められたことに由来する。当時，バックオフィス革命とのネーミングのもと，ある省が旗振り

---

[23] ABCは企業では1990年代には幅広く流布していた。わが国銀行業界では1997年に都市銀行企画メンバーによる「銀行業の原価計算研究会」が発足し，約1年をかけてABCの有用性と導入方法が研究され，あさひ銀行とさくら銀行において早々にABCが構築された（谷守［2007］p.124）。早く開始すればいいというものでは決してないが，それでも国税組織での検討は企業と比べてもそれほど遅れずに行われてきた。

をしていた。これを受けて財務省もバックオフィス業務を見直すこととなり，国税組織もその方針にしたがうこととなった。この検討は国税組織では各国税局会計課が担当するのであるが，当時進めてきたコスト分析も同じ部署で並行的に担当しており，その結果作業負荷への不満がさらに高まってしまった。

なお，このバックオフィス革命とネーミングされた一連の動きについて著者は批判的意見を有する。バックオフィス業務は庶務的な業務を指すと思われるが，庶務的な業務にはそもそもそれほどの職員は配置されておらず，効率化によって捻出できる事務量もそれほど多くはない。しかも，決裁などの非常に細かい課業の集積であり，事務の流れを見直すだけでそれなりの効果が得られる。よってコストのかかるABCをわざわざ行う必要はないと考える（大西 [2003]）。

国税組織のコスト分析はさまざまな問題に悩まされながらもその後も継続され，2003事務年度には一応の網羅的な試算ができるようになった。そしていくつかの事務についてはとくにとりあげて検討が進められた。たとえば，2003事務年度には確定申告事務のうち確定申告書発送事務，確定申告相談事務および確定申告相談会場のコストについて分析がなされた。このうち，確定申告相談事務をみると，職員の申告指導1件あたりのコスト[24]は全国平均で約4,000円であり，局間でみると約3,000円～約5,000円と大幅な開差が生じていた。これはもっぱら確定申告期の局間人員配置状況および確定申告応援人員の差によると思われる。

現在，国税組織のコスト分析は，毎年，各事務を網羅的に試算し，各種の事務見直しにつなげることができるようになっている。時系列での比較と局署間での比較を行いつつ，効率的・効果的な税務行政の展開にむけて，コスト分析が積極的な役割を果たすことが期待される。

(4) 国税組織におけるABCの試行についての考察 ◇◇◇◇◇◇◇◇◇◇◇◇◇◇◇◇

著者は1999・2000事務年度に国税庁会計課に在籍したが，当時コスト分析の旗を振った担当者として反省すべき点をいくつかここで整理する。

---

24) これらの数値は仮定である。

まず，著者が反省すべきと考える第1の点は，定型的な原価計算手法への拘泥としてまとめられる。管理会計ないしは原価計算にはつねに何らかの目的が存在する。その目的にとって有効か否かという観点から作業の範囲を決める必要がある。とくに細かい物件費の配賦は有効桁数の問題も考えると，大きな作業負担をともなってまで行う必要はなかった。検討開始の段階の整理として[25]，コスト分析を原価計算の配賦に引きずられやすいABCとして整理するのではなく，事務改善のイメージを有するABMとして整理すべきであった。

反省すべきと考える第2の点は，コスト分析を行うにあたっては漸進的拡大を目指すべきであったことである。これはいくつかの要因に分けられる。ひとつには作業的負担を考え，やはりできるかぎりシステム的なバックアップを確保することが望ましい[26]。また，もうひとつにはコスト指標から問題提起およびその解決につなげていく，ソフト面の能力育成の重要性である。問題を提起していく側は事務の流れなどを大まかにでも理解しておく必要があり，この能力はけっして一朝一夕に育成できるものではない。また，問題提起を受けとめ解決につなげていく側にも，それなりの能力を育成していく必要がある。コスト分析を担う会計課と事務監理を担う各主務課との，事務の見直しにむけた自然な関係も1日や2日でできるものではない。このような問題の提起・解決にむけた組織的な能力を育成するという点への配慮に問題があった。

さらに1点を指摘したい。それは組織内部での深く潜行した独自の取り組みはどうしても失速しやすいことである。作業開始直後にはあらたな作業が付加される一方で，そのメリットがみえにくいことから深刻な問題ともなりうる。

このようにいくつかの問題点を指摘しうるものの，現在ではこれらの諸点はおおむね解決されていると考える。国税組織では「人日」システムで把握される事務量を最大限，効率的・効果的に活用する観点から各種の物件費等[27]の配分がなされてきている。コスト分析は人日と物件費等の予算配分とをつなぐものとなってきている。近年では税務行政でも全政府的な要請から電子申告

---

25) 検討開始の段階での用語には細心の注意が必要である。「発射角度の問題」といわれる。
26) ただし，高価なシステムはまったく必要ない。
27) 営繕事務も署内事務の効率化の観点からさまざまな課題があろう。

(e-tax) が進められている。大きな流れをみれば電子申告 (e-tax) は確定申告事務のあり方を大きく変える。その結果，国税組織のコスト構造も大きく変更されることになる。この移行期に人日と物件費等を同じテーブルで考えることができる効果は非常に大きいと考える。

第3節　国税組織の事務運営についての管理会計の観点からの検討

本節では国税組織の事務運営について管理会計の観点から検討する。

1．レピュテーション・マネジメントからの考察

まずレピュテーション・マネジメントから考察する。第3章では公的組織に対する納税者の信頼を重視する観点からのコミュニケーションによる信頼の確保と，公的組織の信頼性（信頼される側の特性）を重視する観点からの，弱い保証としての管理会計の活用について確認した。

申告納税制度では納税者自らが自主的に所得金額を計算し，税務署長に申告納付する。税務行政は申告納税制度を基盤とすることから，国税組織では税務行政に対する納税者の信頼の確保が非常に強調されている。国税組織では先に述べたように，納税者の間にいったん国税組織への良からぬ評判がたってしまうと，加速度的に事態が悪化するという認識のもと，危機管理を合い言葉に非常に注意深い事務運営が行われている。これは納税者の国税組織に対する認識に働きかけよう（より正確にいえば，現状のそれなりによい認識を悪化させないようにしよう）ということであり，一面からみればコミュニケーションの一種ともいえる。したがって，コミュニケーションによる信頼の確保と，組織の信頼性重視の観点からの弱い保証としての管理会計の活用という両者を比べると，前者のコミュニケーションによる信頼の確保に重心をおいている。後者の管理会計を外部に示して活用していこうという方向はみうけられない。

危機管理の例として，たとえば納税者情報に関する書類を外部委託業者が輸送する途上で，輸送車両のドアの鍵のかけ忘れから2箱分の段ボールが落下し，一部の書類が散逸してしまったある事案では，約100名の国税職員などが2日

間探し（のべ200人），結局3枚（3名分）の書類がみつからなかった[28]。この3名の方々には国税職員が個別に往訪し謝罪を行ったところ，ある納税者から「税務署はここまでやってくれるのか」と逆に感謝された。そして，このような感謝の言葉をもってマネジメント側もようやく安堵した（と著者は記憶している）。この事案では納税者の有する認識がどう変わるのか，事態を悪化させないためにそこに働きかける余地はないかといった方向がみうけられた。

このような危機管理が重要であることは著者として否定はしない。これはこれとして追求すべきである。しかし，同時に，感覚的な表現ではあるが，これには100点満点をとり続けるのに似たむずかしさがあろう。レピュテーション確保のための手段としてこのような危機管理のみでいいのかが問題となる。

納税者が求めているのは「納税者の自発的な納税義務の履行の実現」という国税庁の使命にむけて，効率的・効果的にマネジメントを行っている税務行政である。税務会計に対する国税組織の専門能力はその前提ではあるが，その向上を図るのが当然としても，これは現状でもそれなりに確保はできている。

税務行政において効率的・効果的にマネジメントを行ってきていること，そして，その向上を不断に努力していることを，納税者にいかに示していくか。そのためには，まずは，国税組織のあらあらのコスト構造を可視化して，納税者に示していくことが重要となる。その際にはある程度まとめられた大枠でのコスト構造の可視化が求められよう。細分化し過ぎると納税者の理解が困難になるからである。コスト構造の可視化のもと，効率性・効果性を向上させるべく，いかに努力しているかを示すことが重要である。すなわち，「納税者の自発的な納税義務の履行の実現」にいたるプロセスを示すことが必要であろう。このプロセスの明示のために管理会計を活用することができると考える。具体的には与えられた人的資源をどのように用いて，何を実現しようとしているのか，具体的な管理会計手法を用いてプロセスを明示することができよう。

トヨタ自動車にはトヨタ生産方式が，京セラにはアメーバ経営がある。高いレピュテーションを得ているこれらの企業は内部管理手法を公表している。国

---

28) 2007年6月6日付朝日新聞社会面記事。

税組織も総じてみれば公的組織のなかで相対的に高いレピュテーションを得ていると考えるが，トヨタ自動車や京セラと同様に，その内部管理手法を公表することは検討しうる。国税庁の使命の実現にむけたプロセスを示していくことは，単に「税務署を信頼してほしい」と主張することに比べればはるかに納税者に対して訴える効果があろう。納税者の信頼の確保・向上，すなわち，税務行政の信頼性の確保・向上のためにきわめて有力な手段たりうると考える。申告納税制度を基本とする税務行政においては，納税者の信頼確保は生命線である。危機管理で100点満点をとり続けることに加え，その外側に，このような方策を張り巡らせることが適当であると著者は考える。

2．自律的組織論からの考察

つぎに自律的組織論から「人日」システムを検討する。自律的組織論は不安定な市場といった環境の不確実性に対応するための微調整のメカニズムであり，各構成員が自主的判断を行うことが期待されている。そこでのマネジメントは手段による管理（Management By Means：MBM）に相当し，量的目標，とくに会計数値による結果による管理（Management By Results：MBR）とは異なっている。また，構成員にも情報を提供するミクロ・マクロ・ループが必要となる。

国税組織の「人日」システムは，事務量を現場の職員である各国税職員に人日として把握させ，事務日誌により報告させることを基盤とする。このため，個々の現場の職員においては事務量ないしは時間への感覚が非常に鋭敏になる。時間あたりの能率や効率という感覚が非常に強まることになる。

しかも，多数の申告書等を間違いなく手早く処理しなければならないという国税事務の特徴から，作業量もさまざまな処理件数等により把握できる。このため，現場の国税職員においては事務量ないしは時間への鋭敏な感覚をベースとし，さまざまな計数的指標が測定され可視化されることとなる。国税職員のうちマネージャーだけがこれらの計数を活用するのではない。国税組織では質を確保した上での効率や能率という方向に，現場の国税職員も含めて組織内の力学が働くようになっている。

さらに，国税組織における組織の価値観にも着目されるべきと考える。国税庁開庁式において，総司令部経済科学局内国歳入課長ハロルド・モス氏の挨拶で「正直者には，尊敬の的，悪徳者に畏怖の的」（国税庁［2000］p.155）というスローガンが国税庁に贈られた。このスローガンは現在にいたるも組織内では相当程度に存在感がある[29]。また，国税組織の現場では「税金とりが机に向っていてどうする！ 調査に出ろ」とか，「靴底をすり減らして動き回れ」とか，「地べたに這いつくばって」といった表現がよく聞かれる[30]。納税者を往訪する調査事務（外部事務）を，国税局や税務署内部での各種書類作成のような内部事務よりも上におく組織の価値観が形成されている[31]。結果として内部事務をいかに効率的に処理し，その時間を外部事務にまわそうとする組織内の力学がさらに強く働くこととなる。

また，後述の事務の効率化等の事務改善のための職員提案制度もこの組織の価値観のもと現に機能している。外部調査では非違事項の質などの定性的評価とともに，増差所得金額をはじめとする定量的計数も把握されるなかで，ベスト・プラクティスを参考にその向上を図る力学も働いている。ここで急いで補足する必要があるが，調査における定量的計数はあくまでも参考に過ぎず，これに対する適度の距離感を持つことの大切さも部内では強調されている[32]。

以上のような「人日」システムを自律的組織論との関係で検討する。環境の不確実性に対応するための自律的組織の代表例として，自律連結型組織としてトヨタが，自律分散型組織として京セラがあげられていた。国税組織ではJITのような連結の性格は強くはない。一方で，「人日」システムは京セラの時間あたり採算の計算構造のようなシンプルなつくりとなっており，職員の気づきを誘発するようなシステムである。このシステムを基盤に，組織の価値観等を

---

29) 国税庁では「納税者の自発的な納税義務の履行を適正かつ円滑に実現する」という使命のもと任務や行動規範を定めている。これは有識者から高く評価されているが，部内的にはこのスローガンにも存在感がある。両者があいまって国税組織での組織の価値観の中核となっている。
30) 若干，偽悪ぶっているふうがあるが，そこは愛嬌であろう。
31) このような組織の価値観を練り上げるのは一朝一夕にはできない。昭和24年国税庁発足以降の多くの職員の思いが連綿とつながる歴史の賜物である。税務大学校の役割も注目されてよかろう。
32) 定量的計数は計数自体が独り歩きし易いので，外部事務では定性的評価が優先される。

補完的な要素として，構成員である職員に一定の方向に誘導するような機能を有している。確かに，環境の不確実性に対応するための自律的組織とするほど，環境の不確実性があるかどうかについては留保をおかざるをえない[33]。しかし，「人日」システムがきわめて理解しやすいシンプルなつくりとなっており，それがゆえに，現場の国税職員の気づきを誘発する機能も果たしている。自律的組織論の特徴を色濃く有していると評することができる。

この「人日」システムは構成員である個々の国税職員と国税組織のマネジメントとの間をつなぎ，両者の間に流れる情報であって，行動に関する結果である人日とそれにもとづく判断等を有するものとなっている。したがって，これをミクロ・マクロ・ループと位置づけることもできる。

管理会計には第1章でみたようにテイラーの科学的管理法の強い影響のもと，アメリカのコントローラー制度を実践基盤として誕生したという経緯から，どうしても機械的組織論に流されやすい傾向を有する。事務量という数値によりマネジメントを行う「人日」システムにも同じ傾向がみられる。したがって，国税組織で管理会計を考えていく場合，自律的組織論への留意は忘れてはならないであろう。そのためには職員の意識に対する働きかけが重要となる[34]。

3．責任会計論からの考察

第4章では原価管理にも責任会計が成り立つことを確認した。複数の業務を担うのであれば活動基準責任会計の議論が参考になる。組織が環境の不確実性のもと自律的組織の特徴を有するようになった場合には，責任会計にも業務のガイドラインともなるべきさまざまな文脈情報を含む情報提供を行うことにより，むかうべき方向へと動機づける情報提供機能とともに，学習を促進させるように動機づける学習促進機能が必要となる。そして，原価管理に消極的となる人間性との相性の問題から，組織の価値観の活用が課題となることを述べた。

国税組織では収益や利益は認識できないので，責任会計における原価中心点

33）国税組織内の部局により，相当程度にその色合いは異なる。
34）「現場の士気を鼓舞する」ことの重要性は従来から認識されているが，その具体的な方法については自律的組織論の観点から再考されるべきと著者は考える。

としての責任中心点を考えることができるかが問題となる。この原価管理の責任は人日をいかに効率的に，効果的に活用するかという責任である。

　国税組織における責任中心点は一般の事務であれば行政機関である税務署長がその機能を果たしている。しかし同時に，国税局の各主務課長も責任中心点としての機能を果たしている。この両者の関係は，一定レベルの確保という意味での国税局の各主務課長の役割と，その上乗せという意味での税務署長の役割とに整理できる。税務署長の職業上のキャリアはさまざまである[35]。このため，個々人でみれば当然のことではあるが，その得意分野には強弱がある。したがって，特定の分野に秀でた税務署長の場合には，当該分野についてはそのイニシアティブが発揮されることも多い一方，それ以外の分野については自然と国税局の各主務課長のイニシアティブが相対的に強くなる。いい換えれば，国税局の各主務課による活動基準責任会計をベースに，部分的に税務署長による責任会計がのっていると整理することができる。

　国税組織を責任会計で考えた場合，いくつかの課題が指摘できる。まず責任会計の観点から，税務署長のさらなる活性化がひとつの論点として考えられる。先にみたように，国税局主務課による活動基準責任会計がベースになり，一定レベルの確保がなされている。このため，税務署長への意識づけがうまくいかないと，人はどうしても易きに流れるので，税務署長のイニシアティブを期待することができなくなるおそれがある。したがって，税務署長に対する意識づけを強めるとともに，税務署長のイニシアティブを入れ込んだ試行を，多くの税務署でかつさまざまな方向で，意識的に行うよう努力することが適当であろう。国税組織のなかで，試行のタネを常に探し求めるような雰囲気を醸成していくことが望まれる。

　また，責任会計の観点から，税務署の統括官（課長レベル）の活性化もひとつの論点となる。税務署統括官は税務署長のマネジメントに服するとともに，国税局主務課のマネジメントにも服する。このため，国税局主務課による活動基準責任会計のもと，国税局主務課からの指示を待つだけのような易きに流れ

---

[35] 国税職員は所得税，法人税，徴収などの分野のひとつを職業上の主たる分野とすることが多い。税務大学校の教育・研修とあいまって，これらにより，一定レベル以上の専門能力を担保している。

る傾向が構造上どうしても生じやすい。しかし，納税者の動向および国税組織内の税務行政の展開の両者に一番熟知しているのは組織内では税務署統括官である。したがって，税務署統括官の感度をより高め，税務行政のあらたな展開のタネを税務署統括官が発案できるようにしていくことが適当であろう。

4．管理会計を中心とした手法論の観点からの考察

本項では第4章で述べた管理会計を中心とする手法論から，国税組織の事務運営における手法論の今後の活用の方向を検討する。具体的には「人日」システムを管理会計のABMから，つぎに「標準」から，さらにBSCから考察する。そして，TQCから検討する。

(1) ABMからの考察

国税組織の「人日」システムにおける事務区分はABMでいう活動をマッピングしたもの（活動マップ）によく似ている。第4章の機能，プロセス，活動およびタスクで考えればこのうちのプロセスに相当しよう。しかも「人日」システムは国税組織の業務全体を網羅的に把握している。加えて，ほぼ全職員からの事務日誌による報告を基礎としており，正確性でも相当のレベルにある。

ABCについては間接費の配賦方法とする狭義の考え方もあるが，ジョンソンが指摘するように（Johnson [1992a]），活動・プロセス・業務を中心にした考え方もある[36]。「人日」システムでは原価計算は行っていないものの，ABMとしてジョンソンの指摘する後者の考え方に含まれうると指摘できる。

(2) 「標準」思考からの考察

国税組織では比較的詳細な事務フローが定められている。ある程度の業務の標準はできあがっている。ある税務署で開発された効率的・効果的な業務のや

---

[36] ジョンソン［1992b, p.108］はさらに，数値的結果の管理ではなく，プロセスを管理する重要性を指摘し，「競争力というものは，（顧客，従業員，業者間の）相互関係を築きあげ，問題解決能力の練磨特に顧客の欲求を当方も儲けながら充足するという課題の前に立ちはだかる諸問題を解決する人的能力の練磨の中で培われる」と述べている。

り方をほかの署が学ぶことも比較的頻繁に行われている[37]。

しかし，製造業の標準と比べれば，その差異も大きい。税務署の物理的なスペースがさまざまであることなどから，詳細をみれば業務の手順も多少異なることが多い。製造業では業務の標準は頻繁に改定されており，「標準作業は常時，手直ししていくことが重要である。完全無欠の標準作業というものはあり得ず，各工程には，絶えず作業改善が求められている」（門田［2006］p.182）といわれている。国税組織では職員ひとりひとりが場所を変えつつ，さまざまな業務を行うことが多い。このため，製造業ほどには完成度の高い業務標準を創り込むことは困難である。

第8章でみるように病院でもクリティカル・パスという医療の標準化が議論されている。これと同様，程度の問題が重要ではあるが，方向としては国税組織でも「標準」思考を強めていくことは考慮しうる。

内部事務を中心に工夫の余地はあろう。職員にとっても組織の価値観からも，できるかぎり効率的・効果的に行うことが望ましいと思われる申告書のチェック等の一部の内部事務などはとくにこの方向で考えてみるべきである。このような事務はできるかぎりスムーズに気持ちよく，かつ，手早く終えることが，職員の精神衛生にも好ましい影響を与える。内部事務から人日を捻出し調査・徴収事務にまわしていくために「標準」思考を強めていくことは，これまでそれほど力を入れてこなかっただけに，小さな努力で大きな効果を期待できよう。

(3) BSCからの考察

前章でみたようにBSCにおいてもっとも重要なのは，因果関係仮説の構築と，戦略テーマから戦略目標・尺度・目標値・実施項目にいたる目的—手段関係の構築である。まず，国税組織についてこれらの要素をみる。

国税組織では多数にのぼる納税者を，業種の属性や金額（経済規模等）などにより区分し，それぞれに対して，与えられた人日の範囲内で，もっとも効率

---

[37] たとえば，キャスター付きの透明なプラスチックケースを用いた申告書等の管理などは，事務処理のミス防止などに効果があることから，自然発生的に広まっている。しかし，これを業務処理の手順を示した書類のなかに明記する等の対応策がとられるまでにはいたっていない。

的・効果的な接触体系を考えていくという発想は幅広くみうけられる。第2節の確定申告事務および徴収事務はその例である。税務調査でもさまざまな調査類型があるが，同様である[38]。この国税組織の事務運営の特徴から，因果関係仮説や目的—手段関係の内部的な活用はある程度のレベルで行われている。

残された本質的な問題は国税組織の事務運営でBSCの4つの視点を考えていくことができるか。すなわち，学習と成長の視点，内部ビジネス・プロセスの視点，顧客の視点および財務の視点を考えられるかである。結論からいえば国税組織でBSCが用いられてはいないが，思考のプロセスは似かよっている。

国税組織で活用できる資源の約8割が人日である。これをもって特定の分野で何らかの成果を上げようとすると，変えられる変数は職員の能力の向上か，どこかで捻出した職員の人日（投入事務量）か，仕事のやり方（事務改善）しかない。BSCでいう学習と成長の視点は職員の能力の向上の場合に，内部ビジネス・プロセスの視点は投入事務量・事務改善の場合にきわめてよくあてはまる。また，これらを通じて，納税者がどう認識するのか，どういう波及効果があるのかについても国税組織内ではつねに考えられている。これはBSCの顧客の視点に相当する[39]。職員の能力をいかに高めて，事務見直しにより事務量を捻出し調査・徴収事務にまわす，調査・徴収事務自体の効率性・効果性をいかに高めるか，そして，ほかの納税者への波及効果をいかに考えるのかという思考の流れは国税組織には自然な発想となっている。

しかし，BSCの財務の視点は悩ましい。そもそも利益の概念がない国税組織では，この視点は基本的にあてはめにくい。たとえば，調査における増差所得金額などの計数を用いることは，調査等の現場に好ましからざる方向づけを与えてしまうので適切ではない。税務調査は現状の定性的評価を中心とするマネジメントを大切にすべき分野と考える[40]。

---

38) たとえば，営庶業所得に対する調査体系の経緯は国税庁［2000, pp.230-233］で概観されている。
39) ただし，顧客という概念は修正する必要があると考える。また，顧客にも外部の顧客（たとえば国民）と内部の顧客（組織内の職員）という見方もある。
40) 著者は以前，ある貿易促進機関に勤務したが，当時，同様の業務を行う特定国の貿易促進機関の動き方について非常に重商主義的な，利己的ともいいうるような印象を有した。著者には，国民性云々の問題ではなく，個々人への業績評価のあり方に帰着すると思われた。

BSCには前章でみたように可塑的ないしは柔軟な側面がある。したがって，定型的な方法論にはこだわらずに，国税組織で可能な範囲で活用していけばよい。それぞれの分野において因果関係仮説や目的—手段関係が構築できる範囲で，BSCの発想を活用することが適切である。そのさいには職員の理解に負担のかかるBSCの体系としてではなく，因果関係仮説や目的—手段関係を中心に考え[41]，そのうえで各分野に散らばった個々の因果関係仮説や目的—手段関係を徐々につなげていくことが適当であろう。その結果，それがBSCにきわめて近かろうが，別の形になろうが，国税組織の実務では問題とはならない。

(4) TQCからの考察

　第4章でみたように，TQCの具体的内容について石川［1984, pp.128-129］は，①全階層の社員・全部門の参加を指向する全社的活動であり，②品質管理のみならず，原価管理，量管理，納期管理を含めて総合的に行われると指摘している。藤本［2001, p.284］はわが国のTQCの特徴として，QCサークル運動（小集団活動），方針管理，定型的な統計的手法，問題解決手順の現場での活用，教育・訓練の重視，企業横断的なTQC普及組織とその活動，デミング賞を頂点とする社内レベルまでの表彰制度などがあげられるとする。

　以上のようなTQCの一部に類似した制度として，国税組織には職員による提案制度がある。この制度は以下のような目的を有するとされる[42]。

　　提案制度は，職員それぞれによる日常の職務及び職場の改善を通じて，
(1)　税務行政に対する国民の理解と信頼が得られるよう，行政文書，電子データ，個人情報等の厳正な管理及び職務を遂行するに当たっての法令遵守の徹底など適正な事務の管理を図ること
(2)　職員の職務への積極的な参加意識の醸成，職員の能力向上及び事務の効率化を図り，より効率的な税務行政を推進するとともに，納税者利便の向上及び職

---

41) ひらたくいえば，ものごとを「因果関係は何か」，「目的—手段関係は何か」の2点をもって詰めていけばよいと思われる。
42) 平成18年6月22日事務運営指針「提案制度の運営について」。

員の働きやすい職場環境の整備を図ること
を目的とする。

　提案制度は適正な事務の管理，すなわち，事務の品質の確保を第1の目的に，事務の効率化等を第2の目的とする。日常の些細な職務等でもかまわないとされ，個人または任意のグループを提案者とし，年間を通じ常時受けつけている。
　提出された提案は税務署等で第一次審査がなされる。第一次審査では提案内容をより一層充実したものとするよう，提案者と管理者が協働して行うこととされ，管理者は審査が職員の職場内研修の機会となるよう指導・助言を行うとともに，試行が可能なものは試行によりその効果を確認するよう努めることとされている。そのうえで国税局等の主務課で評点が加えられ，一定得点以上のものは国税局総務課等に回付され，そこで第二次審査がなされる。さらに，このうち高得点のものは国税庁へ進達され，第三次審査がなされる。そして，国税庁および国税局等では優秀・佳作等の提案に対して報償・記念品を贈呈するとともに，結果を公表し人事記録に記録している。
　この提案件数等は2004年度（平成16年度）では国税局等受理3,185件，国税庁進達86件，国税庁入賞は優秀2件，佳作7件であり，2005年度（平成17年度）にはそれぞれ，3,227件，58件，1件，7件である。
　国税組織の提案制度は1950年（昭和25年）に献策制度として発足し，1963年（昭和38年）に提案制度と改称され，現在にいたっている。1950年度（昭和25年度）から1998年度（平成10年度）までの提案件数は合計約145,000件，入賞件数は合計約900件である（国税庁［2000］p.512）。この制度は非常に長い歴史を有し，制度として定着していると評することができる。
　この提案制度は製造業の提案制度と非常に似ている[43]。わが国製造業の事例を参考に，国税組織においてさまざまな手直しが行われてきたと想像される。
　その一方，相違も存在する。提案は業務の標準をいかに変更していくかが中心となる。製造業ではきわめて詳細かつ具体的な作業標準が存在するのに対し，

---

43) トヨタ自動車については門田［2006, pp.220-225］がまとめている。

国税組織では業務の性質上，標準が若干あらいことを反映してか，提案件数自体には大幅な違いがある[44]。標準のレベルの違いによる影響により，大幅な件数の差がみうけられるのであろう。第2の違いは職員（社員）の提案を掘り起こす姿勢である。工場のラインでの提案が中心となる製造業では提案にいたる思考プロセスにある程度共通性がみられる。このため，この思考のプロセスの従業員への周知徹底が強調されている。これに対し，国税組織ではこの思考プロセスの職員への周知徹底はそれほど強調されていない。製造業に比べると，提案にいたる思考のプロセスに多くの類型にあることによると思われる。

　職員による提案制度は「人日」システムとあいまって，今後の国税組織のマネジメントを考えるポイントとなる。すなわち，職員提案を中心とした無駄とりとそれによる調査・徴収事務の充実である。

　簡素で効率的な政府を実現する観点から国税組織も定員抑制の方針のもとにあり，定員の大幅な増加による調査・徴収事務への投入事務量の増加は困難である。しかも，わが国の経済活動の複雑化・国際化により，調査・徴収事務自体も困難化しつつある。そのようななかで，「納税者の自発的な納税義務の履行を適正かつ円滑に実現する」という使命のもと，調査・徴収事務への投入事務量の拡充はきわめて重要な課題である。

　したがって，組織の価値観から無駄と思われる業務をいかに削ぎ落とし，その分の人日を調査・徴収事務にまわすことが何よりも重要となる。この無駄とりのためには組織内のさまざまな業務について改善を積み重ねる必要がある。そのためには業務を一番よく知る国税職員が主体的に提案していく必要がある。これまでも職員提案による事務改善は相当のレベルで行われてきた。それでもなお，今後さらにこの取り組みを加速させる必要がある。

　事務改善にむけた取り組みを加速させるさいには，わが国製造業が現場の不可視性を前提に組み立てたさまざまな方法がきわめて参考になる。そのひとつの有力な方策としてQCサークル運動の導入とその強化があげられる。これは職員提案活動の蓄積のある国税組織には比較的なじみやすい方策である。

---

[44] トヨタ自動車の1987・88年ごろの提案件数は年間約200万件である（門田［2006］p.224）。

QCサークル運動は製造業ではQC七つ道具やQCストーリーなどを用いてその思考のプロセスもそれなりに定型化されたものとなっている。QCサークル運動をそのまま国税組織に持ち込むことは国税職員の理解に負担がかかり過ぎ，現実的ではない。このため，ポイントは外さないようにしつつ，国税組織にあわせた改変・簡略化を行うことが適切である。したがって，たとえば税務大学校研究部などでいったん理解したうえで，TQC普及組織の専門能力などを活用しつつ改変・簡略化していくべきであると著者は考える。

(5) 小括 ◇◇

　ここでは管理会計を中心とする手法論から検討した。「人日」システムは，先述したようにジョンソン（Johnson [1992a]）の指摘するいわゆる広義のABMに相当する。製造業における業務の標準とは差異も大きいものの，標準のさらなる活用が考えられる。また，BSCの発想の活用も可能である。TQCの提案制度に類似する職員提案制度の強化も考えられる。総じてみれば，国税組織の「人日」システムとその事務運営は，第5章の「業務の標準およびプロセス分析から活動基準管理（ABM）へ，さらにバランスト・スコアカード（BSC）へ」という一連の流れで考えていくことができると思われる。

第4節　まとめ

　本章では国税組織の事務運営を記述し，これまで考察してきた管理会計の各視点からの検討を行った。まず国税組織の事務運営では「人日」という国税組織に独特の内部管理システムを用いたマネジメントを行っていることを述べた。
　つぎに具体的事例をいくつかみた。個人課税事務での確定申告事務の転換の背景に，また，徴収事務での集中電話催告センターの取り組みの背景に「人日」システムが機能していた。さらに，国税組織では「人日」システムをもとにABCを参考にしてコスト分析が実施されており，そこにはいくつかの論点がみられた。
　そして，国税組織の事務運営について管理会計の各観点から考察した。まずレピュテーション・マネジメントからは信頼性向上のために管理会計の活用が

考えられる。また国税組織も自律的組織論と共通の特徴を有している。つぎに責任会計論からは中心点が2つあると考えられ，いくつかの課題がみられた。さらに管理会計を中心とした手法論から，「人日」システムは広義のABMに相当し，業務の標準の活用が考えられた。BSCの発想の活用も可能である。TQCの提案制度に類似する職員提案制度の強化も考えられた。

参考文献
石川馨［1984］『日本的品質管理　増補版』日科技連出版。
大西淳也［2003］「管理会計のコスト管理手法（ABC）で公的部門の効率化を」『ESP』No.452, pp.42-48。
国税庁［2000］『国税庁五十年史』大蔵財務協会。
谷守正行［2007］『銀行管理会計』専修大学出版会。
門田安弘［2006］『トヨタプロダクションシステム―その理論と体系』ダイヤモンド社。
藤本隆宏［2001］『生産マネジメント入門Ⅰ―生産システム編』日本経済新聞社。
Johnson, H. T. [1992a], It's Time to Stop Overselling Activity-Based Concepts, *Management Accounting*, Vol.74, No.3, pp.26-35.
ジョンソン（Johnson, H. T.）［1992b］,河田信訳解説「『レリバンス・ロスト』刊行5年後にあたって」『経営研究』Vol.43, No.2, pp.101-115。

第6章
アメリカ等の公的組織での管理会計手法の導入事例
—ABCとBSCを中心として—

　アメリカ，カナダ，オーストラリアおよびニュージーランドの公的組織における管理会計手法の導入事例についての内閣府の調査[1]から，本章では全体を概観するとともに，国の行政組織の事例をいくつか抽出し考察を加える[2]。各国，各公的組織ともにそれぞれに試行を重ねている。そして，管理会計手法は公的組織ごとの漸次的な導入とならざるをえないこと，その結果，まだら模様となることおよび手法の基礎となるプロセス分析等への着眼が求められることについて述べる。

第1節　調査の全体像

　アメリカ，カナダ，オーストラリアおよびニュージーランドの4カ国の公的組織において，ABC（活動基準原価計算）がどのように導入されているのか，また，BSC（バランスト・スコアカード）はどうかといった観点について着目して調査を行った。ここではまず，調査研究の方法論について述べ，つぎに主要な論点の概要を説明する。

1．調査研究の方法論

　著者は国税庁勤務ののち2001年7月から2年間，内閣府に出向した。内閣府では，国税組織でのABCへの取り組みの経験を踏まえ，公的組織での管理会計の活用について問題を提起してきた[3]。

---

[1] 本章のもととなる調査は著者が内閣府に勤務していた2003年春に4カ国41組織を対象に行い，インタビューは文書に記録された。本章は当該記録より構成している。
[2] 41組織には軍関係，地方関係および国の行政組織関係の3類型が観察された。
[3] たとえば，大西［2002］および大西［2003］など。ただし，当時は国税組織のコスト分析への取り組みが安定していなかったことから，国税組織を例にあげることは差し控えた。

わが国の公的組織におけるABC等の活用を考えるにあたっては，諸外国の公的組織での取り組み状況についても視野に納めておく必要があった。当時，諸外国の状況については櫻井＝藤野［1999；2000］などが報告されていたが，多数の組織を網羅的に調査したものは限られていた。そこで，2003年春に内閣府において環太平洋圏の4カ国について網羅的な調査を行うこととし，著者ほかが出張・調査を行った。詳細については，櫻井＝大西［2003］，櫻井・大西・菅野［2003］および櫻井・大西・茂呂［2003］などにまとめている。

調査のねらいは，公的組織で新規にABC等の管理会計手法の導入に取り組む場合に想定される課題に対して，諸外国の公的組織がどのように対応してきているのかを中心とした。課題の選定の過程では，国税組織におけるコスト分析の取り組みにさいして論点となった事項を中心に，あわせてBSCとの関係などの論点を視野に納めた。調査の方法は，事前に当方の関心事項を調査先に送付し，インタビューではこれに答えてもらうスタイルで行った[4]。

2．主要な論点の概要

主要な論点として，ここではABC導入のスケジュール，ABCの活動数，ABCの活動への従事時間の計測方法およびABCとBSCとの関係について概観する。

まず，ABC導入のスケジュールである。一般にABC導入では最初からおおがかりに導入するのではなく，漸進的な拡大が望ましいと指摘されている。しかし，調査では全組織的な導入を先にすべきとする公的組織が多かった（図表6-1）。

前章の国税組織での考察からは漸進的な取り組みが望ましいと考えられるが，諸外国の事例からはそうとはいい切れない。個々の公的組織における今後のABC導入研究における論点となると考える。

つぎに，ABCは活動（アクティビティ）の設定により，精緻なものからざっくりしたものまでさまざまな形態がある。企業ではアクティビティは簡潔に

---

[4] 調査先により，当方の関心事項から大幅に乖離したインタビューとなった公的組織もあった。

図表6-1　ABC導入のスケジュール

	導入中止	導入途上	とりあえず完了	小　計
パイロット・ケースから漸進的に	1	7		8
１〜２年間で全組織的に		3	24	27
計	1	10	24	35

（注）母数には財政当局等，ABC初期の組織（オーストラリア農水省）および組織改革で中断した組織（ニュージーランド産業振興局）は含まれない（図表6-2, 6-3も同じ）。

図表6-2　職員ひとりあたりの活動数

各職員あたり，5未満	8
5〜15程度	9
20程度以上	4
不明	14
計	35

数を少なくするべきと指摘されている（Kaplan=Cooper［1998］）。公的組織でも非常に簡略なABCが多かった（図表6-2）。

　前章の国税組織の事例では職員ひとりあたりの活動数は少なくとも数十になると考えられる。したがって，諸外国の公的組織でのABCと比較すれば相当に精緻なものであることがうかがえる。

　いずれにせよ，諸外国でのABCは第4章で言及した機能＞プロセス＞活動＞タスクの分類では活動というより，より大きな概念であるプロセスに相当するものが多いのではないかと思われる。公的組織での今後のABC導入研究において，活動であれプロセスであれ，企業との対比でこの範囲の設定がひとつの論点となろう。

　さらに，ABCでは活動への従事時間の計測が必要となる。調査では，現場の職員の負担に配慮し，季節性がない業務では計測回数を減らすなど，工夫を凝らしていた（図表6-3）。各職員が毎日記録するスタイルが少ないことが注目される。

図表6-3　ABCにおける従事時間の計測

毎　日	15分単位以下	4	8
	30分単位以上ないし時間単位不明	4	
1～2週間ごと	時間単位ないし%単位	3	
年に数回以下	悉皆調査で%単位	7	16
	サンプル調査で%単位	4	
	その他（注）	5	
不　明		8	
計		35	

（注）管理職が部下職員の従事時間を裁定するオーストラリア退役軍人省などを含む。

図表6-4　ABCとBSCとの関係

ABCからBSCへ発展させた，ないしはそれが望ましいとする公的組織	11
BSCを実施ないし検討中だが，両者を関連づけていない公的組織	5
「BSCは考えず」とする公的組織	16
計（インタビューで確認できた公的組織数）	32

　前章の国税組織の事例では事務報告は，原則半日単位，部署により1時間単位で行うこととなっている。諸外国との対比でみれば比較的精緻な計測をしているグループに入れられよう。

　最後に，ABCとBSCとの関係については，ABCからBSCへ発展させる方向で考えている公的組織もみうけられた（図表6-4）。公的組織のABC導入研究では，ほかの管理会計手法との関連づけがひとつの論点であることがうかがえる。

第2節　各国の具体的事例

　本節では各国でのABC等導入の事例を確認する。調査で往訪した公的組織のうち，国の行政組織からいくつかの公的組織を概観し考察を加える。

1．アメリカ

　アメリカでは11組織に往訪した。往訪順に示せば，ワシントンでは中小企業

庁（Small Business Administration：SBA），予算管理局（Office of Management and Budget：OMB），内国歳入庁（Internal Revenue Service：IRS），退役軍人省（Veterans Benefits Administration：VBA, in Dept. of Veterans Affairs），土地管理局（Bureau of Land Management：BLM），国立衛生研究所（National Institute of Health），会計検査院（General Accounting Office（当時）：GAO）および海兵隊（U.S. Marine Corps）であった。ほかにシャーロット市（City of Charlotte），アトランタでは陸軍マクファーソン基地（U.S. Army Garrison, Fort McPherson），ロサンゼルスではジェット推進研究所（Jet Propulsion Laboratory）を往訪した。

　予算管理局（OMB）[5]では管理会計手法の導入について，各公的組織の自発的な取り組みに委ねていた。それでも会計検査院（GAO）[6]によれば，連邦政府ではABCが29組織で導入され，8組織[7]では全組織的に導入している。職員の時間計測システム（time keeping system）と統合された土地管理局（BLM）のABCが印象的でもっともすぐれているとのことであった。

(1) 内国歳入庁（IRS）

　内国歳入庁[8]は税金の賦課徴収などを担当する組織であり，11万人の職員を有し，人件費が予算の80％を占める。過去，パイロット・プロジェクトとしてABCを実施した（櫻井＝藤野［1999］）。しかし，いいデータは得られるものの，従来用いていたtime keeping systemを無視したために，データの検証可能性に問題が生じた。

　内国歳入庁では従来からtime keeping systemを用いており，そこでは各職員が毎日一回，6分単位で従事時間の記録を行っている。全職員の80％がこの

---

5) 2003年2月24日，ウォーター・グロジック氏およびジョゼフ・ピパン氏ほかにインタビュー。
6) 2003年2月26日，マーク・コネリー氏にインタビュー。
7) 8組織とは，土地管理局（BLM），中小企業庁（SBA），退役軍人省（VBA），税関（Customs），特許庁（Patent & Trademark Office），入国管理局（Immigration & Naturalization Services），教育局学生支援局（Office of Federal Student Assistance）および林野庁ロッキーマウンテン事務所（Forest Service Rocky Mountain Research Station）であった。
8) 2003年2月25日，マリアール・グラント氏およびクリストファー・ジャッキー氏にインタビュー。

システムにしたがっている。上司が週ベースで監督している。この従来のコスト管理を捨ててABCを全面的に導入する場合のコスト面の問題および組織改革などから，現在ほとんどの部署ではそれまでのABCへの取り組みを中断している[9]。

　従来のABCに代わるものとしてあらたなコスト管理に取り組み始めている。それは約1万のコスト・センターを有し，それぞれに10名程度の職員が所属する。伝統的なABCではなく，従事時間の計測も必要とはならない。これにより部門比較や地域比較も可能である。

　最後に，BSCについて内国歳入庁は，現在取り組んでいる原価計算制度を完成させたうえで，将来はそれと業績測定尺度を結合したいとしてその導入を検討している。

考察

　内国歳入庁が今後起動させるコスト管理は，間接費の適正な配賦をめざす伝統的なABCではなく，職員が何人も所属する大きな単位のプロセスを中心とするものと考えられる。コスト・センターに集計されたコストがプロセスに割り当てられ，プロセスから原価計算対象に原価が集計されると思われる。

　この新しいコスト管理はABCと異なるものかは悩ましい。活動を比較的小さな単位で考えるABCとは異なるようであるが，ドイツのABCであるプロセス原価計算（尾畑［1998］）に非常に似ていると思われる。そこではアメリカのABCでは原価の集計単位が小さすぎるので，"活動"に代えて"プロセス"という比較的大きな単位を選んでいる。加えて，上述のようにtime keeping systemにもとづいたコスト管理は今後とも使い続ける。そうであるなら，さまざまなコストを徴収や審理などの部門にいったん集計し，これをtime keeping systemの結果を用いて，比較的大きなプロセスに配分していくことは十分に現実的であろう。以上から判断すると，内国歳入庁はABCを中止したというよりも，ドイツ流ABCをABCとは表現せずに活用していると解釈することが自然であると思われる。

9）現在，ABCを導入しているのはテクノロジー部門だけである。

なお，前章の国税組織のコスト分析事例では事務区分にいったん集計し，指標化して活用している。内国歳入庁のあらたなコスト管理も偶然であるものの，結果としてABCのわが国国税組織版であるコスト分析と類似するものとなるのではないかと思われてならない。

(2) 中小企業庁（SBA）

中小企業庁[10]は職員数3,200人で，中小企業に対する銀行融資への保証業務などを行う。中小企業庁ではABCを最初から全組織的に導入する方法を選択し，1997年にパイロット・プロジェクトを始め，翌年には本格導入した。組織全体への導入後，細部を手直ししていくことが有益と考えた。

各職員の従事時間の計測はイントラネットでの調査によっている。活動ディクショナリーでは400の活動があるが，イントラネットを通じた調査においては100に限定している。各職員あたり4～5程度である。従事時間もパーセント単位で，年に2回の記録である。業務に季節性があまりないことなどが背景にある。

ABCの導入目的は業績評価ではなく，原価低減におかれている。ABCの導入により，プログラム，測定尺度，予算および人的資源が統合され，計画値との対比によって業績を測定して改善を行えるようになった。従来，借入保証のコストなどは分からなかったが，ABCを導入したことで，そのベンチマーキングも可能となった。また，アウトソーシングよりも自前で行った方が低コストでできることも分かったケースもある。本部からだされた指令が地域事務所に思わぬコスト負担をかけていることなども分かるようになった。

中小企業庁では今後，業績管理制度を始めたいと考えている。BSCは政府にはややむずかしいと考えているので，中小企業庁に適したスコアカードを模索している。

考察

中小企業庁のABCはざっくりした点を除けば，伝統的なABCである。従事

---

10) 2003年2月24日，SBA職員の2名にインタビュー。

時間の計測には留意しており,活動数を限定し,回数も年2回と少なく,パーセント単位の計測となっている。公的組織でのABC導入のひとつの典型例として参考となると思われた。

(3) 土地管理局（BLM）

土地管理局[11]は森林管理や放牧地管理など動植鉱物に関して国内の土地を管理する機関であり,内務省に所属する。全職員は11,000人,うちワシントンには500人。その他,ボランティアが17,000人いる。予算は20億ドルで,その58%が人件費である。

目標と実績との対比を示した情報を提供し,行政上の要請であるGPRA（政府業績評価法）とCFO Act（首席財務官法）の要請にこたえるため,現在,コスト・マネジメント,予算と事業計画,資産管理,顧客調査などからなる経営情報システム（Management Information Systems：MIS）が構築されている。

土地管理局ではABCをコスト・マネジメントと称し実施している。これはマネジメントを強調することで,ABCが会計専門家のものではなく,経営のためにあることを部内に示すためである。ABCの目的は意思決定に役立つ情報を提供し,作業プロセスを改善することにある。ABCは会計制度と連動させているだけでなく,予算,プログラム業績にも結合されている。このため,土地管理局では主要なビジネス・プロセスを定義づけ,つぎにビジネス・プロセス内の作業活動,タスク,アウトプットを定義づける。さらに活動をミッションに落とし込み,アウトプットと関連づけている。

現在は2週間おきに従事時間の計測を行っている。eメールを使い,15分単位で作業量を測定している。活動は全部で180,職員は6〜8個の活動から2週間に1回記録する。

土地管理局ではABCの成功を背景に,1999年にBSCを導入した。BSCの4つの視点は,財務の視点,顧客の視点,プログラムの視点および資源への投資の視点からなる。土地管理局ではABCによるコスト・マネジメント,経営情報

---

11) 2003年2月25日,ロバート・ドイル氏およびベティ・バクストン氏にインタビュー。

システムおよびBSCの3つが統合されている。

考察

　土地管理局のコスト管理は会計検査院（GAO）が「印象的で最もすぐれている」と述べるだけあり，完成度が高い。しかも，会計部局だけではなく，ほかの部署の取り込みも考慮しており，組織文化の変革も視野に入れていると思われる。公的組織におけるコスト管理のフロント・ランナーのひとつとして，土地管理局での今後の発展が注目される。

2．カナダ

　カナダでは4組織に往訪し，6組織から説明を受けた。往訪順に示せば，トロントではオンタリオ州ピール郡（Region of Peel），オンタリオ市町村ベンチマーキング機構（Ontario Municipal CAO's Benchmarking Initiative），オタワでは国家財政委員会事務局（Treasury Board Secretariat：TBS）においてあわせて関税歳入庁（Customs and Revenue Agency：CRA）および公共事業省（Public Works and Government Services：PWGS）から説明を受け，最後に国防省（National Defense）であった。

　国家財政委員会事務局（TBS）[12]によれば，カナダ連邦政府では17省庁からなるコスト管理コミュニティが組織され，ABCのベスト・プラクティクスや失敗事例などの共有化が図られている。また，原価計算のためのガイドも作成し，ABCを推奨している（recommend）とのことであった。地方政府でもオンタリオ州ではABCにもとづいた市町村間のベンチマーキングが行われていた。総じてみればカナダでは，業績評価に重心があったアメリカに比べ，よりコスト管理に力が入れられていた。国家財政委員会事務局によれば，これは1990年代の財政状況がアメリカよりもはるかに厳しかったという事情が反映しているとのことであった。

---

12) 2003年2月21日，デイビッド・マーシアー氏ほかにインタビュー。

(1) 関税歳入庁（CRA）

　関税歳入庁[13]は約5万人の職員，6つの地域担当部，50程度の税務署等を抱える大組織である。財政規模に占める人件費割合は約8割と高い。1999年に国税省からエージェンシー化し，現行の関税歳入庁となった。

　関税歳入庁ではABCをインプット→アクティビティ→アウトプット→アウトカムという流れのなかに位置づけており，最終的には納税者を通じたアウトカムの向上を目的としつつも，まずはアウトプットまでに注目している。アウトプットのコスト構造を把握するためのABCという位置づけである。

　関税歳入庁のコスト管理の原則的考え方は，①原価計算は効率的であるべし，②付加価値を生まない業務は削減すべし，③繰り返し必要となる業務にはABCは適切，④管理者には管理可能なコストを説明させる，⑤個々の業務まで説明責任を果たす，⑥会計とコストやパフォーマンスにかかる報告書とを連接させるというものである。

　関税歳入庁は州政府の業務も代行しており，そのコストを計算し州政府にチャージしていくため，賦課・徴収，税関，印刷および本部業務（本部経費の配賦モデル）といった4つのパイロット・スタディを行った。現在，全組織的にABCを導入しつつある。

　ABCの活動の設定はあまり細かくするとその維持に費用がかかりすぎるので，あらいものとするようにしている。また，従事時間の記録に関しては，かなり以前から各職員が自ら記録するtime keeping systemを有しているので，これを利用している。

　業績評価に関してはBSCを使っているが，当初のBSCはABCと連接しなかったので，インプットからアウトプットへの正しい情報が得られなかった。ABCがともなわないなかでのBSCの財務の視点などは，あらすぎて途方に暮れた。現在ではそのような問題はなくなりつつある。

---

[13] 2003年2月21日，キム・キッシナー氏およびディビッド・ハム氏にインタビュー。

考察

　関税歳入庁のABCの導入にあたり，既存のコスト管理をうまく活用し連接させた事例である。そこでは原価計算の効率性とともに，業務改善の視点が組み込まれている。また，ABCからBSCへという流れが必要だと強調していたことも注目される。

(2) 公共事業省（PWGS）

　公共事業省[14]は政府部門に対して共通的な業務，すなわち，小切手の発行，翻訳（カナダは複数言語国家），社会福祉，年金・給与の支払いなどの業務を担当する組織であり，職員数は1万2千人である。他部門からの業務委託が多いことから，コストをフルカバーしてチャージしていく必要性が高い。

　同省では2001年度（会計年度は4〜3月）にABCを構築した。2003年度から2005年6月までにABCを実施したうえで，その後の展開を考えたいとしていた。

　従事時間の記録については，関税歳入庁のようなtime keeping systemは組合の反対から導入できなかった。そこで，webベースの報告システムを使っている。なお，BSCも導入している。ABCとの連接は図られていない。

考察

　関税歳入庁に比べれば公共事業省におけるABCへの取り組みの歴史は浅く，試行段階と考えられた。職員自らが記録するtime keeping systemへの組合の強い反対があったことが注目される。ABC導入研究においては，公的組織での組合の果たす機能・役割にも目を向けることが求められよう。

3．オーストラリア

　オーストラリアでは16組織に往訪した。往訪順に示せば，メルボルンではビクトリア州政府の財務省（Dept. of Treasury），ホワイトホース市（Whitehorse Council），王立メルボルン工科大学（Royal Melbourne Institute of

---

[14] 2003年2月21日，マン-ライ・ウォン氏およびマーク・シャールボイス氏にインタビュー。

Technology），キャンベラでは国防省（Dept. of Defense），農林水産省（Dept. of Agriculture, Fisheries and Forestry），海軍（Royal Navy），退役軍人省（Dept. of Veterans' Affairs），移民省（Dept. of Immigration and Multicultural and Indigenous Affairs：DIMIA），外務貿易省（Dept. of Foreign Affairs and Trade），税関（Customs Service：CS），医薬品検査局（Therapeutic Goods Administration：TGA）および社会保険庁（Centerlink）に往訪した。シドニーではニューサウスウェールズ州政府の公共事業省（Dept. of Public Works and Services），州政府の財務省（Dept. of Treasury），サザーランド市（Sutherland Shire Council），南シドニー市（South Sydney Council）に往訪した。なお，オーストラリアの予算編成期と重なったため，連邦政府の予算管理省へのインタビューはできなかったが，複数の省庁によれば，オーストラリア連邦政府ではABC等は各省庁の自発的な取り組みによると位置づけられているとのことであった。総じてみれば，ニュージーランドを含むオセアニアは，北米よりもABC等のコスト管理が進んでいるように思われた。

(1) 移民省（DIMIA）

移民省[15]は移民等の入国管理業務やアボリジニに関する事項を所管する組織であり，職員数は4,263人である。ABCは1999年に全組織的に導入している。

具体的なABCの取り組みとしては，活動数は全部で744であり137のプロセスに属する。各職員あたりでみれば85で17プロセスに属する。海外事務所などは各職員あたりの数が比較的多く，本省の場合には30～40程度である。また，従事時間についてはサーベイ方式によって年2回計測されている。

移民省ではABCを，アウトプットのコスト把握とベンチマーキングに使っている。2000／2001年度には米国，カナダ，ニュージーランド，オランダの移民省どうしでベンチマーキングを行ったが，比較可能性に問題があり有意な結果は得られなかった。

なお，BSCについては現在部内を説得している段階である。今後のBSCの展

---

15) 2003年4月1日，フラン・パーカー氏およびディビッド・タナー氏にインタビュー。

開については楽観視はしていない。
考察
　移民省のABCは相対的に活動数の多い精緻なABCと評価できる。その一方で，活動への従事時間の計測は非常に簡略化されており，工夫されている。また，各国政府間でのベンチマーキングというのはあたらしい動きである。比較可能性の確保のためには長期間の試行錯誤を覚悟する必要があるが，注目されよう。

(2) 税関（CS）

　税関[16]は職員数4,891人であり，1996年からABCを導入している。現在では全組織的にABCを実施しており，ABCの活動数は172，サブ・アクティビティのレベルでは347である。また，四半期ごとのスナップ・ショット的な方式で実施している。従事時間の計測は四半期に1回，2営業日の各職員の従事時間を各自がパーセント単位で記録している。
　ABCの結果は組織内でのベンチマーキングに用いるとともに，一般消費税（GST）の水際での代行徴収に要したコストを計算し，国税庁にチャージしている。また，業務改革や予算要求にも使っている。なお，BSCは使っていない。
考察
　一般的な税関での業務の種類を想定すると，オーストラリアの税関でのABCは相対的に精緻なABCであるが，担当者は複雑にしたくはないと強調していた。また，移民省と同様，活動への従事時間の計測は非常に簡略化されており，工夫されている。ABC活用の長い歴史を有するため，非常に実用的に活用されていることが印象的であった。

(3) 医薬品検査局（TGA）

　医薬品検査局[17]は健康高齢化省（Department of Health and Aging）の一部局であり，医薬品のテストや認可等を行っている。財政的には医薬品業界から

---

16) 2003年4月2日，ジェニー・ミルウォード-ベーソン氏およびリチャード・マレー氏にインタビュー。
17) 2003年4月2日，ロビン・フォスター氏ほかにインタビュー。

の手数料収入などによってフルコスト・リカバリーを図っており，政府予算は入っていない。職員数は約500人であり，財政規模の約6割を人件費が占める。

ABCは1997年に導入した。分析の結果，対象となる産業間で隠れた補助金のあることが判明した。手数料引上げの議会説明にもきわめて有効であった。

全部で53の活動数であり，各職員あたりでは，相対的に活動数の多くなりやすい上位のマネージャーでも3つ程度である。現在は四半期ベースで，従事時間はパーセント単位による把握である。現在，毎月ベースのものにしようとしている。日々のtime keeping systemの導入も視野に入れている。なお，BSCは使っていない。

考察

医薬品検査局のABCは比較的簡単なものである。手数料設定へのABCの活用は一般的にはABCをして精緻化の方向に傾けることとなると思われるが，医薬品検査局が簡単なABCでも手数料設定のために有効であると評価していることが注目される。

(4) 社会保険庁（Centerlink）

社会保険庁[18]は財政規模20億AUドル，約300の地方支分部局を持つ大組織である。ABCについては，1997年から2000年にかけて実施したものの，現在ではABCを中止し，あたらしいコスト管理に発展させている。

過去のABCでは従事時間の計測をサーベイ方式で行った。5年で5回，定点観測で行ったが，季節性を考慮できないことなどから結果に問題があり，ABCの導入を中止した。

あたらしいコスト管理は外部の専門家を交え，部内で開発し，2001年から使用している。顧客ごとの小さな業務について，「あるべき」処理時間を組み込み，これを積み上げて全体のコストを計算している。社会保険庁ではこのあたらしいコスト管理による効率化およびこれをもととしたベンチマーキングによる効率化を図っている。

---

18) 2003年4月2日，カレル・ハブラット氏およびフランク・スタータリ氏にインタビュー。

考察

 社会保険庁ではABCを中止しあらたなコスト管理を導入したとするが，そこではABCの活動マップのようなものを設定し，「あるべき」処理時間を考えつつ標準原価計算に用いられるような一種の仮定を置き，適宜，実際の従事時間で修正しつつ使っている。したがって，これは，ABCの概念を用いつつ，具体的手法を自らの事情にあわせてカスタマイズしたABCの派生型ではないかと思われる。

 公的組織でのABC導入研究では，この社会保険庁のようにABCがどのような事情で，どのように変化していくのかといった視点が求められると思われる。

4．ニュージーランド

 ニュージーランドでは7組織に往訪した。往訪順に示せば，内務庁（Dept. of Internal Affairs：DIA），国防軍（Dept. of Defense），内国歳入庁（Inland Revenue：IR），産業振興局（Industry NZ），司法庁（Dept. of Courts：DC），財務省（Treasury），陸上交通安全局（Land Transport Safety Authority：LTSA）である。

 ニュージーランドの予算管理は，インプットとアウトプットの両者の管理を通じてなされ，財政報告には両者が記載されている。財政法[19]においては，各省および各クラウンは，アウトプット・クラス[20]ごとに，コストをきちんと把握することとされている。

 財務省（Treasury）[21]はその手法としてABCを要求している（require）[22]。そして，具体的なコスト管理手法は，各省ごとに業務に応じて，チーフ・エグゼキュティブが決めるべきとして，そのさいには民間企業と同様の純粋なABCではなく，その原則的な考え方を実用的に適用すべきだとしている。一方，

---

19) ニュージーランド財政法34A(3)(d)および35(3)(e)。
20) いくつかのアウトプットをまとめてアウトプット・クラスとする。アウトプット・レベルでは柔軟性があるが，アウトプット・クラスはシーリングのもと厳格な管理がなされている。
21) 2003年3月25日，ジョン・マセソン氏およびアネット・マーテンス氏にインタビュー。
22) アメリカ，カナダおよびオーストラリアよりは強いレベルで要請していると思われる。

BSCについては非営利組織にはむずかしいとして推奨はしていない。

(1) 内務庁（DIA）

　内務庁[23]は各省庁の中でも最初に設立され，各省庁がここから分離独立していった経緯から「各省の母なる省」と呼ばれている。地域共同体や地方政府，民族的事項，ギャンブルの監視等を担当し，17地区に1,000名の職員を擁する。財政規模は1億1千万NZドル程度であり，歳入の41％を政府から，59％を料金収入などの第三者から得ている。

　予算はインプットベースのものに加え，6つの所管予算（Votes）にわたり18のアウトプット・クラスで組まれている。アウトプット・クラスがいくつかのアウトプットに分かれ，個々のアウトプットがABCにより活動に分けられる。財政年度が始まる7月にはインプットを各活動に配分するというコスト管理を行っている。インプットから示せば，インプット→活動→アウトプット→アウトプット・クラス→所管予算というシステムである[24]。

　これをABCからみれば年度初めにコストの計算をするだけであり，原価計算を行うタイミングは限定されている。活動は全部で108であり，各職員あたり1～2となる。また，従事時間の記録については，time keeping systemを日々，時間単位で行っているが，ABCの計算のためには次年度の予算配分のためのサンプル調査として，業務量推計のために利用しているに過ぎない。なお，いくつかの多面的な業績評価指標は用いているが，BSCは用いていない。似た形式のものを使っている。

考察

　内務庁のABCは比較的あらいものである。コスト管理に多大な労力を使わないようにしている点が印象的であった。

---

23) 2003年3月24日，ベン・ブッシュ氏およびシャリーズ・ファローク氏にインタビュー。
24) ニュージーランドでは担当政策分野を持つVote Ministerが，サービスを提供するResponsible Ministerからサービスを購入する。購入額は予算で決定される。政策企画立案部局が前者，執行部局が後者で，両者が対等の関係に立つと考えれば理解しやすい。

(2) 内国歳入庁（IR）

　内国歳入庁[25]は国税の賦課・徴収に加え，他省庁業務も代行している。前者の固有業務が75％，後者の他省庁業務は児童支援のためや学生貸付のための徴収業務等などで，残りの25％を占めている。職員数は4,834人で，財政規模は3億8千万NZドル強，ニュージーランド有数の大規模組織である。

　ABCは全組織的に導入され，その目的は内部のコスト把握に加え，他省庁業務を大掛かりに代行しているため，そのコストを計算し，当該省庁にチャージしていくこととされている。

　具体的なABCであるが，活動は業務プロセスと呼ばれ，全体で242，各職員あたりでは5〜10である。なお，この業務プロセスを通じて，25のアウトプットごとに，コストを算出している。従事時間の記録はtime keeping systemを採用しており，各職員が日々，5分単位で記録している。本局などの間接費は従事時間の計測をパーセント単位で行っている。

　業績目標については，アウトプットごとに，量，質，適時性に分け，個々の区分ごとにいくつかの指標を設けている。なお，BSCは指標数が限られているとして，消極的であった。

考察

　アメリカの内国歳入庁（IRS）はプロセス志向のABCを導入していると考えられるが，ニュージーランドの内国歳入庁（IR）でも業務プロセスと呼ぶ比較的大きな活動にもとづいている。基本的な考え方としてはIRSと同様のABCではないかと思われる。

　一方，このようなざっくりとしたABCでありながら，time keeping systemは日々5分単位で各職員が記録するとされており，非常に細かいものとなっている。活動の設定と従事時間計測の方法との両者のバランスにおもしろさが感じられる。

---

[25] 2003年3月24日，キャシー・マジアニス氏，ダレン・チーヴァー氏およびクリス・アレン氏にインタビュー。

(3) 司法庁（DC）

司法庁[26]は裁判所の運営や民事手続き，刑事罰も含む刑事手続きをサポートする組織で，職員数は2,118人，財政規模で2億3千万NZドル強である。裁判所運営（Courts Business Unit），徴収，特別司法の3つのビジネス・ユニットと支援部局からなり，ABCを導入しているのはこのうち最初の裁判所運営担当部門で，職員数は1,279人，財政規模で1億5千万NZドル弱である。この部門は高等裁判所，地区裁判所，家庭裁判所および青少年裁判所といった全国で65の裁判所の運営を担当する。今後，他の部門にも順次拡大していきたい。

司法庁のABCは，「ごく少数の要因によって大勢は決定付けられる」というパレート法則を基本に，複雑なシステムでは結局は使われなくなるという経験則を踏まえ，単純に，かつ，つねなる見直しを前提に組み立てられている。ABCの主目的はベンチマーキングによる効率化とし，さらに手数料算定や他省庁の代行業務へのチャージのために使っている。

具体的なABCとしては全体の活動数は413で，各職員では平均して22，原価計算対象は41である。従事時間の計測は，サンプル数を多く設定したインタビュー方式で，パーセント単位で把握している。計測時期は毎年1回であるが，今後はより正確性を増すためにtime keeping systemに移行したいと考えている。

業績測定は予算管理，統計的な把握，最近開始した顧客満足度などの把握により行っている。また，BSCについては非常に技術的であり，コストもかかるということから考えていない。

考察

司法庁のABCはよく考えられていると評価できる。インタビューではABC（ABM）とQCサークル運動との親和性を指摘する意見を述べており，業務改善も視野に入れているように思われた。

---

[26] 2003年3月25日，ブルース・ダヴィー氏およびウェイン・バック氏にインタビュー。

(4) 陸上交通安全局（LTSA）

陸上交通安全局[27]は道路交通の安全確保を担当するエージェンシーであり[28]，職員数は540人である。ABCは全組織的に導入しているが，10年前には，「誰も理解できなかった」という複雑なモデルを導入して，試行錯誤に苦しんだという経験を持つ。現在はABCによりコスト構造を把握し，ベンチマーキングとして使うことにより効率化に努めている。

活動の数は通常の職員で5～6程度に設定している。従事時間の記録はtime keeping systemによっており，各職員が日々，15分単位で記録している。業績評価については四半期ベースで報告書を公表しているが，BSCは複雑として，否定的に考えている。

考察

陸上交通安全局のABCは比較的あらいものであるが，従事時間の記録は比較的細かい。内国歳入庁（IR）と同様，活動の設定と従事時間計測の方法との両者のバランスにおもしろさがあると感じられる。

第3節　全体的な考察

以上でABCおよびBSCを中心に諸外国の公的組織における管理会計手法の導入状況を概観した。最後に全体的な考察を加える。

1．漸次的な導入の必要性

まず指摘しうるのが，それぞれの公的組織をみれば，いっきに導入することも考えられるが，一方で，公共部門全体をみれば，管理会計手法の漸次的な導入が適当であると考えられることである。諸外国でも公的組織の業務内容は千差万別である。このため，必要となる管理会計手法も基本的な概念は同じでも，具体的な活用にはさまざまな派生型が生じよう。現場々々での創意工夫も重要である。

---

[27] 2003年3月26日，ジョン・タン氏，ノウェル・リー氏およびマーチン・スモール氏にインタビュー。
[28] ニュージーランドではエージェンシーのことをクラウン・エンティティと称している。

したがって、管理会計手法の導入のスタイルもさまざまなものとなることが予想される。これは管理会計手法の導入研究にも反映し、さまざまなスタイルの研究が求められることとなる。どのような導入研究の類型があるのか、また、どのような内容の導入研究が求められるのかについては第9章で考察する。

なお、著者は第1章で、個別の管理会計手法への適度な距離感および精緻な体系への距離感の必要性について述べた。そして第2章でわが国では漸次的・パッチワーク的な管理会計手法の導入・展開を図るのが現実的と考えられることを指摘した。諸外国の事例を通してみても同様の結論が導かれると考えられる。

2. まだら模様の導入状況

上記のような漸次的な導入の結果、公的組織間では管理会計手法の導入について、まだら模様の状況になろう。組織によって導入の必要性には温度差があり、また手法としてもさまざまな派生型がある。

このまだら模様の導入状況から、管理会計手法についても伝播・変異の過程が観察されよう。たとえば、ある公的組織で導入された管理会計手法がどのように伝播し、ほかの公的組織にどのように変異・受容されたのかといった過程にもさまざまな型がみうけられるであろう。これについて著者は進化論の観点から、制度の形式的構造としての管理会計手法と実質的機能とで理解する制度進化パースペクティブで考えていくことが適当であると考える。具体的には第9章で検討する。

3. 基盤となるプロセスへの視点

最後に管理会計手法の基盤となるプロセスへの視点の重要性である。諸外国の公的組織ではABC等の導入にあたり、活動としては大きな単位で考えている事例が多かった。これは著者が第4章で言及した機能＞プロセス＞活動＞タスクでいえば、プロセスに相当する。

諸外国の公的組織への調査をとおして、組織内外を通じたベンチマーキングにはよく言及されていたものの、その一方でプロセスを見直し、そこにある無

駄をいかに削減していくのかという視点があまりみうけられなかったように感じられた。これをいかに考えるべきか。第1章でみたように，管理会計では標準の概念は非常に重要である。また，第4章でみたように，業務の標準とプロセス分析は密接に関係する。著者はプロセスを分析し，効率的な業務を創り込んでいくことは，管理会計の基盤として重要であると考える。

第2章でみた日本的管理会計ではQCサークル運動のような全員参加型のボランタリー性が強調されていた。また，第4章でみたように，QCサークル運動はTQCで大きな位置づけを占める。このQCサークル運動はトヨタ生産方式がそうであるように，標準の改善を中心に展開される。

このようなプロセス分析，業務の標準，QCサークル運動という視点（ここではプロセスへの視点という）は，諸外国の公的組織ではそれほど強調されてはいなかった。その理由として第1章でみたように，管理会計を会計士の世界とみる考え方が強く影響している可能性がある。しかし，わが国の公的組織において管理会計を考えていく場合には，第5章の国税組織の事例などを踏まえると，プロセスへの視点についてとくに考慮していく必要があるのではないかと著者は考える。

奇しくも，その後に著者が赴任したデンマークにおいては，このプロセスへの視点が強調されていた。次章ではこれについて述べる。

参考文献

大西淳也［2002］「活動基準原価計算（ABC）等による公的部門の効率化」『ファイナンス』Vol.38, No.6, pp.36-43。

大西淳也［2003］「管理会計のコスト管理手法（ABC）で公的部門の効率化を（特集論文）」『ESP』No.452, pp.42-48。

尾畑裕［1998］「ドイツにおけるABC/ABMの適用事例から学ぶもの」『企業会計』Vol.50, No.6, pp.53-59。

櫻井通晴・藤野雅史［1999］「アメリカの内国歳入庁（IRS）における行財政改革―政府へのABCの適用事例―」『行政＆ADP』Vol.35, pp.3-11，4月。

櫻井通晴・藤野雅史［2000］「アメリカ政府関係機関による管理会計情報の活用」『行政＆ADP』Vol.36, No.3, pp.15-20。

櫻井通晴＝大西淳也［2003］「米加豪柔の公的機関における管理会計手法の導入概況と

わが国へのインプリケーション―ABCを中心に」『ファイナンス』Vol.39, No.4, pp.2-10。

櫻井通晴，大西淳也，菅野裕人［2003］「米国・カナダの公的機関における管理会計手法の導入―活動基準原価計算を中心に」『ファイナンス』Vol.39, No.5, pp.8-17。

櫻井通晴，大西淳也，茂呂賢吾［2003］「オーストラリア・ニュージーランドの公的機関における管理会計手法の導入―活動基準原価計算を中心に」『ファイナンス』Vol.39, No.6, pp.18-28。

Kaplan, R. S. and Cooper, R. [1998], *Cost & Effect: using integrated cost systems to drive profitability and performance*, Harvard Business School Press. 櫻井通晴訳『コスト戦略と業績管理の統合システム』ダイヤモンド社，1998年。

第7章 デンマークにおける病院経営改革

　現在，デンマークの病院経営ではリーン・マネジメントが流行をみている。本章ではデンマークの病院経営改革をとりあげ，リーン・マネジメントを中心に検討を加える。

第1節　リーン・マネジメントの流行の状況と本考察の目的

　本節ではリーン・マネジメントの流行を概観し，本考察の目的を3点述べる。その目的とは第1に，なぜリーン・マネジメントなのか，第2に，なぜ今なのか，第3に，その流行は何を意味するのかである。

1．リーン・マネジメントとトヨタ生産方式

　リーン・マネジメントの概要は第4章で述べたが，ここではトヨタ生産方式（Toyota Production System：TPS）との違いを確認する。トヨタ生産方式は徹底した無駄の排除という基本思想のもと，JIT（Just-In-Time）と自働化を二本柱とする（大野［1978］pp.9-15；岩城［2005］）。JITはプッシュではなく市場からのプルを基本に「後工程が前工程に，必要なものを，必要なとき，必要なだけ引き取りに行く」と考え，カンバンなどに具体化する。一方，自働化は機械に「人間の知恵をつける」ことで管理の仕方などを変えようとする。

　しかし，トヨタ生産方式はシステムとしては非常に複雑で，上記の内容にとどまらない。全社的品質管理（TQC）も重要である。これはJITと自働化とともに，トヨタ自動車の組織能力において相補的な関係にある（藤本［1997］p.18）。リーダー育成や組織的学習などもトヨタ生産方式の重要な要素である（Liker=Meier［2005］）。部分々々を強調する書籍は多いが，これらを「トータル・システムとして統一的に説明する分析枠組みは必ずしも用意されているとは言い難い」と指摘されている（藤本［1997］p.4）。

リーン・マネジメントはトヨタ生産方式のうちJITおよび自働化を核とする部分を中心に（藤本［1997］p.4）体系化したものである。デンマークの病院ではプロセス分析を中心としたリーン・マネジメントが中心である[1]。一方，わが国病院でのトヨタ生産方式はプロセス分析にとどまらず，多方面からの同時並行的な検討がなされている[2]。たとえば，改善の風土や在庫圧縮を強調するもの（フェイズ・スリー［2006］pp.32-39），臨床指標を中心に取り組むもの（岡本＝稲垣［2007］），さらには標準化を中心に取り組むもの（篠浦ほか［2007］）がある。リーン・マネジメントがプロセスに焦点が絞られているのに対し，わが国でのトヨタ生産方式はいわば全社的・総合的な競争優位の追求という違いがあると思われる[3]。

2．デンマーク産業等におけるリーン・マネジメント

　欧米諸国では1990年以降，リーン・マネジメントの理論・実践が普及・一般化してきている。リーン・マネジメントはそもそも大量生産型の工場での議論からスタートしたが，1992年ごろから大量生産型の工場を超えて，生産管理の分野で広く一般的に脚光を浴びはじめ，1996年ごろにはサービス産業への展開が議論され始めた（Laursen［2003］p.3）。

　デンマークでもこれは同じである。報道によれば，デンマークの大手200社のうちほぼ半数でリーン・マネジメントが何らかの方法で実践されている[4]。製

---

1) 著者は2005年10月26日，現地の独立系大手コンサルティング会社のバルコン社（Valcon Consultant）とフレデリクスボー郡が共催するカンファレンスに同社の好意で出席した。公共団体など150名程度の出席者がおり，その熱気に圧倒されたことを覚えているが，そこでプレゼンテーションを行ったイギリスのリーン・エンタープライズ・アカデミーのジョーンズ氏（Womack＝Jones［1996］の著者の一人）は「リーン・シンキングはプロセス・シンキングである」とし，フローを用い全体像を示しながら説明していた。
2) わが国での検討のほうが進んでいることを意味しているわけではない。
3) 著者は2006年5月にTMMT（Toyota Motors Manufacturing Turkey）のご好意で現地工場視察の機会を得た。何年もかけて人を育て，グループ内の特定工場の生産性をベンチマークに，生産性向上にむけ（楽しみつつ）肉薄していく工場運営の姿勢に強い印象を受けた。
4) Berlingske Nyhedsmagasin, August 2005.

造業でもインシュリン製造のノボ・ノルディスク社[5]，食品製造のクリスチャン・ハンセン社[6]，衛生用品製造のボーラ社[7]，電子部品製造のイーグホルム社[8]，セメント機器等製造のFLスミス社[9] などが報道されている。サービス産業でも保険業のアルカ社[10]，スパノルド銀行などの例がある。郵便局民営化会社のポスト・デンマーク社[11] も，さらには純粋な公的組織でも移民局[12]，デンマーク工科大学[13] などが報道されている。

3．マクロ経済政策におけるリーン・マネジメントの位置づけ

デンマークではマクロ経済政策上もリーン・マネジメントに大きな位置づけが与えられている[14]。EUでの成長・雇用政策をまとめたリスボン・ストラテジー（EU HP）を受け，デンマーク政府は2005年10月「デンマークの国家リフォーム・プログラム」（Denmark's National Reform Programme）をまとめた。これはリスボン・ストラテジーに対し，デンマークとしての対応をまとめたものである。同レポート第6章 "Continuous Improvements of the public sector" では "LEAN" が特記されており，経営管理手法としてはめずらしい取扱いである（Danish Gov.［2005］p.56. 亀甲括弧内は著者補足）。

> 今日では…〔明確な目標，目標と成果の詳細な記述，入札制度，調達政策以外の〕手法のうちかなりの数が公的部門の生産性向上のために使われている。この観点からは，公的部門ではリーン生産方式のようなさまざまな手法を使っている民間部門からインスピレーションを得ることができる。リーン生産方式は資源の無駄

---

5) Boersen, 2005.11.04.
6) Boersen, 2005.12.16.
7) Boersen, 2006.06.09.
8) Erthvervs Bladet, 2006.03.06.
9) Erthvervs Bladet, 2006.06.14.
10) Berlingske Nyhedsmagasin, August 2005.
11) Boersen, 2005.11.04.
12) www.lederne.dk, 2006年6月アクセス。
13) Boersen, 2006.05.26.
14) ここでは政府発表文書の構成からの推論という形をとる。

やプロセスの過剰な段階を省きつつ，時間どおりに正確な量を正確な質で供給することに焦点をあてている。

市民をむいたサービスや公的部門のリストラクチャリング，発生主義会計などの記載もあるが，これらは別添に落ちており，リーン・マネジメントのほうが重要な扱いとされている。公的部門の改革においてリーン・マネジメントへの関心が高いことが注目される。

4．デンマークの病院におけるリーン・マネジメントの流行

　デンマークの病院でもリーン・マネジメントは経営管理手法として流行している。現地のコンサルティング会社（バルコン社）が2005年10月に行った電話調査によれば，デンマークの主要な病院ないしはセンター43のうち約4割がリーン・マネジメントを1プロジェクト以上実施しており，さらに42％がリーン・マネジメントを考慮中で，その他の19％が他の手法を用いると答えた[15]。割合から考えれば，43の有効回答数のうち17機関が既に取り組んでおり，18機関が考慮中，残り9機関が考えずということになる。有効回答数に入らなかった医療機関のすべて（2003年には全国で計57機関。よって10強か）がかりにこれを考えていないとしても，全体の3割の機関が部分的にではあれ実施中ということになる。バルコン社によれば「わずか2～3年前には1病院が取り組んでいたのみ」であり，ほかでも同様に指摘されている（Laursen [2003] p.3）。したがって，実に短期間でブームと表現してもよい状況にいたったといえる。

5．本考察の目的

　ここで，本考察の目的を述べる。本考察では以下の3点を検討したい。まず第2節では，病院経営において，なぜ，供給の効率化[16]を主眼とするリーン・マネジメントなのかを述べる。どの国であれ，医療では制度的な見直しが中心

---

15) http://www.dadlnet.dk/ufl/2005/4905/LS-html/LS48644.htm　2006年4月アクセス。
16) リーン・マネジメントは顧客価値の向上をもざすものであるが，その中心は効率化にあると思われる。

となる傾向があるなかで，なにゆえに個別の病院経営というミクロを対象としたリーン・マネジメントなのか。そのためにはデンマークの医療制度を概観する必要がある。

つぎに第3節では，数々の経営管理手法があるなかで，なぜ今，リーン・マネジメントなのかを述べる。基礎となるプロセス分析がやはり重要であるために，リーン・マネジメントに注目が集まっていると思われる。

さらに第4節では，リーン・マネジメントの流行はなにを意味するのかを述べる。政府機関および病院へのインタビューを紹介し，そこからデンマークの病院経営改革でのリーン・マネジメントの本質と思われるものを抽出する。そして，現地でのリーン・マネジメントの促進要因と阻害要因を考察し，現場の意識への働きかけが重要であることを述べる。

第2節　医療制度改革とこれまでの病院経営改革

本節ではまず，デンマークの医療制度改革の流れを，つぎに病院経営改革の流れを概観する。最後に，デンマークで医療サービス供給の効率化が問題となる理由を考察する。

1．医療制度改革

デンマークの医療制度は歴史的沿革から地方主導型であり，国・地方制度とも密接な関係を有する。歴史的経緯と重要な2つの改革（1970年と2007年）を概観する。

(1) 地方主導型構造の歴史的経緯

デンマークの医療・福祉が公的に供給される歴史は18世紀にさかのぼる。従前は領主などの慈善にのみ頼っていたが，封建社会が変化し中央集権が進むなかで，教会を中心としたキリスト教的な慈善活動の伝統が強い西欧諸国に対し，その伝統が弱い北欧諸国では18，19世紀には都市が税金を徴収し，医療・福祉サービスを提供するようになった（Vallgaarda et al.［2001］p.10）。18世紀のデンマークでは町などによって小病院が設立されており，1757年にはコペンハ

ーゲンで医師の教育を兼ねた300床を有する病院が設立されている（Vallgaarda et al.［2001］p.12）。

このような歴史的経緯から、デンマークでも医療・福祉サービスの公的部門を通じた提供という流れができている。地方制度も医療・福祉制度と密接不可分の関係にある。加えて後述の1970年の改革までは、政治上の議論の中心はもっぱら基本的な制度にあり、医療現場では医師の専門主義（プロフェッショナリズム）にもとづいて具体的サービスが提供されてきた。このため、医療・福祉サービスの提供水準の地域ごとの違いは政治家や国民におおらかに受容されてきた（Vallgaarda et al.［2001］p.25）。

デンマークの医療制度は第一次医療として家庭医システム[17]が採用されている。家庭医は自営業者であり、その総数は政府により決められている。各国民は地域ごとに、事前に登録された家庭医から自身の担当医をあらかじめ選定する。家庭医間の競争はきわめて限られている。第二次医療は総合病院で提供される。総合病院の一部は民間病院であるが、基本的には郡が運営する（Vallgaarda et al.［2001］p.39, 44）。近年、総合病院の数は減少しつつある[18]。

(2) 1970年の改革

1970年までは86の自治町村（Borough）と25の郡（County）のもと、約1,300の行政区（Parish）に分かれていた。しかし、境界を越えて進む市街地化による行政区域との齟齬および多くの行政区が小さすぎて専任職員がいないという問題から（Danish Ministry of the Interior & Health［2005b］p.5）、1970年に地方制度改革が行われ、14の郡（County）と275の市（Municipality）に集約化された。

1970年の改革ではそれまで国、郡などが複雑に絡み合っていた二次医療圏は、郡が担当することとされ、国は内務保健省が立法措置と全般的ガイドラインを

---

[17] 救急時を除き、患者は担当家庭医の診断を経たうえで、診断結果にもとづき必要があれば総合病院で受診できるシステム。個人的経験では、わが国では念のための検査が多く、デンマークでは検査に合理的な根拠が強く求められるという印象を受けた。
[18] 1990年　80病院、2003年　57病院。

担い,同省,財務省,郡および地方協議会が予算折衝を行うこととされた(Vallgaarda et al. [2001] p.15, 20)。郡は医療サービスに加え,中等教育,道路,環境などを担当するが,その予算の70%程度は医療サービスが占める。郡は二次医療圏として総合病院の運営を念頭に,管内人口が20万人以上となるように設けられた(菅沼 [2005a] p.77)。市は在宅介護などの福祉サービスのほか,中等教育までを担当する[19]。なお,郡および市の財政は基本的に国からの交付金により運営されてきた。

(3) 2007年の改革

1970年以降もいくどかの手直しがなされたが,行政区画が小さすぎ,効率的な行政[20]の阻害要因になること,行政主体間の複雑な権限分掌も主体間の協調・協力の阻害要因となることなどから(Danish Ministry of the Interior & Health [2005b] p.7),2007年1月にはさらなる地方制度改革が実施された。

そこでは14の郡を廃止し,5つの県(Region)と98市(Municipality. 271から大幅に削減)に再構成するとともに,歳出ベースでそれまで14%を占めていた郡の業務を県では9%に減らすとともに,市の業務を46%から48%に,国の業務を40%から43%に再配分することとしている(Danish Ministry of the Interior & Health [2005b] Ch.3)。県には税金徴収権もなくなり,三層制の地方制度は中間レベルの層を中心にスリム化・再整理された。

再配分された事務をみると,県の事務は病院運営を中心に地域発展のための業務の一部とすっきりし,市の事務は初等教育と学童保育,予防医療,老人福祉,アルコール中毒対策などを担うこととされ,国の事務も市の担当する初等教育以外の教育とされるなど,これまで問題の主体間のグレーゾーンがなくなるよう工夫されている。2007年改革後の医療にかかる県の歳入は,国からは人口等の客観的基準で配分される交付金が75%および特定の活動に配分される補助金が5%,市からは交付金が10%および使途限定補助金が10%を占めると見

---

19) そもそも市は中等教育の学区をもとに設けられた。
20) ただし,「効率」という言葉はネガティブな政治的印象を有するためか,「持続的」ないし「より責任を果たすため」といい換えられている。

込まれている（Danish Ministry of the Interior & Health ［2005b］p.38）。

2．これまでの病院経営改革

1970年以降，病院経営は郡ないし県の事務とされてきた。一方，福祉国家の拡充路線により，GNPに占める公的部門の歳出が徐々に拡大するなか[21]，予算制約についても早い段階から強く意識された。このため，病院の経営改革に向けた取り組みも同時に行われてきたが，これが本格化したのは1990年代以降である[22]。以下では病院改革の流れについて，ニュー・パブリック・マネジメント（NPM）およびその他に分けて概観する。

(1) NPM

デンマークではNPMはあまり大きな流れではない[23]。同じ北欧の社会民主主義型資本主義と整理されることの多いスウェーデンにおけるNPMの進展と対比させつつ概観する。

ペダーセン（Pedersen ［2002］pp.271-294）によれば，デンマークでは1970年代の経済の調整局面を経て，1982年秋には政権が社会民主党から保守連立に移行した。あらたに成立した保守連立政権は当時流行しつつあったNPMを受けて，医療サービスでも市場機能の活用を含む民営化プログラムを発表した。これに対し社会民主党および労働組合は，民営化プログラムは福祉国家に対するイデオロギー的挑戦であり，不平等を生み出し，人間性への挑戦で，時計の

---

21) 同比率は，60年：25%，70年：43%，80年：54%，90年：56.6%，00年：52.5%，05年：50%。
22) OECD［2007］をもとにデンマークとわが国を比較すれば以下のとおり。

	デンマーク	日 本
医療支出額（購買力平価）	2,972米ドル（見積）	2,358米ドル
医療支出／GDP	9.2%（見積）	8.0%
医師（Practicing Physicians）／1000人	3.6人	2.0人
病床（Acute Care Beds）／1000人	3.1床	8.4床
MRI／100万人	10.2台	40.1台（2005）
CTスキャン／100万人	14.6台	92.6台（2002）

（注）特記のないかぎり，2004年値。

23) トーベン・ヤーゲンセン教授（コペンハーゲン大政治学部）との2003年11月27日のインタビューおよびドータ・サカルコフ・イヴァーセン教授（コペンハーゲン・ビジネス・スクール）との2003年12月22日のインタビューなど。

針を戻すようなものだとして強く反対した。このため，プログラムは実施にいたらず，大幅に内容を後退させた現代化プログラムとしてスタートした。その後も多くの局面で社会民主党側が政治的に勝利を収め，NPMについても大きな進展はなかった。

その後，1993年に社会民主党が政権を奪回し，医療サービスを含めた改革を担うようになった。しかし皮肉なことに，野党時代の社会民主党の作戦が成功を収めてきたため，デンマークの医療制度を担う地方議会の議員等には，NPMが福祉国家に対立するイデオロギーと認識されてしまい，実施主体である地方の理解が進まなかった。結果として，NPMに関しては1980年代と同様，1990年代においても大きな進展はなかった。

一方，1982年に社会民主党が政権をとったスウェーデンでは，第2次石油危機後の経済低迷のなかで，官僚的過ぎるという野党側からの伝統的批判を意識し，NPM型の改革を最優先課題として取り組んだ。当初は市場型の改革には躊躇を示していたが，1980年代を通じ，漸進的に市場型の改革を取り入れていった。

1991年，スウェーデンでは保守側が政権を奪回するが，1980年代に社会民主党が敷いたNPM志向路線を踏襲し，そのスピードアップを図った。野党となった社会民主党もNPMは福祉国家の綻びを繕うものと認識していたため，デンマークのように政争の大きな論点にはならなかったとペダーセン（Pedersen [2002] pp.271-294）は整理する。

スウェーデンはNPMでよく引用される国であるが，それでもそのNPMはイギリス，ニュージーランド，オーストラリアのように"執拗に""激しく"は実施されていない（Pollitt et al. [2000] p.265）。これを理解する鍵はスウェーデン社会民主党の存在にあろう。スウェーデンの場合，フレーム予算や歳出シーリングなどにもとづく予算財政制度といったマクロ経済運営・マクロ経済政策など，福祉国家のレゾンデートルから少し距離のあるテーマの場合，他国にとっては非常にドラスティックに感じられる改革がなされる。その一方で，福祉行政の執行部局などを含めた行政全体でみれば，競争や契約よりも対話やガイダンスに重きをおいた手法がとられている（財務省財務総合政策研究所 [2001]

p.208)。

　医療サービスにおける両国のNPMの導入状況について，ペダーセン（Pedersen [2002] pp.277-278）によりつつ概観する。デンマークでは家庭医システムがとられ，郡が二次医療を担当してきたが，NPM志向型の改革は非常に限られたものとなっている。後述する「選択の自由」（しかも漸進的）がその代表例である。デンマークでのNPM志向型改革のポイントは，いかにデンマークの事情に合わせて，解釈し実践するかという点にあるといわれている[24]。NPMに対するこの距離感には留意すべきであろう。

　一方，スウェーデンではもともと家庭医システムはとられておらず，医師は公務員である。選択の自由は存在せず，一定の料金を支払う必要もあった。スウェーデンのNPM志向型改革は3点にまとめられる。第1に供給者と需要者とを分別し，需要者が供給者の提供するサービスを購入することとされ，大多数の郡で実施されている。第2に患者の「選択の自由」が導入され，ほかの郡の病院も含めた病院から患者が選択することができることとされた。家庭医システムも一時導入されたが，社会民主党の政権となって廃止された。第3に公務員ではない開業医も認められ，第一次医療での競争も導入された。

　ただし，デンマークと比べてNPMに積極的とみうけられるスウェーデンですら，その当初の出発点は開業医すら存在せず，一切の選択の自由がなかったというレベルからはじまる。両国ともに，たとえば病院の全面的民営化などの急進的かつ包括的な解決策は志向されておらず，あくまで部分的・限定的な改革にとどまっていた。

(2) 1970年代以降の病院経営改革の流れ

　デンマークの医療問題は非常に長期間に及ぶ入院待機期間の短縮が中心的な論点である。がん検診などで数ヶ月の待機期間を要することになれば，致命的な問題となりかねない。これは国家的課題として，国から郡への働きかけを通じて，これまでもさまざまな取り組みが行われてきている。

---

[24] カーステン・ブランベック助教授（コペンハーゲン大学政治学部）との2006年6月23日のインタビュー。

歴史的経緯から医療制度自体が郡と病院を中心とする地方主導型のデンマークでは，医療サービスに対する国の関与も限定的である。国のおもな関与の手法として法規制，予算および専門教育などがあるが，法規制であれば各病院のサービス供給については規定しておらず，全般的にソフトなコントロールにとどまる（Vallgaarda et al.［2001］pp.21-23）。国による関与は4者間[25]の予算折衝を通じ行われ，予算制約が強まりつつあるなかでその重要性は徐々に高まってきた。予算折衝を通じて入院待機期間や心臓手術，がん治療などの優先順位が定められ，医療水準の向上がめざされてきた。しかし，これらは事実上のものに過ぎず法的な措置ではないため，実施主体の郡などの判断が優先され，国はしばしば地方の実施状況に不満を表明してきた。

　予算折衝以外の方策も模索され，1993年からはいくつかの郡では郡運営病院との間で契約を結び，特定の目標値などを設定し始めた。この契約は法的なものではなくソフトなもので自主管理目標にすぎなかったが，長期にわたり達成されない場合には給与カットや管理職の処遇条件の変更などをともなうものであった[26]。

　また，1993年からは「選択の自由」[27]が一部で導入され，入院待機期間が基準を超える場合には部分的に郡域を越えて病院を選択できることとなった。1997年の予算折衝では病院での特定の活動を誘導する観点から活動基準ファイナンシング（Activity-Based Financing）[28]が部分的に導入され，1999年の予算折衝では診断群別包括支払方式（Diagnosis Related Group；DRG）での郡から病院への支払いが部分的に導入された（Vallgaarda et al.［2001］pp.71-79）。2002年からは「選択の自由」が拡大され，2ヶ月を超えた入院待機期間が生じる場合には国内・国外の別の病院で治療が無料で受けられることとなった。2007年からはこの入院待機期間は1ヶ月に短縮されている（Danish Gov. HP）。

---

[25] 内務保健省，財務省，郡および地方協議会のこと。
[26] ドータ・サカルコフ・イヴァーセン教授（コペンハーゲン・ビジネス・スクール）との2003年12月22日のインタビューなど。
[27] 「選択の自由」は本章では論じないが，デンマークの医療改革では非常に重要である。
[28] 特定の業務指標にもとづく予算の配分であり，ABCとは異なる。

さらに、財政的な誘導措置として入院待機期間の短縮化のための活動基準ファイナンスも2002年に拡充された（ただし、活動基準ファイナンシングはいまだ限界的であり、あくまで誘導措置である[29]）。2004年には診断群別包括支払方式（DRG）が全面適用されている。

加えて、医療の評価に関しても1997年には医療技術評価機関が、1998年には病院活動評価センターが設立され（2001年に両機関は統合）、その後の予算折衝上でも徐々に品質評価の方式やモデルについて規律が強められている（Vallgaarda et al.［2001］p.83）。

なお、これらの最近の動向について、総じて評価すれば、地方主導的な、地方の自律性のもとにあったこれまでの制度が中央集権的な方向に向かっており、郡や病院レベルでみればその柔軟性を失いつつあるとする意見もある[30]。

以上から分かるように、デンマークでは1990年代以降、国サイドから多くの改革が行われている。中心は「選択の自由」であるが、これ以外にもさまざまな措置を通じて医療の高度化・効率化の観点からの誘導を行っている。

3．なぜ、医療サービス供給の効率化なのか

デンマークの医療制度の特徴は、需要と供給という市場メカニズムを活用した調整、あるいは病院等の民営化による調整ではなく、公的組織内での医療供給の効率化が中心となっている。これに関し、菅沼［2005b］は「医療機関が相互に顧客の獲得・市場占有率の拡大をめざして競争するという市場原理は排除されて」いると指摘する。

医療サービスは原則として公（おおやけ）が供給している。そして、その供給はマーケット・メカニズムに頼らずにかつ予算を増加させずに、いかに拡大するかがポイントとなっている。このため経営管理手法が注目を浴びている。リーン・マネジメントの流行もこの文脈でとらえる必要があろう。

---

29) スベンド・サーケーア氏（内務保健省）との2006年2月22日のインタビュー。
30) ペーター・ケーア准教授、アン・ペダーセン助教授およびドルテ・グリッド・ハンセン教授（いずれもコペンハーゲン・ビジネス・スクール組織産業社会学部）との2006年6月28日のインタビュー。

第3節　ほかの経営管理手法とリーン・マネジメントとの関係

本節ではさまざまな経営管理手法とリーン・マネジメントの関係を検討する。そして，リーン・マネジメントの流行をめぐり，論理的には２つの視点が得られることをみる。

1．あらたな経営管理手法の導入状況

まず，デンマークの病院自らの経営改革にむけた動きを概観する。デンマークの病院は医師・看護師・事務管理者の３者からなるトロイカ体制により運営されているといわれる。このなかでは医師と看護師には専門主義（プロフェッショナリズム）が強く，たとえば，医師には専門論文の作成を優先する土壌があるといわれる[31]。しかも病院長は通常医師であるので，経営の観点から病院を運営するにはまだ少し距離がある。

しかし，1980年代後半以降には病院経営の専門化・高度化の必要性が主張されるようになり，マネジメントの重要性を認識している医師もいる。コペンハーゲン・ビジネス・スクールなどでも，現職の医療従事者用に医療マネジメントの修士コースを開設するなどの動きもあり，最近では徐々にマネジメントの教育を受けた医師も育ってきている。

組織運営では1990年代前半に公共部門内での予算やマネジメントの分権化が始まった。たとえば，1990年代を通じて，同一郡内における複数病院の同じ診療科が予算に共同責任を持つあるいは共通の管理人を設ける，さらには複数病院において機能単位で共同責任を持つマトリックス組織を作る取り組みなど，個々の病院の工夫によりさまざまな取り組みが行われてきた（Vallgaarda et al.［2001］p.82）。

経営管理手法の分野では1990年代前半には目標管理（MBO；Management By Objective）に，その後はABCに，さらに90年代後半ごろからは，BSCとビジネス・プロセス・リエンジニアリング（BPR）に多くの病院が取り組ん

---
[31] 2008年８〜９月の信大病院関係者へのインタビューのさい，わが国よりデンマークのほうがこの傾向が強い感触を得た。信大病院については第８章で詳述する。

だ[32]。最近ではリーン・マネジメントが流行している。リーン・マネジメントは関係者の数，取り組み例などの点で，これまでの流行と比べてもより大きな流れと評することができるという指摘は多い[33]。

しかし，それにしても短い間に多くの経営管理手法がつぎつぎとブームとなり試行された。NPMではデンマークに適合するようじっくり考えるという慎重さがあるのに比べ，経営管理手法についてそのような距離感はそれほど感じられない。

2．経営管理手法が流行する理由

経営管理手法についてデンマークの病院ではつぎからつぎへの流行が観察される。その理由として2つほど指摘できよう。ひとつはまず繰り返しであるが，公が担う医療サービスの供給はマーケット・メカニズムに頼らず，予算を増加させずに，いかに拡大するかがポイントとなっていることである。供給効率化の観点から経営管理手法が注目を浴びている。

いまひとつは，病院経営を担う関係者の総数が関係していることである。約540万人というデンマークの人口から医師数は2万人内外であり，その数からこのうち病院経営を考える医師の数は多くて1千人を下回るであろう。関係者の総数がこのサイズであることは注目されるべきである。しかもNPMと異なり，経営管理手法は政治的な調整をほとんど要しない。

なお，リーン・マネジメントについてデンマークでインタビューをした関係者には，流行のひとつ，流行のなかでは一番マシ，ほかの手法の基礎をなすなどのさまざまな意見があった。この意見の分かれ目には，つぎからつぎへという流行をどうみるかという感覚があるように感じられた。

---

32) カーステン・ブランベック助教授（コペンハーゲン大学政治学部）との2006年6月23日のインタビュー。
33) デンマークでインタビューした方のうち，何人かがこの点を指摘していた。

3. なぜ，いま，リーン・マネジメントなのか

　リーン・マネジメントをトヨタ生産方式から考えてしまう我々にとって，なぜ，いま，リーン・マネジメントが流行するのかは若干わかりにくい。これは2点あげられよう。

　まず第1に第4章でみたように，リーン・マネジメントはそもそも1980年代にアメリカでの研究から生まれている。アメリカ・イギリスからヨーロッパへというルートおよび製造業からサービス業そして病院へというルートの2つのルートを経由して，2000年代半ばにデンマークで流行している。地理的，産業的な伝播・波及の問題としてとらえることができる。この点からすれば，リーン・マネジメントは多くの経営管理手法の循環的な流行のひとつと理解することができよう。

　第2により重要であるが，マネジメントのいわば失われた環ともいえるプロセス分析への回帰である。経営管理手法にはさまざまなものがあるが，職場での業務の流れ，プロセスが基礎となる。この基礎がしっかりしていないと経営管理手法自体が効果的でなくなる。さまざまな経営管理手法に取り組んだのちに，基礎となるプロセス分析の重要性に気づいたと整理することができよう。かりにこの観点にたてば，リーン・マネジメントは単なる循環的な，一過性の流行ではないと考えられることになる。

　ゲントフテ病院（Gentofte Hospital）のエリック・エリング副病院長はBSC，ABCおよびリーン・マネジメントは相互に関連しており，一緒にやることで良いパフォーマンスを期待できると指摘する[34]。また，バルコン社[35]のポール・スカドヘッド部長は病院のプロセスはぬかるみ状態であり，改善しようにもそのもととなるものがない。リーン・マネジメントはそのもととなるワーキング・プロセスを作り出す。ABCも試したが，リーン・マネジメントを先行させるべきだ。BSCもリーン・マネジメントがなければデータがない状態となり，失敗すると指摘する。

---

34) 2006年2月20日，ゲントフテ病院にてインタビュー。
35) 2005年から2006年にかけて，数度にわたりインタビュー。

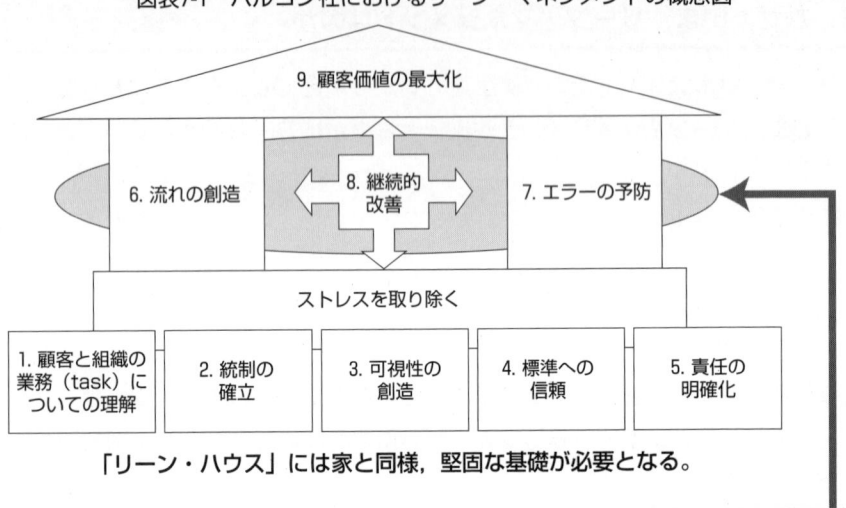

図表7-1　バルコン社におけるリーン・マネジメントの概念図

- 9. 顧客価値の最大化
- 6. 流れの創造
- 8. 継続的改善
- 7. エラーの予防
- ストレスを取り除く
- 1. 顧客と組織の業務（task）についての理解
- 2. 統制の確立
- 3. 可視性の創造
- 4. 標準への信頼
- 5. 責任の明確化

「リーン・ハウス」には家と同様，堅固な基礎が必要となる。

一般的な「リーン・マネジメント」はこのレベルでの無駄の削減にのみ注目する。

（出典：Fischer=Moensted, 2005, p.34より著者翻訳）

　さらに，同社のトーマス・フィッシャー課長は，バルコン社ではリーン・ハウス方式（図表7-1）をとっており，全体を9段階に分け，基礎にあたる第5段階までを強調している。まず，顧客と組織の職能を理解する第1段階，統制（control）を効かせる第2段階，可視化を生み出す第3段階，標準を信じる第4段階，責任を明確化する第5段階という基礎を十分につくる必要がある。これは家の土台と同じで大切である。そのうえでフローをつくる第6段階，エラーをなくす第7段階，改善していく第8段階がある。リーン・マネジメントでは通常，この第6～8段階の無駄とりばかりが強調されるが，前段階がなければ成り立ち得ない。そして最後に，顧客価値の最大化という第9段階があると解説する[36]。トーマス氏はさらに，BPRは確かに体系化されているが，ブレイクダウンして現場レベルでどうしたらいいのかと考えてみると担当者は途方に

---

36) トーマス氏はその著書（Fischer=Moensted [2005]）でもこの基礎の重要性を強調する。

くれる。その点，リーン・マネジメントは現場レベルの動きに直接働きかけるので，有効であると指摘する。

リーン・マネジメントに対する上記の第2の視点からの理解は第4章で述べた「業務の標準およびプロセス分析から活動基準管理（ABM）へ，さらにはバランスト・スコアカード（BSC）へ」という一連の流れと非常に似ている[37]。著者はここに，労働集約的なサービス産業である公的組織における管理会計手法のひとつの方向性を感じる。

第4節　リーン・マネジメント流行の現状と今後

本節ではデンマークの病院でのリーン・マネジメントへの取り組みについて関係者へのインタビューを紹介する。つぎに今後の展開の促進要因と阻害要因とを分け整理する。

1．政府機関および病院へのインタビュー

ここでは政府機関および病院へのインタビューについて紹介する。

(1) 政府機関へのインタビュー ◇◇◇◇◇◇◇◇◇◇◇◇◇◇◇◇◇◇◇◇◇◇◇◇◇◇◇◇

以下では内務保健省，財務省および医療サービス調査機関を紹介する。

① 内務保健省 （Ministry of Interior and Health）

病院経営には郡が責任を持つが，内務保健省は医療政策の国における所管省庁であり，病院の問題も細かく掌握している。スベンド・サーケーア福祉政策課長に話を伺った[38]。

1998年から2003年にいたる代表的な係数を比べると病院数は79から57に，ベッド数も19,472から17,548に減少し，平均入院日数は5.8日から5.0日に減少して

---

[37] 著者がデンマーク駐在中にリーン・マネジメントの流行に興味をもった理由は，行政実務家の直観では，報道内容からしてリーン・マネジメント流行の根幹にあるものと国税組織の事務運営とが非常に似ていると思われたためである。

[38] 2006年2月22日，内務保健省にてインタビュー。

いる。一方，患者処置数は8.3％増加し，急患処置数は376万件から531万件に増加した。この間，病院の支出は年2～3％増加している。2003年には医療全体で980億クローネ（約2兆円弱），対GDP比では7％，このうち6割が公的病院にあてられている。医療全体のうち，公的支出は約82％，民間支出は18％である。

郡への財政措置の75％はまとまった交付金，5％は国からの活動基準にもとづいた補助金，10％は市からの活動基準にもとづいた財政移転，残りの10％は市からの人口基準による財政移転となっている。財務省，医療委員会および内務保健省では今後，活動基準ファイナンシングを50％まで引き上げたいと考えている。そのさいの目標はより多くの活動と各種待機時間の減少，より効率的な病院サービスおよび病院のよりよい財務管理である。

この財政措置は漸進的な取り組みのもと進められている。たとえば，2000年には9割がまとまった交付金で1割が活動基準ファイナンシングであったが，2004年には最低2割までと拡大された。活動基準ファイナンシングでは毎年1.5％の生産性向上を求めている。ただし，活動基準の100％満額をファイナンスすることは考えていないし，診断群別包括支払方式（DRG）についても積算コストの70％しか面倒をみないこととしている。

これらの措置の結果も非常によい。急な財政支出もなくなり，病院の活動水準は上がり，生産性も向上した。待機時間も2002年の105日から2004年には70日に減少した。経済的インセンティブを効果的に使い，コスト構造，とくに限界的コストについての知識がポイントで，より効率的な部門に着目し，マネジメントに関するよりよい情報が必要となる。病院ではマネジメントが弱すぎるが，他方で短期間に多くの手法をやり過ぎている。いろいろな手法のなかではリーン・マネジメントが一番いい。リーン・マネジメントは従業員のメンタリティを変え，部門間のコミュニケーションを活発にする。何より一番重要な医者の時間（職務分析）に焦点をあてることができる。リーン・マネジメントで

50％の効率化は可能だろう。ただし，リーン・マネジメントを科学と考えることには疑問がある。

なお，デンマーク品質モデル（Danish Model for Quality）[39]の趣旨は，このような効率化にともなって品質が落ちないようにするための歯止めという位置づけである。

インタビューを行ったさいの印象として，病院経営の効率化をめざし，病院の必要額全額を予算づけしないという厳しい枠組みを設定しつつ，リーン・マネジメントなどを活用して非効率をみいだそうとする強い姿勢が感じられた。また「50％の効率化は可能」とするのは一連の関係者のなかではかなりドラスティックな意見であった。なお，品質モデルを歯止めにして効率化を進めるという感覚が政策担当者にあることには留意を要する。

② 財務省（Ministry of Finance）

病院の経営改革は内務保健省の担当であり，病院への公的支出は財務省の担当である。財務省ではクリスチャン・ウェンデルボー医療部門長ほかに話を伺った[40]。

財務省の基本的なスタンスは「鞭とにんじん」（飴と鞭）であり，以前は鞭が多かったが，最近では飴が多い。公金の使い方をチェックし，最も効率的な方法を広めるよう工夫している。医療関係予算は欧州のほかの国々と比べると少ないが，全体で見れば入院待機期間はますます長くなっている。病院とはターゲットを合意しそれを満たすよう求めることに加え，活動基準ファイナンシングの比率を10％から2004年には20％に高めることや，診断群別包括支払方式（DRG）でも予算配分を（コストの）70％にとどめることなどの工夫をしている。現在は予算を1％増やす代わりに，生産性を2％上げろといった交渉を行っている。

---

39) デンマーク品質モデルはDanish Ministry of the Interior & Health［2005a, p.8］参照。郡，コペンハーゲン病院連盟（The Copenhagen Hospital Cooperation），内務保健省および国家医療委員会（the National Board of Health）の4者からなる委員会で運営されている。
40) 2006年2月24日，財務省にてインタビュー。

ただ，病院のなかでは医師が力を持っており，病院のトップ・マネジメントも医師間で何が起こっているかは知らないことが多い。財務省の職務は病院のマネジメントを変えることであり，プレッシャーを与え続けるよう努力している。

リーン・マネジメントはより一般化しつつあり，一種の流行がきている。政治家にとってもコストが可視化でき，アウトプットに焦点をあてることができる。現場レベルでの巻き込み，改善イベント，従業員の意見・感覚に焦点をあてるなど，注目している。

一方，リーン・マネジメントで十分とは考えていない。多くのものが変わるだろうが，リーン・マネジメントは整理・合理化に主眼がある。数年前にはBSCが流行していた。最近ではリーン・マネジメントが課題になっている。数年後にはまた別の手法が流行するだろう。つぎからつぎへといろいろな手法がいわれることは悪いことではないが，財務省としてはひとつに絞りきれないので，世のなかの状況にあわせてそれぞれを応援すればよい。

インタビューを行ったさいの印象として，財務省のプラグマティックなスタンスが十分理解できるとともに，政治家の着眼点を変えるため，政治レベルで調整される問題の質をも変えると明確に意識している点についてとくに印象深く伺った。

③ 医療サービス調査機関 (Danish Institute for Health Service Research)

医療サービス調査機関は1975年に公的なNGOとして設立され，医療経済と患者満足度についての調査などを行っている。イェス・ソガード事務局長に話を伺った[41]。

デンマークの平均寿命は日本などと比べて改善していない[42]。一方，医療支

---

41) 2006年2月21日，医療サービス調査機関にてインタビュー。
42) OECD [2007] によれば以下のとおり【男性（左）・女性（右）】。

	1995年	2000年	2005年
デンマーク	72.7歳・77.8歳	74.5歳・79.3歳	75.6歳・80.2歳
日本	76.4歳・82.9歳	77.7歳・84.6歳	78.6歳・85.5歳

出は増加している。これは効率的な医療システムを構築できていないことに問題がある。医療費は将来年5～7％伸びていくので，生産性の向上が急務だ。

リーン・マネジメントはいいスタートを切っている。診察行為は製造工程に似ている。いろいろな行為が付随する。もし全ての病院が生産性を35％上げれば，それだけで200億クローネ（約4,000億円）だ。ヘルシンゴー病院では35％，ゲントフテ病院では20％の生産性が向上したといわれる。財務省や政治家が期待するのもよくわかる。最初のプロジェクトはオーフス市近郊の病院であった。イギリスのリーン・エンタープライズ・アカデミーの影響から，リーン・マネジメントは欧州全体に拡がっているのであろう。

ただ，リーン・マネジメントの成果といわれる数字の根拠は定かではなく，エコノミストも関与していない。コンサルティング会社は診療過程と顧客（患者）の価値とを両方計算に含めている。バイレ病院では肺がん治療に導入しさまざまな改善措置をしたが，それにもかかわらず効率性は向上しなかった。もっと証拠にもとづいた調査が必要だと思うが，マネジメントを担う人間はここのところを楽観的に考えている。

日本では従業員が自らの会社と非常に密接な関係を有し，これがポイントだとする意見もある。しかし，自分（イェス氏）はこのような宗教的な精神に帰着させる意見に同意しない。デンマークのマネジメントでは計数が好まれ，よく導入されている。一方，デンマークの病院ではトップ・ダウンの過程で関係者間の共通理解がいくぶんかは失われていると思う。

病院が必要とする予算に多少足りない額の予算配分により，病院経営者はリーン・マネジメントやABCなどの経営管理手法を学ばなければならなくなった。これらの手法も相互に関連しあっている。あるコンサルティング会社のリーン・マネジメントのやり方はABC，内部取引価格，生産性比較（ベンチマーキング）および購買部門とのリンク・効率化などの要素を含んでいる。患者の個々の動作時間も登録させている。

インタビューを行ったさいの印象として，リーン・マネジメントに注目はしているものの，客観的な証拠の必要性を強調しており，医療経済学の観点からどのように整理していいのか，若干の戸惑いがあるように感じられた。

(2) 病院へのインタビュー ◇◇◇◇◇◇◇◇◇◇◇◇◇◇◇◇◇◇◇◇◇◇◇◇◇◇◇◇

以下では2006年に行った4病院へのインタビューを紹介する。

① オーデンセ大学病院（Odense University Hospital）

オーデンセ大学病院は郡設置の病院で、2005年の患者数は13万人、延べ入院患者数は7万4千人で平均入院期間は4.7日、外来患者は5万6千人で38万回、緊急外来の利用は6万人、ベッド数は1,067の総合病院である。病院職員は7,289人（うち正規職員は6,358人）、医師は896人（うち専門医は457人、研修生は439人）、看護師2,476人、准看護師571人、医療秘書638人で、年間予算は4.35億ユーロ（約650億円強）である。専門医療、医療研究および医療教育（博士課程）を担当し、ポストドクター教育では南デンマーク大学と関係を有する。ペーター・フランセン医療部長ほかから話を伺った[43]。

当病院は「デンマークで患者に最も選ばれる（First Choice）大学病院であること」をビジョンとし、2005年からの3カ年計画で4つの戦略、すなわち、①顧客満足などの患者のための戦略、②効率性や資源の有効活用などの経済性のための戦略、③専門性と医療研究、医療教育を通じた発展のための戦略、④マネジメントとコラボレーションのための戦略を策定している。大学病院としての質を高めるため、デンマーク品質モデル、患者の電子記録、生産性向上のためのリーン・マネジメントなどに注目している。

デンマーク品質モデルは医療機関の品質評価のための国のプログラムで、現在37テーマ、100の基準からなる。品質基準を決め、公的医療部門の認定を行う。全公的医療機関に適用される。将来は地方の一般医や医療機関にも適用される予定である。また、患者の電子記録、すなわち、診断記録、投薬記録、応答記録などをすべて電子化し、統合されたプラットフォームにまとめていく予定である。

当病院では現在、経営管理手法としてBSC、リーン・マネジメントおよび内

---

[43] 2006年2月14日、オーデンセ大学病院にてインタビュー。

部契約[44]を実施している。1994～95年にはABCとBPRもあわせて胸部がん部門，腫瘍部門で試行したが，とくに後者を通じて効果が得られた。ABCは時間浪費的なやり方をしたので，担当者の交代とともに終了した。BSCは開始したばかりであり，専担者も2～3人いる。欠点は医療の成功具合とリーダーシップの評価について測定できないことにある。

リーン・マネジメントは当初，黒字転換を達成したオスロ病院とリグス病院を視察し，部内の流れが似ていることから導入することとした。実施は医療では3部門，すなわち心臓部門，整形外科部門および放射線部門で，ほかに購買部門でも開始した。将来は全部門で実施する予定である。業務フローの作成もリーン・マネジメントの一環で考えている。デンマーク人は自分について他人に話をされたり，自分自身をみつめることが好きではないという傾向があるが，リーン・マネジメントは部門間などの壁を取り払う非常にすばらしい機会を持つ。自分のそばに問題があるのに，誰かに来てもらうのを待つのは無駄である。もっとも生産性向上にあたり，医療の質の向上や研究開発の余裕を作ることも大事だ。

当病院のリーン・マネジメントは温度調節機器メーカーのダンフォス社から学んでいる。同社は2002年に「リーンで成果が出なかったら工場を海外に移す」と従業員に宣言したうえで，約18,000名の従業員のうち約60名が従事し，現在では半分くらい導入した。これまでの成果でも約2～3割の改善効果がでてきている。同社はリーン・プロジェクトに約1億クローネ（20億円）を投下している。

ほかに，当病院では内部契約も導入している。病院内の4つのセクターが各部門と契約を結び，今年は病院全体で郡と契約を結んだ。郡との契約における問題は新薬開発のスピードがアップし，契約・予算決定後もぞくぞくと新薬が登場するので，これを予算に反映することができず，年々扱いがむずかしくなってきていることにある。

インタビューを行ったさいの印象として，医療部長自身はリーン・マネジメ

---

[44] Internal Contractと称していた。著者は目標管理の一種と理解した。

ントに中立的であり，現場発の改善プロセスがデンマーク人にどこまで馴染むのか，とまどっていた。

② リグス病院（Rigshospital）

リグス病院（通称，王立病院）はコペンハーゲン中心部にほど近いところにあるコペンハーゲン大学の附属病院であり，職員数約1,000人，12の診療科，財政規模は約10億クローネ（約200億円）である。ベント・オッテセン産婦人科医長から話を伺った[45]。

当病院の産婦人科では約2年前から改革のための取り組みを始めたが効果がなかった。その後，個人的関係のあったバイオ・製薬機器メーカーのラディオメーター社の人間からリーン・マネジメントを推薦され，同社の取り組みに病院関係者が参加し，効果があることを確信したので導入した。2006年3月には，ハーバード大学と当地コンサルティング会社のランボール社との共催で，北欧の病院を対象としたリーン・マネジメントの会議が開催される。当病院からも参加し，その結果を受けて病院内の全部門に拡大する予定である。

ラディオメーター社ではイベント方式でリーン・マネジメントを実施しており，当病院もこれを踏襲している。医師，看護師，システム専門家，秘書，会計等のリーダーなど，8～10人の職員がチームをつくり，1週間フルタイムでかかわり，成果をだしていく。その流れは月曜日にはインタビュー，火曜日には発見された問題の発表，水曜日には問題解決方法の提案，木曜日にはさらなる検討，金曜日にはレポート作成といったもので，1週間の短期集中で終え，全従業員に成果を発表する。2週間ごとに開かれるミーティングでは人は集中力を失いやすく，テンポが重要だ。興味さえ持てば，人は進んで残業する。大きな問題でもテンポを優先し，1週間で終えることが必要だ。チーム構成も重要で，つぎの実施予定部門からも1人を入れておくとその後の展開に非常に役立つ。関係者の関心を高めるため最初のイベントが重要なのは論を待たない。

当病院では将来，職員の個別提案にもとづいてリーン・マネジメントを進め

---

[45] 2006年2月17日，リグス病院にてインタビュー。

たい。また，患者の流れなども視野に入れたい。ラディオメーター社の経験，自らの経験を踏まえると，職員はリーン・マネジメントがいいものだとすぐに気づく。一方，現場のリーダーの理解を得るのに実は時間がかかる。BSCなどの知識は一切ないが，ABMとリーン・マネジメントとの間には関連性が高い。

インタビューを行ったさいの印象としてリーン・マネジメントに非常に積極的で，現場の集中力を失わせないよう現場のテンポにあわせて行うイベント方式への思い入れを感じた。

③　ゲントフテ病院（Gentofte Hospital）

ゲントフテ病院はコペンハーゲンに隣接するゲントフテ市にある郡運営の総合病院である。コペンハーゲン地域に4つある病院（ほかグロストラップ，ハーレブ，アマガー）の1つで，4病院をあわせると従業員数9,700人，患者数28万3千人，急患20万6千人，ベッド数2,150（平均入院日数5日），予算51億クローネ（約1,000億円）となる。エリック・エリング副病院長に話をお伺いした[46]。

デンマークでは過去20年間に病院数が125から75[47]に減少するなど，状況が大きく変わってきている。当病院では活動基準ファイナンシングに積極的に取り組み，保守的な病院では予算全体に占める活動基準ファイナンシングの割合が4％水準であるのに対し，積極的な病院ではその割合が25％～50％であるが，当病院も後者のグループに属している。現在当病院も活動基準ファイナンシングをきっかけとしてABCに進みつつある。

BSCにも積極的に取り組んでいる。戦略プランそのものが予算削減に資する。ビジョンのもと，プロセスの視点，患者の視点，学習の視点，経済性の視点を設け，病院全体のほか，部門別のBSCも作成している。

リーン・マネジメントは始めたばかりでリグス病院などと比べると初期段階である。デイケア・サージェリー部門を始めとして現在心臓ケア部門でも取り組んでおり，今年中にもう一部門でやりたい。ボトム・アップに個別提案をく

---

[46] 2006年2月20日，ゲントフテ病院にてインタビュー。
[47] 脚注18）とは異なるが，著者は時点の違いとして理解した。

み上げることにもっと留意したい。また，BSCおよびABCとリーン・マネジメントは相互に関連しており，一緒にやることで良いパフォーマンスを期待できるとのことであった。

④ ヒレロッド病院（Hilleroed Hospital）

　ヒレロッド病院はコペンハーゲンのあるシェラン島北部の都市にある総合病院で郡が運営する。マスコミ報道ではデンマークで最初にリーン・マネジメントに取り組んだ病院として有名である。整形外科マネージャーのマリアン・リチェルセン技師に話を伺った[48]。

　当病院では2年前にリーン・プロセスを開始した。整形外科では看護師が中心となって実施した。当初は可視化，安全確保，資源の最適化などに焦点をあて，手術時間を日中に移すとともに，患者の流れを最適化した。CTスキャンの待ち時間が10週間から2～3週間に減り，年換算で1,300人多く処置することができた。管理部門や秘書業務，カルテに関する業務フロー，診察などでも満足すべき成果をだした。しかし，医師が関係する部門では実はうまくいっていない。

　現在では当病院，シンゴー病院およびフレデスン病院の3病院の整形外科でベンチマーキングをしている。同じCTスキャンを用いているので比較可能だ。X線科の5部門でも毎週業務フローを作り，それにしたがって業務を進めている。手術部門や聴覚科などでも実施している。また，経理部門などの4部門でも業務フローを中心に取り組んでいる。

　ただし，部署によっては待機期間があまり減っていない。また，職員が毎週月曜日10分間のミーティングを行うのにも時間を惜しむので，職員にリーン・マネジメントの効果を確信させるにはもう少し時間がいる。大きな部門ではせっかく作ったプランを守ることがむずかしい。3病院間の文化の違いや医師の文化を理解することも大きな課題である。もっとも重要なことはリーン・マネジメントでは職員がプロセスのなかにいること，そして職員がプロセスの改良

---

48) 2006年2月23日，ヒレロッド病院にてインタビュー。

に耳を貸すことだ。

　インタビューを行ったさいの印象として現場関係者をいかに巻き込むかという点で悩みを抱えていた。医師が必ずしも協力的でないことに留意を要する。

(3)　政府機関および病院へのインタビューのまとめ ◇◇◇◇◇◇◇◇◇

　デンマークの政府機関および病院へのインタビューから本質的と思われるものを抽出すれば，以下のとおりである。デンマークではリーン・マネジメントの本質を医師等の業務の流れと患者の流れに焦点をおいたプロセス分析と理解している。現段階での最適なフローを実現するため，リーン・マネジメントが有効なツールであると認識されている。

　リーン・マネジメントの導入と推進にあたっては病院におけるトップ・ダウンの流れが重要視されており，わが国ではQCサークル運動などで強調されるボトム・アップの流れは，重要とはいえ，二本柱のなかのひとつ，ないしは，どちらかといえば補足的と認識されている。ボトム・アップのアプローチがデンマークの組織に馴染むのか，（どちらかといえば，職場内での人的接触の薄い）デンマークの働き方と馴染むのか，疑問を呈する意見も強かった。また，医師に比べて看護師がリーン・マネジメントの重要性に気づくのが早い。

　リーン・マネジメントを単体で考えるのではなく，ABCやBSCなどとの関連もあわせて考えていくという取り組みも関係者の多くに共通する。管理会計手法の相互の関連性もひとつの論点であることがうかがえる。

　さらに，リーン・マネジメントがインプット量をめぐる争いとなる傾向がある政治の場での調整の質ないしは政治課題そのものを変える点を意識している意見が複数あった。そして，病院関係者に実際に効率化に取り組んでもらう観点から，予算の配分を多少絞り，外堀を埋めることを意識している政府関係者の取り組みも特徴的であった。

　なお，何人かのインタビューでは文化的側面が言及された。デンマークをアメリカやイギリスと同様に低コンテクスト社会（わが国は高コンテクスト社会）

であるとする有力な意見[49]もあり,この観点から,高コンテクスト社会で生まれたトヨタ生産方式が,低コンテクスト社会で普及する形態としてリーン・マネジメントという形をとっているという整理も可能かもしれない。今後の課題であろう。

2. リーン・マネジメントの促進要因と阻害要因

本項ではデンマークにおけるリーン・マネジメントの促進要因と阻害要因を整理する。

(1) 促進要因

まず,促進要因についてである。これは3点に整理できよう。

① 医療効率化の必要性という共通認識

国際通貨制度選択の基本原理として一国は為替の安定と自律した金融政策と自由な資本移動の3つを同時に達成できない(野口［2007］)。自由な資本移動を保障しつつ通貨がユーロと固定されているデンマークでは自律した金融政策は原則的に成り立たないので,マクロ経済政策の中心は財政政策である。財政政策の中心は医療の効率化と労働供給の増大を問題意識を視野に含む年金問題である。したがって,医療の効率化,すなわち医療サービスの供給体制の効率化が必要であることが共通認識となっている。しかも,前述のように公がこれを担うという共通理解のもと,マーケット・メカニズムの導入などといった指摘で論点が拡散する可能性も低い。加えて,漸進的改革を中心とし制度を大きくいじることは少ないという政治事情もある。さらに,デンマークの狭い社会(人口は約540万人)[50]では関係者数が限定されており,内務保健省などの誘導措置が有効に働く余地は大きい。

---

49) たとえば,ホフステッド(Hofstede［1991］)およびホール(Hall［1976］)など。
50) 1980年代の在デンマーク英国大使であるメロン卿(Sir James Mellon)は1992年の著書("A Description of Denmark in the Year of our Lord")で,デンマーク人の仲間意識の強さを指摘し,「国というよりも部族(tribe)」と表現した。同様の指摘は多い。

② 業務の流れ，患者の流れを中心としたアプローチ

デンマークで流行しているリーン・マネジメントは業務の流れおよび患者の流れを中心としたアプローチ（プロセス分析中心のアプローチ）であり，素人目にも理解されやすい。このため世論や政治家を動かすインパクトがある。フローのなかに非効率があり，だからその無駄をとるという論理は，現場の改善などと比べると非常に理解されやすい。

③ 比較的フラットな組織構造

デンマークは中小企業が多く，組織構成員が比較的限られているので，各国間比較では職階によるパワー・ディスタンスが小さく，比較的フラットな組織構造が一般的で，個人主義的であるとされる（Adler［2002］p.54）。看護師は業務の流れ等の全体像をよく観察しており，無駄だと思われる業務を医師と比べて日々多くやらなければならないので，リーン・マネジメントの有効性に気づくのが早く，強力な推進母体になる。しかもその意見がフラットな構造ゆえに通りやすいと考えれば，この点は強みとなろう。

(2) 阻害要因

まず，阻害要因についてである。これも3点に整理できよう。

① 現場の改善サイクルの弱さ

インタビューでもしばしば言及された問題である。上記のデンマークの職場関係が個人主義的であることにも通じるが，デンマークでは一般に職場の人間関係が希薄で，他人の職務には踏み込まない傾向にある。あっさりした国民性で職場でのコミュニケーションが少ないともいわれる。問題を一番把握しやすい現場で改善サイクルをいかに動かしていくのか，今後の課題であると考えられる。

② 医師の専門主義

医師の専門主義はどの国でも似たような状況であろうが，デンマークの場合

にはもともと個人主義的伝統があり，また，早い段階から専門職に分かれる傾向がある（換言すれば，他人の専門分野にはあまり介入しない）。加えて，勤務医の場合にはわが国以上に専門論文の作成を尊ぶ風土がある。したがって，リーン・マネジメントのような手法を導入し，さらに現場の改善サイクルを通じた実行をしようとした場合には，専門知識を背景にした権力を医療機関内で持つ医師の反発がわが国以上に大きいと考えられる。

③ 短期雇用が一般的な労働システム

欧州では雇用保障が強く硬直的な労働体系をとる国が多いなかで，デンマークは①雇用保障が弱く解雇しやすいという弾力性，②高水準の失業手当および③失業期間中の充実した職業訓練を特徴とし，フレキシビィティとセキュリティからの造語"フレクスキュリティ"という独自のシステムをとる[51]。このもとでデンマークでは短期雇用が一般的である。

現場の改善サイクルをうまく働かせるためには，暗黙知を溜め込み，共有化し，形式知に変えるSECIモデルのような仕組みがあることが望ましい。しかし，短期雇用のもとでは暗黙知がそもそも蓄積されるのかという問題がある。リーン・マネジメントを導入したあとで，これを自律的に回していくタネがつぎからつぎへとでてくるのであろうか。注目すべきポイントであると思われる。

3. 小括

デンマークのリーン・マネジメントの基礎にはプロセス分析がある。プロセスはその形態も多様であり，トップ・ダウンの視点で整理し改善策を講じていくのは容易ではないと考えられる。したがって，手法的にはQCサークル運動的な問題提起，改善提案を基軸にする必要があろう。リーン・マネジメントが有効な手法として定着するか否かはひとえに，これを可能にする現場の意識への働きかけにかかっていると思われる。

---

51) 最近では財務省財務総合政策研究所［2006］が詳しい。

第5節　まとめとわが国公的組織の管理会計への役立ち

本節ではこれまでの論をまとめ，わが国公的組織の管理会計への役立ちを考察する。

1．まとめ

本章ではデンマークの病院経営改革についてリーン・マネジメントを中心にみてきた。リーン・マネジメントはトヨタ生産方式のうちJITおよび自働化を核とする部分を中心に体系化したプロセス分析が中心となっていた。デンマークでは病院のみならず，一般産業も含め大きな流行をみている。政府のマクロ経済政策でも高い位置づけにある。

つぎに，デンマークの医療制度改革とこれまでの病院改革を概観した。デンマークでは歴史的経緯から医療は地方主導型で公により担われている。病院改革でもNPMによる影響は限定的であり，「選択の自由」などの措置を通じて医療の高度化・効率化の観点から誘導が行われてきた。デンマークでは医療サービス供給の効率化に関心が集中している。

また，デンマークではこれまでにさまざまな経営管理手法が流行してきた。リーン・マネジメントもこれまでの流行と同様に，循環的な，一過性のものと考えることができる。一方，各手法に取り組んだ結果として，基礎となるプロセス分析に戻るという意味で，一過性のものではないと考えることもできる。

さらに，リーン・マネジメントの今後を考えるにあたり，2006年2月を中心に行ったインタビューを概観し，デンマークにおける今後の展開にむけた促進要因と阻害要因を整理した。最後に，プロセス分析をより機能させるためにはQCサークル運動的なものを基軸にする必要があり，現場の意識への働きかけが重要であることをみた。

2．わが国公的組織の管理会計への役立ち

わが国でのトヨタ生産方式のイメージは多彩である。これに対し，デンマークの病院経営改革で流行しているリーン・マネジメントはプロセス分析に基礎

をおいており，業務の流れを中心とするため理解しやすい。トヨタ生産方式からリーン・マネジメントに変わっていくにあたり抜け落ちるものもあるという留保条件をつけたうえで，理解の困難なトヨタ生産方式ではなくリーン・マネジメントを考えていくことは現実的な方策であろう。

それぞれの国に応じた管理会計手法の活用はこれを観察することで手法の本質の理解が容易になると考える。デンマークのリーン・マネジメントにはQCサークル運動のように，職員をいかに巻き込んでいくかにひとつの課題がある。一方，業務の流れという点が非常に強調されており，わが国公的組織の管理会計を考えるにあたって参考となる。

デンマークではリーン・マネジメントを単体で考えるのではなく，ほかの管理会計手法との関係を指摘する意見も多かった。これもわが国公的組織の管理会計を考えるにあたって十分に参考になると考える。デンマークの病院経営改革という濾過機を通して抽出したリーン・マネジメントを第4章でみたように再構成し，わが国になじみのあるやり方でわが国の公的組織の管理会計に活用していくことは可能であろう。

参考文献
岩城宏一［2005］『実践トヨタ生産方式―人と組織を活かすコスト革命』日本経済新聞社。
大野耐一［1978］『トヨタ生産方式―脱規模の経営をめざして』ダイヤモンド社。
岡本泰岳＝稲垣春夫［2007］「トヨタ記念病院における臨床指標への取り組み」『日本医療マネジメント学会雑誌』Vol.8, No.2, pp.375-380。
財務省財務総合政策研究所［2001］『民間の経営理念や手法を導入した予算・財政のマネジメントの改革』財務省。
財務省財務総合政策研究所［2006］『多様な就業形態に対する支援のあり方研究会報告書』財務省。
篠浦伸禎ほか［2007］「手術へのトヨタ改善方式の導入」『病院』Vol.66, No.11, pp.932-937。
菅沼隆［2005a］「デンマークにおける保健医療予算の決定メカニズム」『立教経済学研究』Vol.58, No.3, pp.73-117。
菅沼隆［2005b］「諸外国における医療政策の決定プロセス―デンマーク」『病院』Vol.64, No.12, pp.982-988。

野口旭［2007］『グローバル経済を学ぶ』ちくま新書。
フェイズ・スリー［2006］「トヨタ記念病院が実践するトヨタウェイ大研究」『フェイズ・スリー』No.265, pp.32-35。
藤本隆宏［1997］『生産システムの進化論』有斐閣。
Adler, Nancy. J. [2002], *International Dimensions of Organizational Behavior*, South-Western.
Danish Government [2005], *Denmark's National Reform Programme – Contribution to EU's Growth and Employment Strategy (The Lisbon Strategy)*, Oct..
Danish Government HP, *Welfare and Choice in the Danish Public Sector*, 2005.11, in http://www.im.dk 2006年4月アクセス。
Danish Ministry of the Interior & Health [2005a], *Report on health and long-term care in Denmark*, Apr..
Danish Ministry of the Interior & Health [2005b], *The Local Government Reform – In Brief*, Dec..
EU HP, http://ec.europa.eu/growthandjobs/index_en.htm 2006年4月アクセス。
Fischer, T., and Moensted, L. [2005], *God Lean Ledelse, Mikkel Eriksen*, Boesens Forlag, 2005.
Hall, E., T. [1976], *Beyond Culture*, Anchor Press. 岩田慶治ほか訳『文化を超えて』TBSブリタニカ，1979年。
Hofstede, G. [1991], *Cultures and Organizations: Software of the mind*, McGraw-Hill International. 岩井紀子ほか訳『多文化世界—違いを学び共存への道を探る』有斐閣, 1995年。
Laursen, M. L. [2003], *Applying Lean Thinking in Hospitals – Exploring Implementation Difficulties*, Center for Industrial Production, Aalborg University, Denmark.
Liker, J. K., and Meier, D. [2005], *The Toyota Way Fieldbook: A Practical Guide for Implementing TOYOTA'S 4Ps*, McGraw-Hill. 稲垣公夫訳『ザ・トヨタウェイ 実践編 上下』日経BP社，2005年。
OECD [2007], *OECD Health Data 2007*.
Pollitt C., and Bouckaert, G. [2000], *Public Management Reform – A Comparative Analysis*, Oxford University Press.
Pedersen, C. G. [2002], New Public Management Reforms of the Danish and Sweden Welfare State: The Role of Different Social Democratic Responses, *Governance*, Vol.15, No.2, pp.271-294.
Vallgaarda, S., Krasnik, A., and Vrangaek, K. [2001], *Health Care Systems in Transition: Denmark*, The European Observatory on Health Care Systems.
Womack, J., P., and Jones, D., T. [1996], *Lean Thinking: Banish Waste and Creative*

Wealth in Your Corporation, Simon & Schuster. 稲垣公男訳『リーン・シンキング』日経BP社, 2003年(『ムダなし企業への挑戦』1997年を改題)。

第8章 信州大学医学部附属病院の経営

本章では信州大学医学部附属病院（以下，信大病院という）の経営を考察する[1]。行政実務家である著者が管理会計研究の一環として信大病院をとりあげる趣旨は，大学病院は病院のなかでもその経営が比較的複雑であり，そこでどのような管理会計が考えられるのかについて考察するためである[2]。

第1節 病院管理会計研究の類型と本考察の位置づけ

本節では病院の管理会計研究の類型を概観し，本章の考察を位置づける。

1．病院管理会計研究の類型

病院の管理会計は原価計算とBSCが中心である。

(1) 全体的な状況

最近，病院経営に関してはすぐれた文献が徐々にでてきている[3]。たとえば，長谷川編［2002］は網羅的なもので極めて参考となる。また，簡潔にまとまった今村ほか［2006］や川渕［2004］，大冊子である経済産業省サービス産業人材育成事業運営委員会［2006］などが存在する。さらには，医療経済学も幅広く視野におさめた講座医療経済・政策学シリーズ（全6巻・関連書1巻，勁草書房，2006年より順次刊行）も存在する。これらの文献は多かれ少なかれ似た

---

1) 著者が信大経済学部に赴任中に行った，本章のもととなる研究には信州大学学長裁量予算の助成を受けた。研究にあたり，信大病院の病院長をはじめ経営企画課を中心とする多くの方々のお世話になった。厚く御礼申し上げる。
2) 国税組織および信大病院で管理会計が検討されうるのであれば，多くの公的組織でもそれが可能となろう。専門性および複雑性の点でこれらの組織の上をいく公的組織を著者は思いつかない。
3) CiNii（国立情報学研究所論文情報ナビゲータ）による論文検索では，診療報酬本体引き下げが初めて行われた2002年度前後より，これまでにないペースで論稿が公表されている。

論点を扱い，解決の方向も似ている。管理会計もひとつの分野として言及されている。

(2) 原価計算の研究

病院経営を考える場合，コストの問題は深刻である。病院管理会計でもDPC（Diagnosis Procedure Combination）にもとづく包括支払い制度のもと，原価計算に注目が集まってきている[4]。

従来，部門別原価計算が指摘されてきた。最近では「撮影1件あたり」などの診療行為別原価計算，さらには，DPCをにらみ，診療行為別原価計算を活用した疾病別原価計算まで議論の俎上にのぼっている[5]。診療行為別以降の原価計算はABCにもとづく[6]。しかし，そこでは活動への配賦の基礎となる医師等のタイム・スタディがむずかしく，課題となっている。また，諸外国の病院原価計算についての研究も行われている[7]。

国立大学病院では病院事務部長会議を中心としてHOMAS（University Hospital Management Accounting System：国立大学病院管理会計システム）が開発されている。現在のところ，部門別原価計算までできるが，将来的には疾病別・患者別原価計算に拡張される予定である[8]。

(3) BSCの研究

最近，病院管理会計でBSCが活発に議論されている[9]。アクション・リサーチも相当程度行われている[10]。BSCでは戦略目標間の因果関係仮説が非常に重要

---

4) 「医療の質と原価の評価」については今中［2006, pp.81-102］がある。
5) 病院の原価計算の全体像を端的に把握できるものとして内田［2005a〜c, 2006a〜c］がある。
6) 最近の医療機関における管理会計の思想はABCの考え方にもとづいている（今村ほか［2006］p.157）。
7) アメリカおよびイギリスについては，たとえば，荒井［2007］がある。
8) HOMASの使い勝手にはさまざまな指摘があり，改善の必要性が高いようである。信大病院職員へのインタビューでは，人件費の配賦にとくに難があるとのことであった。
9) 日本医療バランスト・スコアカード研究学会による『医療バランスト・スコアカード研究』も刊行されている。
10) たとえば，伊藤［2007］，谷［2006］，荒井［2005］などがある。

となる[11]。わが国では多くの医療機関においてABCを経験せずに直接BSCに取り組むことが多い[12]。諸外国の病院BSCに関する研究も行われている[13]。

2．本考察の位置づけ

本章では信大病院の経営に必要な管理会計について検討する。後述する管理会計の導入研究で示せば，まず現状についてケース・リサーチを行い，今後のアクション・リサーチのための試案を考察する[14]。

ケース・リサーチの方法としては部内関係者へのインタビュー，各種会議への同席および部内資料の閲覧等を中心とした。図表8-1のとおり2008年8月～9月に集中的に信大病院に通い，観察者として各種の会議に出席するとともに，マネジメント層・医師・看護師・コメディカル・事務職員に対し，各回1時間程度のインタビューを行った。またこれとは別にマネジメント担当の方々の一部とはかなりの頻度および深度で意見交換を行った。さらに病院以外の信州大学関係者との意見交換も随時行い，複眼的な視点の確保に努めた。

これらの結果，結論の先走りとなるが，信大病院では診療・教育・研究の3機能の切り分けがまずなにより重要であることが導きだされた。そして，アクション・リサーチのための試案の内容からいえば，プロセス分析からABMへ，さらにはBSCに展開していく方向をとっている。第4章の考え方を基本にし

---

11) 川渕［2004, p.91］は回帰分析による因果関係の構築をイメージしているように思われる。
12) 櫻井［2008, pp.377-378］は，以下のように述べる（亀甲括弧内は著者補足）。
〔わが国の医療機関がABCを経験せずにBSCを実施していることについて〕日本の医療機関がABCによるコスト低減の貴重な機会を逃したかに見えるのはどのように解釈されるべきであるか。…日本の医療機関も…ABCによる経営改善を行って，次いで，バランスト・スコアカードによる戦略の策定と実行，それにリーンマネジメントによる時間やコストのムダの排除ができるのであればそれに越したことはない…しかし，日本の病院にはそれだけの人的資源が眠っているわけではないし，コスト低減には医者の抵抗もあろう。とすれば，費用対効果の観点からすれば，バランスト・スコアカードに特化するのはやむをえないのではないか…ただし，バランスト・スコアカードを活用するにあたっては，以上の事情を十分に認識して，日本の医療機関は内部ビジネス・プロセスの視点でムダの排除やコスト低減の実施項目を加えるとともに，顧客（患者）の視点を通じて患者へのサービスの品質を高める方案を実行させることが望ましいといえよう。
13) たとえば，荒井［2005］がある。
14) 著者の信大出向期間という物理的制約があり，アクション・リサーチとしては完成されたものではないが，信大病院で管理会計が成り立ちうるのかという趣旨を踏まえ本書に掲載した。

図表8-1　信大病院関係者へのインタビュー等

日　付	時　間	相手方	内　容
7月31日	13：00～15：00	病院管理運営会議	会議同席
8月1日	10：30～11：30	病院OB	インタビュー
8月1日	15：00～17：00	DPC検討会	会議同席
8月6日	15：00～17：30	診療科長会議	会議同席
8月7日	9：30～11：00	定例打合せ	会議同席
8月8日	9：30～10：40	事務（総・医・経各1名）	インタビュー
8月8日	10：45～11：20	コメディカル	インタビュー
8月8日	14：00～15：15	事務（総2名）	インタビュー
8月12日	9：00～10：00	情報打合せ	会議同席
8月12日	15：00～16：00	コメディカル	インタビュー
8月12日	16：00～16：45	コメディカル役職者	インタビュー
8月12日	17：00～18：00	看護師幹部3名	インタビュー
8月12日	18：00～18：45	研修医2名	インタビュー
8月13日	10：00～11：30	コメディカル役職者・医師各1名	インタビュー
8月18日	14：30～15：30	病院長室・新規投資関連	会議同席
8月19日	9：00～10：00	情報打合せ	会議同席
8月19日	10：00～11：00	看護師幹部	インタビュー
8月21日	9：00～10：00	定例打合せ	会議同席
8月21日	10：40～12：00	A診療科長	インタビュー
8月21日	14：35～15：15	B診療科長	インタビュー
8月22日	14：50～16：00	病院長	インタビュー
8月25日	11：00～11：30	学内経営推進会議	会議同席
8月25日	14：00～15：00	A部長	インタビュー
8月28日	9：00～10：30	定例打合せ	会議同席
8月28日	13：00～15：15	病院管理運営会議	会議同席
8月29日	9：00～10：15	B部長	インタビュー
8月29日	10：30～11：30	学内病院改善委員会	会議同席
8月29日	14：00～14：45	若手医局員	インタビュー
8月29日	15：00～15：30	若手医局員	インタビュー
9月9日	9：00～10：15	情報打合せ	会議同席
9月10日	9：30～10：15	コメディカル	インタビュー
9月10日	10：30～11：15	コメディカル役職者	インタビュー
9月11日	9：00～10：30	定例打合せ	会議同席
9月12日	10：30～12：00	事務役職者	インタビュー
9月13日	13：00～14：00	会計システム打合せ	会議同席

（注）上記のほか，経営企画課内会議および病院長室関連会議に同席するとともに，経営企画課内ほかと随時，意見交換。さらに，学内関係者とも随時の意見交換。

た[15]。

---

15) ケース・リサーチの結果，信大病院にも第4章の考え方が妥当することがわかったといってよい。

第Ⅱ部　事例の考察　255

第2節　信大病院をめぐる状況

ここではまず病院をめぐる一般的な状況について，つぎに信大病院の現状について検討する。そして信大病院を大局的にみた場合の問題などを考察する。最後に外部的な課題よりも内部的な課題を優先すべきであることを述べる。

1．病院をめぐる一般的な状況

2002年の診療報酬本体引き下げ[16]以降，病院経営について医療の質，地域連携，コスト低減，さらには原価計算等の病院管理会計などの議論がなされている。とりわけ，経済財政諮問会議の2006年基本方針の歳入・歳出一体改革において社会保障費の抑制の方針が出されたことを受け，多くの議論がなされてきている。国立大学病院でも2004年の国立大学の独立行政法人化以降の流れを受けて，運営交付金が削減されてきており，病院経営への関心が高まってきている[17]。

病院経営の第1の論点は病院の医療の質の向上である。現在さまざまに議論されている[18]。1995年には厚労省，日本医師会や日本病院会等からの出捐により財団法人日本医療評価機構が設立され，病院機能評価事業が行われている。また，2004年には民間有力病院によって特定非営利活動法人のVHJ（Voluntary Hospitals of Japan）機構が設立され，ベンチマーク等の事業を行っている。

また，2000年の診療報酬改定で地域連携に診療報酬上の大きな評価がなされるようになり，病院経営のポイントになりつつある。そこでは病院と診療所の連携（病診連携），急性期病院と慢性期病院との連携（病病連携），病院と介護の連携（病介連携）などがいわれている。連携のタイプもクリティカル・パス[19]をもとにした地域連携パスを中心とする疾患別連携から，職種ごとのネットワークを活用する職種別連携，さらには教育研修や研究を通じた連携などが

---

16) 2002年診療報酬改定の解説は二木［2004, pp.179-197］ほかを参照した。
17) 概観したものとして，川渕［2005, pp.79-97］がある。
18) 川渕［2008, pp.192-213］は質の向上と効率化の同時達成のために医療の見える化を紹介する。
19) クリニカル・パスともいわれるが，本書ではクリティカル・パスに統一した。

指摘されている[20]。また，診療所から病院へ紹介する前方連携のみならず，急性期病院から診療所だけでなく，回復期リハビリや亜急性期，慢性期医療を提供する病院への後方連携（いわゆる逆紹介）も重視されている。社会保障国民会議［2008］でも施設完結型から地域完結型システムへの転換が必要視されており，地域の医療機能のネットワーク化もポイントとなっている。

　そして，病院のコスト低減のための努力である。代表的な論点としてジェネリック医薬品の採用に代表される医薬品の問題がある。総体として大幅なコスト低減の余地があるのかには論者によりいろいろな見解がある。一方，病院の現場では診療報酬削減の影響からコスト低減への取り組みが本格化しつつある。

2．信大病院の現状

　つぎに信大病院の全体像等を概観する[21]。ここでは検討の大きな方向性を指し示すために大局的にとらえる。規模等の全体像，今後の収支を概観し，国立大学病院と地域のなかでの位置づけをみる。そして，方向を考察する。

(1) 財務等の状況

　信大病院［2008］によれば信大病院は市立松本病院に由来する。昭和24年に松本医学専門学校が信州大学に包括され，信州大学医学部附属病院となった。信大病院は医師493名，看護師等611名，薬剤師33名，コメディカル158名，事務職員121名の職員を擁し[22]，700床のベッドをそなえる。患者数は2003年度をボトムに直近5年間では微増傾向となっている。2007年度の患者数は1日平均では外来1,398人，入院628人となっている[23]。県内の地域でみると，外来・入

---

20) たとえば，長谷川編［2002, pp.130-143］。
21) 前節で紹介した日本医療機能評価機構による信大病院の審査結果総括（2005年1月認定）は，「信州地方の医師の6割を供給するという大学医学部附属病院であり，基幹病院としての大きな役割を担うし，伝統に裏打ちされた優れた診療陣と地域住民の厚い信頼を感じさせる病院である。独立法人化に伴い，病院体質の改善を図りつつあるが，病院建物は新旧が混在するため，療養環境，整備に差があり，動線も長く，統一整備が望まれる」とされている（日本医療機能評価機構HP）。
22) 非常勤を含む。平成20年5月1日現在。
23) 平成19年度。

院ともに，松本地域が圧倒的に多く，人口の多い長野地域，諏訪地域と比べてみても約10倍のひらきがある[24]。手術数は5,000件程度で，手術数および手術総時間も2003年度をボトムに直近5年間では微増傾向となっている。これらから病院体質の改善も一定程度は進んでいると思われる。

つぎに損益状況である。過去3年分の損益計算書をみると，図表8-2のとおり附属病院収益は着実に増加している。

図表8-2　信大病院の過去3カ年の損益の状況

	2005年度	2006年度	2007年度
業務収益　（小計）	19,128.9	19,907.8	19,933.3
運営費交付金収益	3,743.1	3,876.8	3,875.1
附属病院収益	14,811.4	15,395.5	15,525.4
業務費用　（小計）	18,377.3	18,766.0	19,348.5
業務損益	751.6	1,141.8	584.8

(単位：百万円[25])

また，信大病院のコストを人件費，医薬材料費および設備の減価償却等に3分類すると図表8-3のとおりとなる。一般の病院ではこれらの割合はおおむね5割，3割，2割といわれ（今村ほか [2006] p.156, 178），きわめて低い人件費割合と，きわめて高い医薬材料費割合および減価償却費等の割合が注目される。

図表8-3　信大病院のコスト構造

年度	人件費	医薬材料費	減価償却等
2005	62.9億（42.5%）	58.2億（39.3%）	62.7億（42.3%）
2006	67.2億（43.6%）	57.7億（37.5%）	62.7億（40.7%）
2007	72.5億（46.7%）	59.2億（38.1%）	61.7億（39.7%）

（金額（億円）[26]。割合（%），母数は附属病院収益[27]）

---

24) 平成19年度。
25) 信州大学財務諸表にもとづく。
26) 信州大学財務諸表および信大病院部内資料にもとづく。
27) 運営交付金等の影響を除くため，母数は附属病院収益とした。

さらに今後の収支に影響を与える項目を確認する。収入面では一部の運営交付金の減の影響が大きい。運営交付金の動向は図表8-4のとおりである。

図表8-4　運営交付金の内訳

	2007年度	今後の見込み
附属病院運営費交付金	1,408.5	・毎年度実質252.9ずつ削減 ・債務償還見合の交付金も減額 ・結果，2011年度には0円となる
標準運営費交付金	140.8	
特定運営費交付金（小計） 　効率化対象交付金 　特別教育研究経費 　特殊要因経費	2,233.1 1,640.7 185.5 406.9	効率化係数として毎年△1％減少
計	（注） 3,782.4	・2008・2009・2010年度は実質△269程度 ・2011年度は実質△80程度

(単位：百万円[28])

(注) 人件費予算積算と決算額との差額等により図表8-2の数値とは一致しない。

支出面では2009年竣工の新外来棟の建設費償還が2013年度以降本格化し，年間3億円規模となる。そのスケジュールは図表8-5のとおりである。

図表8-5　新外来棟建設費の償還スケジュール

年度	2006	2007	2008	2009	2010	2011	2012	2013	2014	2015
償還額	1.5	15.2	60.1	94.1	94.2	100.6	138.9	273.0	343.6	338.9

(単位：百万円[29])

以上から，ここ3年程度は運営交付金の減額による収支への影響が見込まれる。その後は新外来棟の債務償還の本格化による収支への影響が見込まれる。

---

28) 信大病院部内資料にもとづく。
29) 信大病院部内資料にもとづく。

(2) 国立大学病院のなかでの位置づけ

　国立大学病院は国立大学法人会計基準（いわゆる文科省基準）により運営されている。このため一般の病院との比較はむずかしい側面もあるが，反面，国立大学のなかではよく比較検討されている。42の国立大学病院には歴史性からの区分として旧帝大，旧六官立大，新八大，県立移管および新設医大の別があり，これにベッド数などの規模を活用しつつ比較されている[30]。これらのデータ[31]から以下の課題が指摘できる。

　第1に外来延べ患者数が少ない。ベッド100床あたりの外来延べ患者数は新八大の平均と比較して約11％低い。県内がいくつかの地域に分かれている特性の反映と考えられる。

　第2に医業費用が高めとなっている。医業費用は医師数が同じ規模の病院と比較して約22％，新八大の平均と比較して約27％高い。医業費用には人件費，医薬材料費，委託費，設備投資関係費が含まれる。核医学検査装置や検体搬送設備等の大型設備投資にかかる減価償却費により数値が高くなっている[32]。

　第3に診療材料費の割合が高い。新八大の平均と比較して約10％高い。診療材料費には医薬品費，診療材料費，医療消耗器具備品費が含まれる。使用量および購入価格の引き下げが課題である。

　第4に，42の国立大学病院を並べてみると多くの指標が中の上という位置づけのなかで，医師1人1日あたりの診療収益（下から8番目），放射線部門1人1日あたり収益（下から7番目）および検査部門1人1日あたりの収益（下から2番目）がいずれも低い。医師数カウント方法の違いによる影響を除けば放射線部門と検査部門の収益増大が課題となっている。

---

30) 新八大に属する信大病院では新八大にふさわしい位置どりをめざしつつ，病床数等で同規模の国立大学病院と比較し努力している。これらが重要な規律づけになっている。
31) 国立大学付属病院長会議データベース管理委員会［2007］にもとづく。
32) 信大病院部内資料にもとづく。

(3) 地域のなかでの位置づけ

　県域の広い長野県では3次医療圏が北信・中信・南信・東信の4つにわかれている。信大病院は7つの3次救急医療センター（救命救急センター）の「県下における救急医療・災害医療の最後の砦」[33]として高度救急・救命センターと認定されている[34]。3次救急医療センターであるとともに高度救急・救命センターの役割も果たしている。日本医療機能評価機構が2005年に行った審査結果においては「地域住民の厚い信頼を感じさせる」と言及されている。信州大学医学部の研究水準への高い評価とあいまって，長野県でのネーム・バリューには争いはないようである。

　一方，同じ松本地域には病院経営で有名な相澤病院，また県内には農村医学で有名な佐久総合病院などが存在する。これらの病院の活動はそれぞれ独自の理念とともに全国的に有名である。独自の施策・経営という観点からすると信大病院は長野県で圧倒的な存在ではないと思われる。

(4) 大局的にみた場合の問題の所在と考えられる方向

　ここで全体の見取り図を示すために，問題の所在と考えられる方向を簡潔に示す。一般的な状況と信大病院をめぐる個別的な状況とに分ける。

　まず，地方の大学病院をめぐる状況である。いわゆる基本方針2006[35]では社会保障関係費の抑制がいわれている。現在の財政状況を踏まえると，実額の減少を意味しないまでも，全体としては抑制の基調となろう。

　一方，近年，過重労働に悩む勤務医の燃え尽き症候群などが指摘されている[36]。このため，医療での資源配分もこれまでの開業医中心[37]から，勤務医・総合病院への配分を徐々に手厚くするなど修正されてきている。しかし，開業

---

33) 『信州大学医学部附属病院　高度救命救急センター』パンフレットより引用。
34) 第5次長野県保健医療計画において認定。
35) 「経済財政運営と構造改革に関する基本方針2006」2006年7月7日閣議決定。
36) たとえば，本田 [2007]。
37) 診療報酬政策については高木 [2005, pp.93-122] を参照した。松井 [2008] も「勤務医と開業医の間に一定の経済格差が存在し，それが開業医の増加に拍車をかけている」と指摘している。

医の生活への影響もあるので，これは徐々にしか進みえないと考えるのが自然である。

以上の2点をあわせ考えると，医療のラスト・リゾートを提供する地方の大学病院が初期的な段階で経営的に困難な状況におちいる[38]。施設完結型から地域完結型システムに移行すればするほど，大学病院は医療のラスト・リゾートとして合併症などを併発したコストのかかる患者を率先して受け入れるべき立場となる。そこには選択肢がない。大都市圏であれば大学病院であっても選択と集中を行い，得意分野への特化も可能である。患者数も多い。経営的にもやりくりがつきやすい。しかし，地方では患者数が限られており，大学病院には診療科や医療設備にもある程度広い構えが必要となる。したがって，信大病院では長期的には悲観的に考えるのが妥当である。健全な危機意識が求められる。

つぎに信大病院の個別的な状況をみれば，短期的には運営交付金の減少および新外来棟の債務償還の本格化により，今後の収益向上の必要性は高い。現状では信大病院の患者数は微増であるが，団塊の世代の高齢化などにより今後とも当面の間は患者数には不安はなかろう。短期的な観点からは多くの大学病院と同様，まずは収益を稼げる手術数などの増加を図る必要がある。これは150億円規模の附属病院収益から考えて，何とかできると考えるのが自然である。

問題はこの短期的な時間軸での取り組みを，長期的な時間軸での取り組みにいかにつなげるかにある。短期的な時間軸での取り組みを，目先の収支だけをみたその場だけの近視眼的なものとはしないようにすることが大切である。手術数などの増加といった短期的な時間軸での取り組みをひとつの契機とし，将来を見据えた基盤の構築にいかにつなげていくのかという点が基本になろう。

3．外部的な課題と内部的な課題

経営学では一般に外部環境を整理して戦略を考え，競争優位を確保するといった外部環境にかかわる検討を先に行い，しかるのちに組織内部のマネジメントを考える傾向にある。しかし，信大病院の場合，地域の基幹的な病院として

---

[38] 大学病院と大学医学部との間で責任会計が成立していれば，大学教員による診療などは大学病院が負担することとなるので，大学病院は現在でもすでに困難な状況にあることが明らかとなろう。

果たすべき役割は事実上決まっている。経営改革に向けるエネルギーも限られている。しかも，外部環境の分析は組織構成員各自の行動への気づきをもたらすものにつながりにくい。先送りの格好の材料ともなる[39]。

したがって，内部マネジメントの見直しを先行させ病院自体に強みを創り込んだうえで，外部環境をマネジメントしていくという方向を選択するのが適当である。無駄とりなどを通じ業務の総量を減らし，その後必要な業務を追加するという基本的な発想が重要となる[40]。信大病院ではほかの国立大学病院と同様，病院長は筆頭診療科長というべき存在であり，リーダーシップの基盤は確固たるものではないので，この業務総量の視点は重要である。

第3節　信大病院の内部的な課題

ここでは，第4章で検討した管理会計手法が活用できること，および，大学病院内部の業務の複雑性から留意すべき点があることを述べる。

1．診療・教育・研究の3機能の切り分け

信大病院の内部的な課題としてもっとも重要なポイントは診療・教育・研究の3機能の切り分けである。関係者に対するインタビューでも議論がもっともすり替わるポイントであった。いわば鵺(ぬえ)のようにとらえどころがないと感じられた。実際，診療にかかわる医学部教員の人件費は医学部が負担している。医学部からすると，だから研究の一部を信大病院で負担しても当然だという感覚になりやすい。その結果，誰が何に責任を負っているのか，不透明となる[41]。

信大病院の経営を考えるにあたり，この診療・教育・研究の3機能をいかに切り分け，信大病院が責任を持つ部分と大学医学部が責任を持つ部分とを分け

---

39) 外部環境の分析から始めた場合，効果的な措置のためには大がかりな選択と集中となるのが一般的であるが，そのためには県医療界を巻き込んだ大きな摩擦と調整が必要となる。これを現段階で行わなければならない理由はない。また，大がかりな選択と集中でなければ，現在の信大病院の各部局は県医療界でそれなりの位置どりをしているので，全方位にわたって拡大しかねない。
40) 必要な業務を追加して，その後に業務の総量を減らすのではない。これだと，瞬間的であれ業務が職員数に比べて過大となり，オーバーフローする。これにより，部内の士気が下がることになる。
41) 研修医の給与も人為的に低く抑えている。これも不透明感を高めている。

ることがまずは重要である。診療は信大病院が負担し，教育は医学部と信大病院とが一定割合で負担しあい，研究は大学医学部が負担するのが適当である。このような切り分けがなければ，大学医学部が責任を持つ部分まで信大病院がその費用を捻出しなければならなくなるなど，責任会計の範囲が不明確となる。

現状では責任会計が明確でないため，信大病院の経営がうまくいっているのか不明である。各部でも自ら責任を負うべき原価や利益が明確ではない。このため，「部局最大化原理」[42]にいたずらにとらわれてしまう例が観察された。

責任会計の観点からの切り分けを行う場合，医薬材料費や設備投資などは何らかの基準で3機能を切り分けることにそれほどの困難はない。むしろ，医学部教員や医員等の人件費などの切り分けに最大の困難がある。

2．コスト構造

一般に病院のコスト構造は，人件費5割，医薬材料費3割，その他の減価償却等が2割といわれる。信大病院では人件費の一部が医学部の負担とされており，医員・研修医の給与は人為的に低く抑えられている。このため，人件費が4割強，医薬材料費が4割弱，その他の設備投資等が4割弱という構造になる[43]。

病院のコストにかかる問題としては一般に以下の諸点がいわれている。まず，おもに人件費にかかわる問題として，病院内の医療プロセスなどにおける無駄である。これは医職員のアイドル・タイムや，非付加価値的な業務などをいう。つぎに医薬材料費にかかわる問題として，薬価差益や残薬，在庫管理などが指摘されている[44]。さらに，その他の設備投資等にかかわる問題として，一部の医療機器が世界的にみても高額なものとなっていること[45]や，病院の建築単価

42）各部局が自らの人員・設備等の極大化をめざす傾向を評してこの用語を用いている。これを押さえつける考え方がないことに問題がある。
43）母数は附属病院収益であるため，割合の合計は10割を超える（前述）。
44）政府調達による調達の高価格化も指摘される（今村ほか［2006］pp.186-187）。
45）たとえば塩田［2008］。医薬品を含む医療機器等の内外価格差については今村ほか［2006, pp.288-301］がある。

が一般建築物に比べ割高であること[46]なども指摘されている。

　大学病院のコスト構造上の課題はさまざま指摘できる。しかし，信大病院単体での取り組みによる大きな効果を期待できるものは比較的数が限られている。第1の人件費に関する課題は前項の責任会計の構築と病院内の医療プロセスの改善による患者の処理能力[47]の向上である。第2の医薬材料費に関する課題はまずはジェネリック医薬品の採用であり，つぎにこれより効果は小さくなるが，医薬材料の購入価格の引き下げ[48]である。第3の設備投資等に関する課題は投資にかかる費用対効果分析の徹底と既存設備の最大活用に向けた医療プロセスの見直しである。これらへの役立ちを考慮しつつ，今後の取り組みの優先順位・前後関係[49]を考えていく必要があると思われる。

3．医療の標準化

　医療プロセスに密接に関連する問題として2003年から信大病院のような特定機能病院に導入されたDPCについて言及する。DPCは1日あたり定額払いを基礎とする診療報酬の支払い制度であり，アメリカの1入院あたり定額払いを基礎とするDRG（Diagnosis Related Groups）を参考に導入された。医療の標準化と透明化が第一義である（今村ほか［2006］p.79）。

　現在，信大病院ではDPCのもとでの診療報酬確保の観点からの検討が中心でいわば対処療法的な対応をしている。これは緊急避難として一定程度には有

---

46) 川渕［2004, pp.310-315］は病院の建築コストが非常に高いとし，一括請負方式ではなく，個別発注と建設コンサルタントの活用によるPM（Project Management）/CM（Construction Management）方式の導入を提言する。
47) 医療に関する用語としては適切ではないが，ご容赦いただきたい。
48) 医薬材料費の購入価格の問題は根深い。現在，信大病院の医薬材料費比率は4割近傍できわめて高い。過去，価格引き下げに努力したが，効果は限定的である。国立大学病院への納入価格が市場価格とされ，それを参考に薬価が決定される（長谷川ほか［2006］pp.213-214。池上ほか［2005b］pp.165-183）なかで，製薬業界の方針として国立大学病院には高めの価格で納入しているからである。全国の国立大学病院の共通課題として文科省が厚労省および製薬業界に問題提起していくべきである。財政当局の予算執行調査や会計検査院検査でもとりあげるべきと思われる。
49) 信大病院の現場を見据えれば，この優先順位・前後関係は決定的に重要である。経営改革のために割ける資源が非常に限られているからである。

効である。しかし，DPCの急性期病院までの適用拡大が検討されており，DPCが医療の標準化を推進することを考えあわせれば，信大病院でも将来を見据えた対応に着手すべきである。これは標準の創り込みという問題である。医療の標準ではクリティカル・パスが重要であり，その取り組みを本格化する必要がある。

　クリティカル・パスには関係者により精粗さまざまなイメージがあるが，医療の標準化を見据えた場合，クリティカル・パスも使用薬剤や投薬時間などを明記した精緻なものが望ましい。しかし，信大病院ではあらいクリティカル・パスが一般的であり，精緻化の努力は一部にとどまっている。信大病院関係者に対するインタビューではこのクリティカル・パスの目的についての理解が関係者間で一致していないことが観察された。医療の標準化という観点で理解している意見は少数であった。大学病院の行う医療という観点からクリティカル・パスには関係者間の戸惑いのような感情がみうけられた[50]。

　大学病院の医療を考えるにあたっては標準，すなわちクリティカル・パスと，標準からの逸脱であるバリアンス[51]との両者をあわせて考えていく必要がある。限られた資源で多くの患者にできるかぎり質の高い医療を提供しようとすれば，効率的なクリティカル・パスを作成し，それを一律に適用したうえで，個体差に応じたバリアンスをいかに幅広く拾い上げ，個々に症例にあった医療を行っていくかということになる。バリアンスを幅広く拾い上げていくためには資源が必要である。このため，限られた資源を節約できる，コスト節約的なクリティカル・パスをいかに創り込み，適用していくかが重要になる。このように考えると，クリティカル・パスもできるかぎり安価な医薬品（ジェネリック医薬品）を用いたものであることが適当である。

　地方の大学病院の医療でもっとも重要なのはバリアンスが生じた場合の徹底的なフォローであり，合併症などを併発した治療困難な患者を一般病院とは異

---

[50] 大学病院はコストを度外視して医療にあたるべしと考える傾向がみうけられた。これだと，いわば全方位にコストが膨張する結果となる。
[51] 本章でのバリアンスとは，管理会計でいう原価差異のことではなく，医療用語にしたがい標準的なプロセスからの逸脱という意味で用いている。

なりいかに積極的に受け入れていくかにある。そのためにはコスト節約的なクリティカル・パスが前提条件になる。信大病院の関係者間にもっとも意識統一が求められているのは，ここである。

かりにコスト節約的なクリティカル・パスができれば，地域連携パスに転用することは容易である。県内病院でもコスト節約的なクリティカル・パスは歓迎されよう。しかも県内病院は信州大学医学部関係者が多い。クリティカル・パスは適当な例があれば拝借し改善して使うという手もある。繰り返せば，信大病院の競争力（ほかの病院との差別化）の源はバリアンスが生じた場合の取り扱いであり，長野県医療のラスト・リゾートとしてクリティカル・パスからの逸脱をいかに幅広く拾い上げるかにある。

4．収益向上のための方策

先にみたように，手術数の増加などの収益向上に向けた取り組みが必要となる。とくに高額医療機器が多く配置されている放射線部は，CTスキャンにみられるように[52]，病院全体の医療プロセスの流れのなかでボトルネックになりやすい。医療プロセスの見直しにおいてもっとも注力すべきものを多く抱えていると思われる。

収益向上のための方策は長期的には県内の他地域からの患者数の増加が課題である。しかし，一般の患者の増加をやみくもに図ることは県医療界の内部で大きな摩擦が生じる。したがって，当面の間はこのようなボトルネックの見直しにより，信大病院全体の処理能力の向上に努めるべきであると考える。

---

[52] 信大病院のコンピュータ断層撮影（CTスキャンによる撮影）は外来のままでは予約が入れにくく待機時間が長くなるために，予約をとりやすいように入院させるケースが多く観察された。患者にとって不必要な入院であることに加え，病院経営の観点からもベッドに逸失利益が生じ，望ましいことではない。このように現状の医療プロセスのボトルネックは，まずは当該プロセスを分析する必要がある。たとえば，準備段階でCTスキャン室を占拠していないか（準備行為は準備室を設けてそこでやればよい），CTスキャンを操作する技師が準備行為によりふさがっていないか（技師がCTスキャン以外の作業をすることにより，稼働が少なくなる），CTスキャンの撮影枚数が症例から考えて多すぎないか（多すぎればその分時間がかかる）などの検討が必要である。

5. 第4章の議論の活用と留意点（3つの分析）

　信大病院の内部的な課題を解決していくための主たる方向は，第1に医療の標準化を受けたコスト節約的なクリティカル・パスが重要である。第2に病院内部のボトルネック解消のためのプロセス分析が行われる必要がある。第3に診療・教育・研究の3機能の切り分けのための活動基準責任会計が必要であり，そのためには時間記録をともなうABMが行われることが理想的である。

　これらの方向は第4章でみた「業務の標準およびプロセス分析から活動基準管理（ABM）へ，さらにはバランスト・スコアカード（BSC）へ」という考え方と近い。しかし，ここではクリティカル・パスと病院内のプロセスでの標準の両者が管理会計の標準に相当するものとなっており，その分複雑なものとなっている。実務への適用を考えれば工夫を要する。

　したがって，病院内の医療の流れの複雑性を前提にして，いわば医療現場の不可視性を前提に上記の3つの側面から接近していくアプローチが現実的である。これであれば管理会計の考え方を十分に入れ込むことができよう。

　工場では一定の決まった流れがあり，その上を原材料が動き，最終的には製品となり出荷される。生産のプロセスは「製造企業の組織のなかで，インプットを取り込み，それを組織にとってより価値（value）の高いアウトプットに変換する部分」と定義されている（藤本［2001］p.16）。一方，病院の医療現場でこれに相当するものはクリティカル・パスである[53]。本章ではこのプロセスを下記のプロセス分析と区別する意味で医療パス分析と表記する。

　生産現場ではこのプロセスを中心に考えればよいのに対して，医療現場では若干異なる。パスのそれぞれの段階でレントゲンやMRIなどの個別にまとまったプロセスがあるからである。これらのプロセスがボトルネックにならないようにその見直しが非常に重要となる。本章ではこの個別のプロセスに対して医療プロセス分析と表記する。医療現場の場合にはCTスキャンのように診療科が異なることから，特定の医療プロセスを担当する部門が相対的に自律してい

---

53) 適切なたとえではないが，本章の趣旨からご容赦願いたい。

るという特徴がある。

　以上で医療パスと医療プロセスという2つの流れを示した。しかし，医療現場では医師，看護師等が病院内をひっきりなしに動き回っているという特徴がある。すなわち，多くの生産現場では分担作業のもと従業員は一定の場所で一定の仕事をしている傾向があるのに比べ，医療現場では医師，看護師等は診療棟と病棟との間を行ったり来たりしながら，さまざまな業務を行っている。たとえば，医師であれば午前8時から9時は診療科内の事例研究会，9時から午後2時ごろまでは昼食時間（しかも，非常に短い）を除き外来診察，その後，手術，夕方から夜にかけては病棟の見回り，自身の研究，または病院内のさまざまな研究会出席などにあてる。日によっては医学部での講義あるいは講義のための準備を行うこともある。したがって，ここに3つめの流れを考える必要がある。各人の業務活動という流れである。これは同一場所で行っていない，同一業務を行っていないという特色がある。診療・教育・研究を行う大学病院の場合にはこの3機能がばらばらと各人の業務活動のなかに入り込んでいる。本章ではこれを業務活動分析と表記する。

　一般にホワイトカラーなどはこのようなプロセスが見えにくいので，生産現場のプロセス分析に相当する分析はやりにくいといわれる。しかし，その場合でも，特定の部署に所属する個々のホワイトカラーはここでいう医療プロセスに相当するものと業務活動に相当するものがある程度重なり合っており，その意味では医療現場よりも相対的に単純であろう。これが信大病院ではあちらこちらに動き回り，しかも大学医学部が責任を負う業務までこなしている。

　したがって，信大病院の内部プロセスを考える場合には，医療現場の不可視性を前提に，個々の患者に対応した医療パスからの視点，特定の部署に対応した医療プロセスの視点，個々の医職員に対応した業務活動の視点という3つの視点から考えていく必要がある。

第4節　信大病院にかかるアクション・リサーチのための試案

　本節では信大病院のアクション・リサーチのための試案を検討する。まず基本的な考え方を，そして具体的なイメージを述べる。最後に各方策の前後関係

に配意しつつまとめる。

1. 基本的な考え方

　内部マネジメントのための改善手法はそれこそ無数に存在し，さまざまな流行もみうけられる。このため，特定の改善手法を全体像もなく提示すると近い将来，また別の改善手法に手をつけることになりかねない。かりにそのような状況となってしまうと，組織内には改善手法に対する耐性，いわば改革慣れが生じてしまい，内部がガタガタになりかねない。

　したがって，全体のフレームワークのなかに一連の改善手法を埋め込み，この一連の手法にはブレが生じないようにすることを基本とすべきである。そこでは，病院内の医職員の視点，すなわち各人の気づきを中心に据える。いわば現場レベルでの日々の取り組みのような無形要素こそが，組織学習を通じ，医療を成し遂げる組織能力を向上させる。そして，そのような組織能力を強みにして，将来の信大病院のさまざまな可能性を高めていくという考え方をとる[54]。

2. 具体的なイメージ

　ここでは医療パス分析，医療プロセス分析および業務活動分析を検討する。そして，原価計算の戦略的な重要性に言及し，BSCとの関係を検討する。

(1) 医療パス分析 ◇◇◇◇◇◇◇◇◇◇◇◇◇◇◇◇◇◇◇◇◇◇◇◇◇◇◇◇◇◇◇◇◇◇◇

　まず個々の患者に対応した医療パス分析である。これは医療の標準化といえるクリティカル・パスの創り込み，バリアンスの拾い上げ，さらにはバリアンスに共通するものがあればあらたなクリティカル・パスを創り込むことなどを意味する。クリティカル・パスの創り込みのためにかかるコストを軽減する観点から，ほかの病院のクリティカル・パスをもとに改善することもできる。

---

[54] わが国の公的組織にはこのような発想が馴染むと思われる。ヒーローのようなトップが組織に乗り込み，組織の経営の流れを変えるような大きな判断を下していくといったアメリカ企業社会における伝統的な経営者観（藤本［2001］p.368）には違和感を持つ。

標準化にあたっては標準を決めることが非常に重要である。アメリカの工場では工場内をマネジメントの一員であるコントローラーが標準をつくり，現場に指示するという形が一般的である。これに対し，トヨタ自動車では現場の作業員の自主性を重んじ，その関与のもとに標準を創り込む（Liker=Meier [2005]）。信大病院でも各診療科等において医師や看護師等が検討しあいながら創り込んでいくのが適当である。この創り込みは同時にバリアンスを意識させる。不断の見直しも求められる。教育効果を考えれば長野県の医師の多くを供給する信大病院と信大医学部の重要な機能と位置づけられよう。

　クリティカル・パスの創り込みにあたっては治療のさいのコストを考えることが非常に重要となる。そのさいにはジェネリック医薬品の採用が中心となると思われるが，原価企画の発想を活用することができる。現状でもDPCに対応していくため，信大病院関係者も診療報酬の範囲内での効果的な医療に腐心している。現状を原価企画の用語でいえば，診療報酬額を目標原価とし，成行原価が大幅に上回った場合だけをとりだして検討しているに等しい。

　しかし，診療報酬額よりも過大となる部分についてだけの消極的な対応にとどめるのであれば，バリアンスが生じた場合の徹底的な医療を行うための資源が不足する[55]。したがって，診療報酬額を下回る目標原価を念頭におき，それを実現するためのクリティカル・パスを部門間の協働により創り込んでいく必要があると考える。コストを度外視して行わなければならない医療は大学病院に所属する医療人の本質からいくらでもみつけ出すことはできる。だからこそ，コストを創り込んで節約すべきである。

(2) 医療プロセス分析

　つぎに特定の部署に対応した医療プロセス分析である。放射線部や検査部，手術部があげられる。入院プロセスの事例も報告されている（植松 [2005]）。

　この医療プロセス分析では，特定の部署に所属している医職員には現行のやり方に対する思い入れがどうしてもあるので，当該部署以外の医職員あるいは

---

[55] ひらたくいえば，儲ける，すなわち，部内に余裕の資源を抱え込む余地がないからである。

外部者の目を入れ込むことが望ましい。現場の負担を考えれば全部署がいっせいに行うのではなく，特定の部署から順次行っていくことが適当である。医療プロセス分析の実施コストは無視しえない。

　この医療プロセス分析には第4章のプロセス分析の議論がもっともよくあてはまる。川渕［2004, pp.252-257］は工程分析として，1）なにを，2）だれが，3）どのように，4）なにによって，5）どれだけ，6）いつ，7）どこで，8）どこへという8つの視点を中心に工程の流れを正確に把握し，秩序正しく円滑で迅速なシステムの構築を図ると紹介する。

　それではどのような部署からこれを実施すべきか。この点については制約条件の理論（TOC）の一部である改善の5ステップが参考になる。最大のボトルネック[56]に着目することにより，プロセス改善を全工程いっせいにやるのに比べ，作業自体も平準化し要員の負担も少なく効果もあがる。ボトルネックが見つからない場合には収益をあげられる部署のプロセスを選定することもできよう。

　誰しも人間の本能としてこれまでやってきた手順の見直しには反発を覚える。したがって，何をボトルネックとするか，どの部署を対象とするのかについては病院のトップ・マネジメントの強力なリーダーシップが必要となる[57]。

(3) 業務活動分析

　上記の医療プロセス分析や医療パス分析は信大病院の医職員にプロセス，業務，手順などへの感覚を高めると思われる。このような部内の意識向上を受けて，個々の医職員に対応する業務活動分析を行うことが適当であろう[58]。

　この業務活動分析には個々の医職員が日々，何をしたかという意識づけが非常に重要である。医師の場合には大きくは診療・教育・研究に分かれるのであろうが，それぞれに数個から10数個，全体で30～40程度の業務に分け，日々何

---

[56] 正確には制約条件（Critical Constrained Resources：CCR）。第4章参照。
[57] 着手時と結果段階ではトップ・マネジメントの強力なリーダーシップが求められよう。
[58] 業務活動分析にまず取り組むこともありうるが，個々の医職員への時間記録をともなうので，ある程度の意識づけがなされたあとが望ましいと思われる。

の業務にどれくらいの時間を使ったか，記録することはできる。意識づけさえうまくいけば，常識的にはこの程度の数であれば記録できるであろう[59]。記録をする医師等の感覚を踏まえつつ，業務の分け方を統一しておく必要がある。できれば1時間単位の記録などが望ましい[60]。

　これは原価計算のためには必ず必要となる[61]。病院の原価計算の最大の問題はこのタイム・スタディにあり，それゆえに人件費の配賦に困難をきたしているのが現状である。責任会計の基礎もここにある。

　しかし，原価計算のために記録をつけるというのでは到底現場の理解が得られない。原価計算はあくまで副次的に得られる効果と考え，主目的を業務改善とおくことが適当であると考える。その場合，この業務活動分析はABMに相当する。これは従業員からの改善提案などを基礎とするQCサークル運動とも親和的である[62]。その推進力となりえよう。

(4) 原価計算の戦略的重要性──バリアンス・コストのアピール ◇◇◇◇◇

　現行の原価計算は人件費の切り分けに困難があり，部門別原価計算で終わっている。しかし，ABMができ人件費の切り分けができれば，情報システムを活用しつつABCの考え方を用いて個々の診療行為の原価を算出する診療行為別原価計算を行うことが可能となる。

　ここでのポイントは，原価計算は精緻にやろうとすればきりがないので，原価計算の目的を外さないようにすることである。その目的とはまず第1に，信大病院の経営を圧迫するバリアンスの原価の算出（同時に，その裏側として，

---

[59] 第5章の事例では何万人もの職員がさらに詳細な記録を行っている。
[60] 大学病院中央検査部のBSC導入で検査技師に対し30分刻みの業務記録を行った事例もある（上道ほか［2007］pp.80-91）。
[61] 荒木［2003, p.178］は原価計算のための人件費の配賦に関して「附属病院に所属し，診療業務に専念する職員については，分離は容易であるが，教官（医師）や庶務，会計，施設の事務職員は，分離が難しく，time studyによらざるを得ない。」と記している。
[62] QCサークルは麻生飯塚病院などでこれまでも実施されてきている。その経験からQCサークルは種が枯れるという問題があり，その継続が最大の課題と指摘されている（高橋［1997］pp.124-128）。

クリティカル・パスの原価の算出をともなう）である。信大病院の競争力（ほかの病院との差別化）の源はバリアンス対応に大きなコストをかけていることである。県内には信大病院以外ではそこまでのコストをかけられない。これを念頭に原価計算を考え，将来，信大病院に対するあらたな公的経営支援を受けるさいの強力なアピール・ポイントとしていくことが考えられよう。

原価計算のつぎの目的は，現状ではさまざまな要因で決められている診療報酬[63]に対して，現場の国立大学病院の立場から意見具申することが考えられる[64]。そのためには原価計算自体をより精緻化しなければならない。他の国立大学病院と連携して行うのが適当かもしれない。ともあれ，ここまでできればわが国医療に対する長野県医療界の発言力に好ましい影響を与えよう。

(5) BSCへの取り組み

信大病院において試行的にBSCに取り組むことも可能ではあるが，その場合には組織内に大きなエネルギーが必要となる。著者としては，まずは上記の医療パス分析，医療プロセス分析および業務活動分析を先に行うのが現実的であると考える。医職員の意識向上を図り，かつ，組織内部に余裕を生ぜしめて，BSCに取り組むのが適当ではなかろうか[65]。

その段階では信大病院においてはクリティカル・パスやバリアンスがしっかりすることとなる。医療における指標もとりやすい。医療プロセスや業務活動をしっかり把握していれば，何をどうすればどの指標に，あるいは，クリティカル・パスやバリアンスを通じてどの指標に影響がでるのかなども把握しやすくなる。因果関係仮説も構築しやすくなる。この段階ではBSCでの因果関係仮説上重要な戦略目標の選定が容易にできよう。因果関係仮説および目的―手段

---

[63] 診療報酬が医療機関のコストを反映していないことには多くの指摘がある。たとえば西村ほか[2006, p.133]。また二木[2007, p.133]は診療報酬を用いて特定設備の普及を図った例を指摘する。
[64] 1950年代初めには厚生省も診療報酬決定にさいし原価計算の活用を視野に入れていた（染谷[1997] p.417）。染谷[1956, p.30]は「一般企業において…発展をとげている原価会計が，医療機関においても導入される必要がある」とする。
[65] BSCの内部ビジネス・プロセスの視点とABMの原価低減活動との関連性も指摘されている（櫻井[2008] pp.443-444）。著者は，ABMからBSCに発展させていくほうが試行錯誤が少ないと考える。

関係を中心にして，それぞれの戦略目標，業績評価指標，目標値，実施項目を定めていけばよいと考える[66]。

3.「将棋倒し」的経営改革

以上の議論を要約し，信大病院での「将棋倒し」的経営改革としてまとめる[67]。

(1) 診療科内等における「将棋倒し」的経営改革 ◇◇◇◇◇◇◇◇◇◇◇◇◇

まず，各診療科での検討は整理すれば図表8-6のようになる。ここではボトルネックにまず注目し，その解消を目指す。これにより，プロセス，手順などに対する診療科内の医職員の感覚が鋭敏となることが期待できる。

そして，ABMの考え方を活用して，医職員の日常の業務を記録し，まずは無駄に対する直観的感覚を活用した無駄とりを行う。ある程度これができるようになればコストを考えつつ細かな分析をしていく。このABMは病院内の人件費を細かく分けることになる。これにより責任会計が不明確になる最大の要因であった診療・教育・研究の3機能の切り分けが可能となる。

一方，医療の標準に相当するクリティカル・パスについてもコスト節約的なものを創り込む。信大病院の競争力の源はクリティカル・パスから外れるバリアンスの拾い上げにあることを基本とする。

ABMとクリティカル・パス等ができあがれば，これまで原価計算において問題となっていた人件費，各種間接費などの経費の配賦が容易となる。したがって，原価計算を精緻なものとすることが可能となる。

最後に，クリティカル・パスおよびバリアンスは，いわば医療の効果性を測るさまざまな指標を生み出すことなり，一方で，ABMによって，どこに時間を割けばどうなるということがある程度見通せるようになる。したがって，医療現場での原因と結果の因果関係仮説がより明確となり，BSCの導入におけるボトム・アップの基盤が構築されることになる。これと，経営におけるトップ・

---

66) 医療の質とBSCとの関係については伊藤［2008］が整理している。
67) 整理はかなり異なるが，ミンツバーグほか（Mintzberg et al.［1998］）を参考にした。

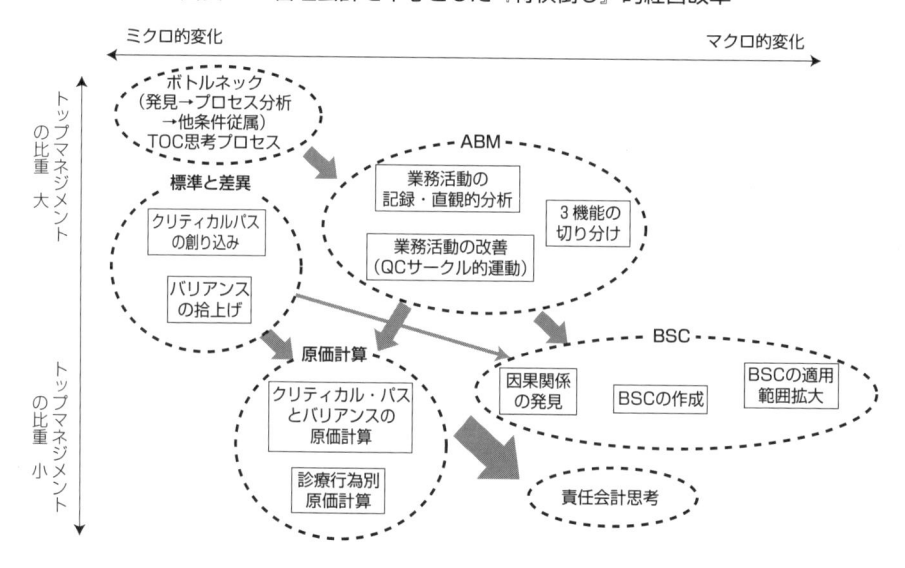

図表8-6　管理会計を中心とした『将棋倒し』的経営改革

ダウンの視点を織り込み，各診療科のなかで一貫するBSCを完成させることができる。

このような「将棋倒し」的経営改革の第一段階の締めくくりとして，責任会計思考の徹底がある。これは信大医学部と信大病院との間の責任会計，各診療科等の責任会計を明確に示した責任会計の構築である。ここにおいてようやく，信大病院の内部的な強みが確固たるものとなろう。

(2) 3グループに分けた「将棋倒し」的経営改革

上記のような「将棋倒し」的経営改革を行うことは医職員の意識向上をも求めるので，マネジメント部局がそのフォローに要する手間暇も考慮すれば，かなりのエネルギーを要する。したがって，図表8-7のように診療科等を3グループに分け，順次スタートさせるのが適当である。

最初のグループは病院全体のプロセスのボトルネックになっていることが多いと思われる放射線部，部内プロセスの見直しが適当と思われる検査部，さらにはこの種の改革に積極的な一部の診療科をもってスタートさせる。これは病

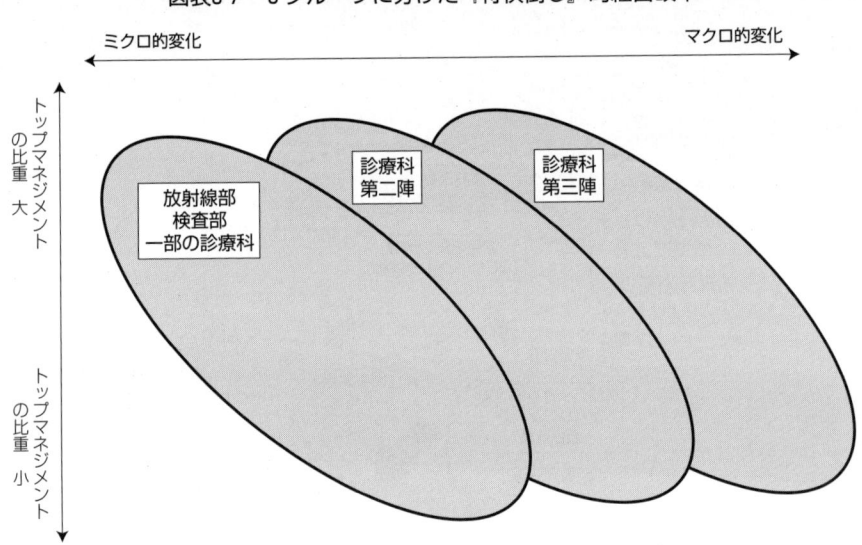

図表8-7　3グループに分けた『将棋倒し』的経営改革

ミクロ的変化　←→　マクロ的変化

トップマネジメントの比重　大　↕　トップマネジメントの比重　小

- 放射線部　検査部　一部の診療科
- 診療科　第二陣
- 診療科　第三陣

院部内の無駄とりおよび生産性を向上させることにより，病院の収益に貢献する。したがって，成果はこれらの診療科から還元する[68]。

つぎのグループと第3のグループは各診療科からの申し出をもとに決める。そのさい，改革をフォローするマネジメント部局の要員の負担も考え，作業を平準化するよう配意する。

4．経営改革の全体像

まず短期的な対応（1－2年）である。手術数の増大など，収益に影響を与える部分を中心に，内部の医療プロセス上のボトルネックとなっている部分を探しだし見直しを行い，収益増大を図る。またコスト節約的なクリティカル・パスの構築に努める。さらに信大病院関係者の時間に対する意識の向上に努め，これをもとにABMを活用する。

つぎに中期的な対応（3－5年）である。短期的な対応を受けて原価計算に

---

[68] 病院全体の収益向上分の一部の還元にとどまる。そうでないと病院の持続可能性が問題となる。

つなげ，大学病院としてバリアンス対応のために必要となるコストを外部にアピールできるようにする。またBSCなどに取り組み，一定水準以上の経営を行っていることをアピールできるようにする[69]。

さらに長期的な対応（5年超）である。短期的な対応，中期的な対応で創り込んだ内部的な強みを外部的に活用していく。すなわち地域連携を本格化する。信大病院のクリティカル・パスを事実上の県内共通パスにしつつ，関連病院，公立病院等との業務提携も視野に，連携を強化することなどが考えられる。

第5節 まとめ

本章では特定の公的組織として信大病院をとりあげ，ケース・リサーチにもとづき，管理会計の観点からの今後のアクション・リサーチのための試案を示した。第4章でみた「業務の標準およびプロセス分析から活動基準管理（ABM）へ，さらにはバランスト・スコアカード（BSC）へ」という考え方を基本としつつ，形を変えて医療パス分析，医療プロセス分析および業務活動分析として適用しうることを試論として提示した。

参考文献
荒井耕［2005］『医療バランスト・スコアカード―英米の展開と日本の挑戦』中央経済社。
荒井耕［2007］『医療原価計算―先駆的な英米医療界からの示唆』中央経済社。
荒木賢二［2003］「実施例Ⅱ国立大学病院での一例　経営情報分析システムにおける原価計算法」，今中雄一ほか『医療の原価計算―患者別・診療群分類別コスティング・マニュアルと理論・実例』社会保険研究所，pp.175-213。
池上直己ほか［2005］『講座医療経済・政策学第4巻医療技術・医薬品』勁草書房。
伊藤和憲［2007］『ケーススタディ　戦略の管理会計―新たなマネジメント・システムの構築』中央経済社。
伊藤和憲［2008］「医療の質とバランスト・スコアカード」『専修ビジネス・レビュー』Vol.3, No.1, pp.17-27。
今中雄一［2006］「第4章　医療の質と原価の評価―根拠に基づく医療提供制度の設計・経営・政策に向けて」，田中滋ほか『講座医療経済・政策学第3巻保健・医療提供制度』勁草書房，pp.81-102。
今村知明ほか［2006］『医療経営学』医学書院。

---

69) この努力は信大病院のレピュテーションを高めることにつながる。

植松祐美子［2005］「プロジェクトマネジメントの導入による入院プロセスの改善」『Journal of the Society of Project Management』Vol.7, No.2, pp.24-29。
上道文昭ほか［2007］「大学病院中央検査部におけるBSC導入に向けて」『医療バランスト・スコアカード研究』Vol.4, No.1, pp.80-90。
内田智久［2005a］「原価計算・心得帳第1回」『医事業務』No.261, pp.48-51。
内田智久［2005b］「原価計算・心得帳第2回」『医事業務』No.263, pp.63-69。
内田智久［2005c］「原価計算・心得帳第3回」『医事業務』No.265, pp.65-69。
内田智久［2006a］「原価計算・心得帳第4回」『医事業務』No.268, pp.72-77。
内田智久［2006b］「原価計算・心得帳第5回」『医事業務』No.270, pp.54-61。
内田智久［2006c］「原価計算・心得帳最終回」『医事業務』No.272, pp.72-75。
遠藤久夫ほか［2005］『講座医療経済・政策学第2巻医療保険・診療報酬制度』勁草書房。
川渕孝一［2004］『進化する病院マネジメント—医療と経営の質がわかる人材育成を目指して』医学書院。
川渕孝一［2005］「国立大学の法人化が促す新たな病院経営」『大学財務研究』No.2, pp.77-97。
川渕孝一［2008］『医療再生は可能か』ちくま新書。
経済産業省サービス産業人材育成事業運営委員会［2006］『医療経営人材育成テキスト［Ver.1.0]』。
国立大学付属病院長会議データベース管理委員会［2007］『平成18年度国立大学病院運営改善のためのデータ集　分析資料およびグラフ化資料』12月。
櫻井通晴［2008］『バランスト・スコアカード—理論とケース・スタディ　改訂版』同文舘。
塩田芳享［2008］「医療・薬のムダが数千億円—お年寄りを切り捨てる前に削減すべきものがある」『文藝春秋』Vol.86, No.13（11月号）, pp.320-329。
社会保障国民会議［2008］『社会保障国民会議中間報告』内閣官房、6月。
信大病院［2008］『信州大学医学部附属病院INFORMATION 2008/2009』信大病院。
染谷恭次郎［1956］「医療報酬の決定方法と医療原価」『企業会計』Vol.8, No.12, pp.1970-1981。
染谷恭次郎［1997］「病院会計の開拓（一）—ある会計学者の軌跡」『会計』Vol.151, No.3, pp.413-420。
高木安雄［2005］「第3章　わが国の診療報酬政策の展開と今日的課題—技術評価と医療費配分のジレンマ」，遠藤久夫ほか『講座医療経済・政策学第2巻医療保険・診療報酬制度』勁草書房, pp.93-122）。
高橋淑郎［1997］『変革期の病院経営—医療サービスの質の向上をめざして』中央経済社。
谷武幸［2006］「病院経営へのBSCの導入—パブリックセクターへの適用を考える糸口として」『会計』Vol.169, No.2, pp.222-240。
二木立［2004］『医療改革と病院—幻想の「抜本改革」から着実な部分改革へ』勁草書房。

二木立［2007］『医療改革―危機から希望へ』勁草書房。
西村周三ほか［2006］『講座医療経済・政策学第1巻医療経済学の基礎理論と論点』勁草書房。
日本医療評価機構HP,
　http://www.report.jcqhc.or.jp/cgi-bin/soukatu.cgi?page_id=hp050N&nintei_id=1644#hyouji_naiyou　2008年9月アクセス。
長谷川敏彦編［2002］『病院経営戦略』医学書院。
長谷川敏彦ほか編［2006］『医療を経済する－質・効率・お金の最適バランスをめぐって』医学書院。
藤本隆宏［2001］『生産マネジメント入門Ⅰ』日本経済新聞社。
本田宏［2007］『誰が日本の医療を殺すのか―「医療崩壊」の知られざる真実』洋泉社。
松井彰彦［2008］「深刻化する医療の「格差問題」―経済論壇から」『日本経済新聞』11月30日づけ。
Liker, J. K., and Meier, D. [2005], *The Toyota Way Fieldbook: A Practical Guide for Implementing TOYOTA'S 4Ps*, McGraw-Hill. 稲垣公夫訳,『ザ・トヨタウェイ　実践編　上』日経BP社, 2005年。
Mintzberg, H., Ahlstrrand, B., and Lampel, J. [1998], *Strategy Safari: A Guided Tour Through The Wilds of Strategic Management*, Free Press. 齊藤嘉則監訳『戦略サファリ―戦略マネジメント・ガイドブック』東洋経済新報社, 1999年。

●第Ⅲ部●

公的組織における管理会計の今後の方向

　第Ⅲ部では公的組織における管理会計の今後の方向について，短期，中期および長期的な観点から検討する。「第9章　短中期的な観点から期待される今後の進展」ではまず，短期的な観点からどのような管理会計研究が必要視されるのかについて検討する。また，中期的な観点からは管理会計の逆機能を抑制するためにどのような措置が必要視されるのか検討するとともに，管理会計研究としてどのようなものが求められるのか考察する。「第10章　効果性重視の公共経営と管理会計」では，長期的な観点からの公的組織の管理会計の役割を検討する。まず可視化に役立つ管理会計が公的組織ではどのように機能するのかを検討する。また公的組織では効率性のみならず，効果性も求められるが，管理会計がこれにどのように機能するのかを考察する。そして，管理会計が社会のなかでどのような機能を果たし，そのためにどのような研究が必要視されるのかを検討する。

第Ⅲ部 公的組織における管理会計の今後の方向　*283*

第9章
短中期的な観点から期待される今後の進展

　本章では短期的および中期的な観点から，公的組織における管理会計の今後の期待される進展について考察する。ここではいくつかの公的組織で管理会計手法等が試行される段階までの期間を短期的とし，多くの公的組織で活用される段階までの期間を中期的とする[1]。

第1節　短期的な観点からの期待される進展

　最初に，短期的に期待される進展について述べる。わが国の公的組織では管理会計は一般的に知られている存在ではない。このため，まずは管理会計に関する知識の蓄積が望まれる。同時に，管理会計の側からも手法の導入研究が求められよう。

1．公的組織におけるネットワーク型の管理会計研究

　わが国の公的組織において最初にもっとも必要性が高いと思われるのが，管理会計に関する知識および研究の蓄積である。通常の行政部局にこれらを期待するのは困難であろう。このため，各公的組織の研究所等でそれぞれに行われるであろう管理会計研究を，ネットワーク状に結ぶことが重要と考える。

(1) ネットワーク型の研究の必要性

　公的組織の管理会計にはさまざまな類型がある。人的資源の管理を中心とする労働集約的な分野，公共事業などの資本集約的な分野，さらには，財政投融資などの資金集約的な分野がある。労働集約的な分野は，議論がもっとも遅れていることに加え，その類型が多岐にわたることも問題を複雑にする。国税組

---
[1] 予算編成過程での参考資料としての管理会計の活用は容易であるので，これを検討の推進力として用いることはできよう。ただし，さまざまな活用の形が考えられるので，本書では考察しない。

織に類似するような国の執行機関，きわめて数の多い病院[2]，大学[3]などの教育・研究機関，さらには地方公共団体[4]などがある。

　具体的な管理会計の活用の姿は，分野ごとに公的組織ごとに多少異なる形態となると予想される。しかも，公的組織は管理会計に慣れてはいない。したがって，特定の管理会計手法を教科書的に導入するだけでは相当の混乱が生じかねない。かりにこれが公的組織の執行現場における反発につながれば，管理会計の導入可能性は見込めなくなる[5]。

　したがって，著者としてはネットワーク型の管理会計研究を推進する必要があると考える。現在，各省および大きな公的組織には一般的に，それぞれ研究所・研修所が設置されている。これらの研究所等で，それぞれに管理会計研究を開始し，そのうえで，有力な研究所等をネットワークで結んでいくことが期待される。

(2) 財務省財務総合政策研究所研究部等に期待される役割

　先に述べたネットワーク型の管理会計研究では，その中心となる結節点が必要である。著者としては，財務省の研究機関である財務総合政策研究所研究部（以下，財総研という）にその役割を期待したい。予算編成過程で活用する可能性や，後で述べるように第三者監査の可能性を考慮すれば，財務省でも管理会計の知識等の蓄積が必要となる。したがって，財務省の研究機関としての財総研が初期段階からネットワーク型の研究への積極的な関与が望まれよう。

　また，後で述べるように，第三者監査においては会計検査院による検査も重要な役割を担うこととなる。したがって，会計検査院も初期段階からの積極的な参加が期待される。

　広範な分野にわたる公的組織での研究レベルは，それぞれに違いが生じ，自

---

[2] 病院のうちもっとも複雑なのが大学病院である。
[3] 大学教員の稼働時間は，研究・教育・マネジメントのわずか3つで分類できる。大学事務職員については，通常の公的組織とまったく同じである。
[4] 規模や地域性などにより分類できよう。事業などは切り出すことが適当であろう。
[5] 管理会計はテイラーリズムへの反発に似た反発を招きやすい。

然といろいろなレベルのものとなろう。そのなかで，財務省ならびに会計検査院は，どのような研究が実際に機能しそうなのか，それとも表面だけのものなのか，そういったものを見分ける自身の能力を開発しておく必要があろう。

(3) 税務大学校研究部に期待される役割

財総研を結節点とするネットワーク型の管理会計研究には税務大学校研究部の参加もまた必要である。第5章でみたように，国税組織の事務運営は管理会計としても一定レベルにある。その経験・知見を管理会計の用語を用いて解説し，ほかの公的組織の研究の一助にしていくことが期待される[6]。

加えて，国税組織では，従来の「人日」システム等をさらにレベルの高いものとすべく努力していくことが望まれる[7]。そこでは税務大学校研究部が中心となり，製造業等の外部のさまざまな知見のポイントを簡潔に要約し，国税組織内への定着に努めることが適当である。これらの取り組みについても，ほかの公的組織に還元していくことができよう。

(4) 管理会計研究者の活用

従来，公的組織では財務会計研究者はともかく，管理会計研究者にはそれほどの協力を仰いできてはいない。しかし，公的組織での管理会計研究では管理会計研究者の協力を仰ぐのが適当である。第1章でみたように，わが国の企業の管理会計研究でも，たとえば1950年代などは実務家と研究者との協力関係がうまく構築されていた。これと同様，現在の公的組織では実務家と管理会計研究者との協力関係が求められよう。

---

[6] 櫻井［2007, p.16］は公的組織において効率性との関係ではABCが，効果性との関係ではBSCが有効であるとし，わが国の公的組織には管理会計を理解できるトップや中堅職員がほとんどいないことなどを指摘する。しかし，著者は，国税組織を考慮に入れ，財務省職員の多くが国税出身であること，および，財務省職員の多くが国税組織のマネジメントになじんでいることを考慮すれば，少なくとも人数の観点からは櫻井の指摘は杞憂であると考える。

[7] 税務行政は申告納税制度を基本としていることから，納税者の信頼確保は税務行政の生命線である。業務の性質上たとえ好かれる組織ではなくとも，納税者の信頼確保という点で，国税組織こそは公的組織のトップ・ランナーのひとつであり続けてほしいと，著者としては願っている。

2. 管理会計手法の導入研究

　公的組織の管理会計では，管理会計研究の側からはまずは管理会計手法の導入プロセスが問題となろう。PPBSの挫折に見舞われたアメリカの公的組織では1970年代からこの論点に関心が払われてきた。

(1) 管理会計手法の導入研究の類型 ◇◇◇◇◇◇◇◇◇◇◇◇◇◇◇◇◇◇◇◇◇◇◇

　管理会計研究では管理会計手法の導入についての研究スタイルがいくつかの類型に整理されている。具体的には，①先行研究の文献レビュー，②サーベイ・リサーチ，③ケース・リサーチ，④アクション・リサーチおよび⑤イノベーション・アクション・リサーチがある（谷編［2004］pp.2-9）。

　①は文字通りであるので省く。②サーベイ・リサーチは質問票を使い大量標本からデータを集め，統計的な検定を行う実証研究である。その目的によって仮説検証型と仮説発見型に分かれ，前者がより厳密なタイプの研究となる。

　③ケース・リサーチは少数の事例に対してインタビュー，参加観察，内部文書の閲覧などさまざまな手段を利用し，おもに定性的な情報を収集，分析するためのフィールド・リサーチの総称である。参加観察は研究者が観察者として参加するだけのものから完全な内部者として潜入するスタイルまで多岐にわたる。

　④アクション・リサーチは研究者がシステムに対してアクションを仕掛けながら，すなわち，何らかの変化を試みながらデータ収集を行う方法である。管理会計の領域でのアクション・リサーチは，通常，研究者がコンサルタントのように管理会計手法の導入や変革に積極的に介入しながら行う研究をさすことが多い。これは，研究者が企業内の現象に直接関与しない②サーベイ・リサーチや，たとえ参加観察を行ったとしても研究者側からシステムに及ぼす影響を極小化し，ありのままの組織現象をできるだけ忠実に観察，記述しようとする③ケース・リサーチとも異なった研究のスタイルといえる（谷編［2004］p.18）。

　⑤イノベーション・アクション・リサーチは既存のシステムが万全でなく，

第Ⅲ部　公的組織における管理会計の今後の方向　*287*

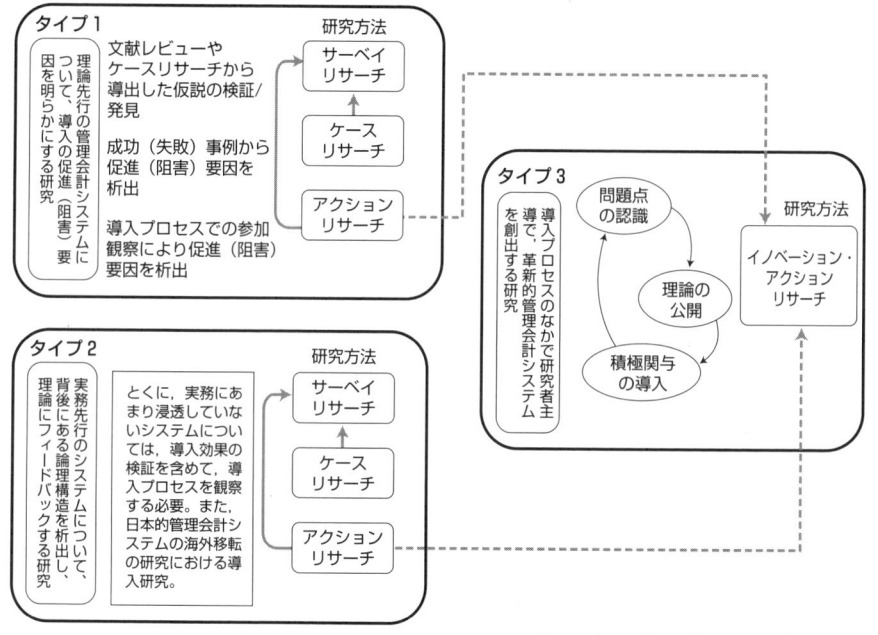

図表9-1　導入研究の範囲と研究方法に関するモデル

タイプ1		研究方法
理論先行の管理会計システムについて、導入の促進（阻害）要因を明らかにする研究	文献レビューやケースリサーチから導出した仮説の検証/発見	サーベイリサーチ
	成功（失敗）事例から促進（阻害）要因を析出	ケースリサーチ
	導入プロセスでの参加観察により促進（阻害）要因を析出	アクションリサーチ

タイプ3		研究方法
導入プロセスのなかで研究者主導で、革新的管理会計システムを創出する研究	問題点の認識 → 理論の公開 → 積極関与の導入（循環）	イノベーション・アクションリサーチ

タイプ2		研究方法
実務先行のシステムについて、背後にある論理構造を析出し、理論にフィードバックする研究	とくに、実務にあまり浸透していないシステムについては、導入効果の検証を含めて、導入プロセスを観察する必要。また、日本的管理会計システムの海外移転の研究における導入研究。	サーベイリサーチ
		ケースリサーチ
		アクションリサーチ

（出典：谷編［2004］p.5 より著者修正）

改善の余地を残している場合、さらにすぐれたシステムへ進化させるものである。あたらしいシステムを提案し、企業で実地にその可能性を試す。そこで得られた知見をもとに、よりイノベーティブなシステムを開発するものである。このスタイルはキャプランがBSCなどにおける自らの経験をもとに提唱した。しかし、④アクション・リサーチとの差は相対的なものに過ぎず、明確な違いはない（谷編［2004］p.18）。以上をまとめると図表9-1のとおりとなる。

　三矢［2002, p.105］は今後の導入研究がめざすべき方向として、導入現象のさまざまな論点を包括的に分析する観点等から、複数の研究方法の採用、すなわちトライアンギュレーションをあげている。これは導入現象のさまざまな論点を包括的に分析しようとすれば、複数のスタイルで分析するほうが誤った解釈も防げ、あらたな発見につながるからである。

(2) 望まれる導入研究

　このように管理会計手法の導入研究にはさまざまなスタイルがあり，複数の研究方法の重要性も指摘されている。公的組織における管理会計手法の導入プロセスはそれ自体，多くの論点がみいだされよう。

　たとえば著者は第4章において組織の価値観を入れ込むことの重要性を指摘した。管理会計手法を実効的に機能させるためには，このような組織の価値観への配慮が求められる。しかしながら，一般論としてはともかく，価値観を含む組織文化には公的組織ごとにさまざまなものがある。このため，組織文化が管理会計手法の導入にあたってどのような機能を果たすのか，今後の導入研究が必要であると思われる。具体的にはどのような組織文化であれば，その組織文化にどのような機能を期待し，どのような導入の仕方が望ましいのかなど，さまざまな論点があると考える。

　また，たとえば第4章のような「業務の標準およびプロセス分析から活動基準管理（ABM）へ，さらにはバランスト・スコアカード（BSC）へ」という一連の流れがかりに妥当するとしても，実際の導入においては業務の標準の設定から始めるのがいいのか，それとも活動の区分を先に設定するのがいいのかは著者には答えがない。前者から始めた場合，確かに論理的には組み立てやすいものの，標準とは何かをめぐって膨大な作業と時間を要することとなる。一方，後者から始めた場合，導入直後には大きな効果は得られないが，職員にとって認識しやすい活動の区分を設定し，かつ，時間記録をともなうことにより，組織内部を巻き込んだ業務改善活動を展開することが可能となろう。今後の課題であると認識する。

　さらに，実務家にとっても座学すればある程度は理解できる管理会計手法自体についてはともかく，何を先にするかといった導入のプロセスには悩みが尽きない。また，個別の手法から離れ管理会計を大局的にとらえることは苦手である。このため，手法の導入それ自体が自己目的化しやすい。したがって，実

務家と管理会計研究者との協力は今後とも重要な論点であり続けるであろう[8]。

第2節　中期的な観点からの期待される進展

つぎに中期的に期待される進展である。公的組織である程度管理会計が導入されてきた段階では，導入された管理会計が機能しているかが問題となる。このため，第三者監査が期待される。また，この段階では管理会計研究の側からもいくつかの類型の研究が期待できる。

1．管理会計の逆機能と第三者監査の必要性

管理会計には逆機能が存在する。本項では公共政策決定プロセスでよくいわれるゴミ箱モデルから，事後正当化の役割を果たしかねない管理会計の逆機能を指摘する。そして，第三者監査の必要性について述べる。

(1)　ゴミ箱モデルと管理会計の逆機能

ここでは政府部門の公共政策形成において説明力のある現実的なモデルとされるゴミ箱モデル（宮川［2002］p.191）を概観する。そして，これに管理会計をあてはめるとどのようなものになるのか，簡潔にみておきたい。

サイモン等による制限された合理性の概念にもとづく行動科学的組織論はコンティンジェンシー理論へと展開された。1970年代後半には原因―結果の因果関係に関する見通しが不透明で，組織目標自体も組織目標間も不確定な状況に直面する組織を，組織化された無秩序として概念づけるゴミ箱モデルがマーチ等により提唱された（溝口［1989］pp.15-16）。

宮川［2002, pp.190-193］によれば，ゴミ箱モデルの基本は組織を組織化された無秩序と考えることにある。この組織化された無秩序は3つの一般的性質を持つ。まず，不明確な選好である。選好や目標を不明確にし，そこに内在する対立をあいまいにしておくことにより，行動についての合意が得られやすく，

[8) 公的組織であれ企業であれ，経理・会計部門がそれほど強くはないと思われるわが国の組織風土のもとでは，現場の職員に比較的理解されやすい簡単明瞭なシステムが望ましい。いかに簡単明瞭なシステムにするのか，ここに実務におけるきわめて悩ましい問題が存在する。

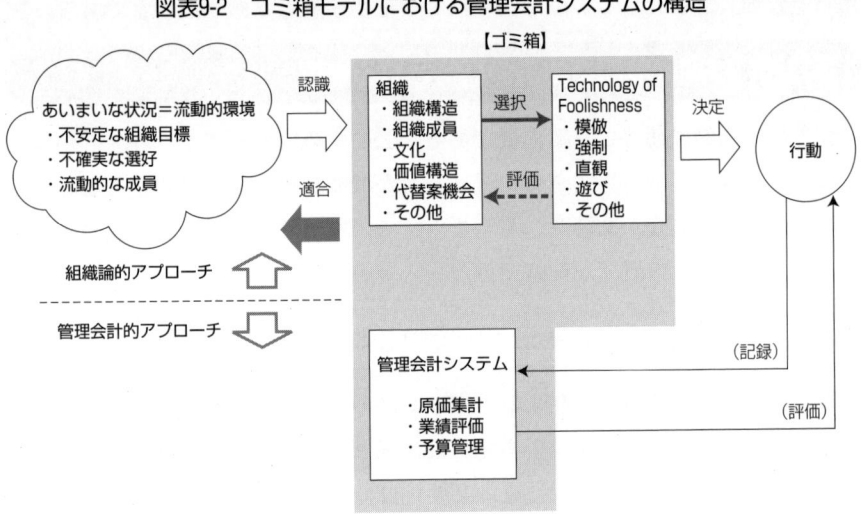

図表9-2　ゴミ箱モデルにおける管理会計システムの構造

【ゴミ箱】

あいまいな状況＝流動的環境
・不安定な組織目標
・不確実な選好
・流動的な成員

→ 認識 →

組織
・組織構造
・組織成員
・文化
・価値構造
・代替案機会
・その他

→ 選択 →

Technology of Foolishness
・模倣
・強制
・直観
・遊び
・その他

← 評価 ←

→ 決定 → 行動

← 適合 ←

組織論的アプローチ ↑

管理会計的アプローチ ↓

管理会計システム
・原価集計
・業績評価
・予算管理

← （記録）
← （評価）

（出典：溝口［1989］p.21より著者修正）

行動が容易になる。つぎに，明らかでない技術である。構成メンバーは組織のプロセスを実はよく理解していない。自分の仕事が組織にどう組み込まれているか，断片的な知識しかもっていない。多くの試行錯誤を通して経験から学習していく。さらに，流動的な参加である。構成メンバーは問題によって意思決定に参加したりしなかったりする。組織の境界が流動的なのである。

　そして，組織の意思決定構造には4つの別々の流れがある。問題，解決案，参加者および選択機会である。いろいろな種類の問題や解決案が参加者によって生み出され，投げ込まれるゴミ箱が選択機会であるとする。したがって，このゴミ箱から生まれる結果は，ゴミ箱のなかのゴミ（問題，解決案，参加者および参加者の資源）の混合状態と，ゴミがどのように処理されるかに依存するとする。解決案が先にあり，そのうえで問題を探し求めることもある。システム内には別々の流れがあり，結果はそれらの結びつきに大きく依存する。

　ゴミ箱モデルによる管理会計の先行研究としては溝口［1989］がある。溝口は図表9-2のとおりまとめている。組織は激変する環境のもとで，不確実な組織目標や選好と流動的な構成員等のあいまいな状況に直面する。ゴミ箱のなか

には組織構造，組織文化，構成員の個人的属性，代替案選択機会等々がゴミとして混在し，詰め込まれている。これらのゴミはあいまいな状況の変化にともない，ゴミ箱に流入しその速度もまちまちである。組織は行動を決定するさいに，従来の制限された合理性にもとづく合理的な意思決定プロセスではなく，模倣，強制，直感，遊び等の非合理的な行動決定基準に依存するとする。

　溝口［1989, p.21］はこのように整理したうえで，以下のように述べる（下線は著者付記）。

　　この組織論的アプローチの下で，管理会計システムは組織行動に対する記録と行動結果の評価機能を有する。このような管理会計情報は管理会計システムで処理・加工・蓄積され，組織からの行動決定の選択にかかわる情報要請に対して，その支援情報を識別して提供する。ただし，管理会計システムが提供する行動決定に関する支援行動は，行動決定基準が非合理的な性格を有しているため，予測としての事前情報よりもむしろ<u>行動の正当化とその評価に関する事後情報としての属性を有するのが特徴</u>である。

　さらに，溝口［1989, pp.23-26］は管理会計の対象領域について，目標の不確実性および原因・結果の不確実性とのマトリックスを提示し図表9-3を示す。図表9-3の領域Ⅰでは目標は明確に設定され，意思決定に関する原因と結果の情報も不確実性が低い。このため，標準業務手続として認識される。これを解答機械（Answer Machines）と呼び，伝統的管理会計による解が容易に得られる。領域Ⅱは目標の設定が不明確であるが，意思決定に関する因果関係の情報は不確実性が低い領域である。交渉や妥協などの政治的プロセスにより意思決定がなされる。これを戦闘機械（Ammunition Machines）と呼び，組織内構成員が管理会計を利用し自己実現を図る。

　領域Ⅲは目標の設定は明確であるが，意思決定の因果関係は不明確な領域である。管理会計は解答自体を決定するのではなく，むしろ意思決定を支援するシステムとなる。この領域では因果関係の不確実性の程度により，解答機械と学習機械（Learning Machines）の双方が存在する。領域Ⅳは対象とする目標

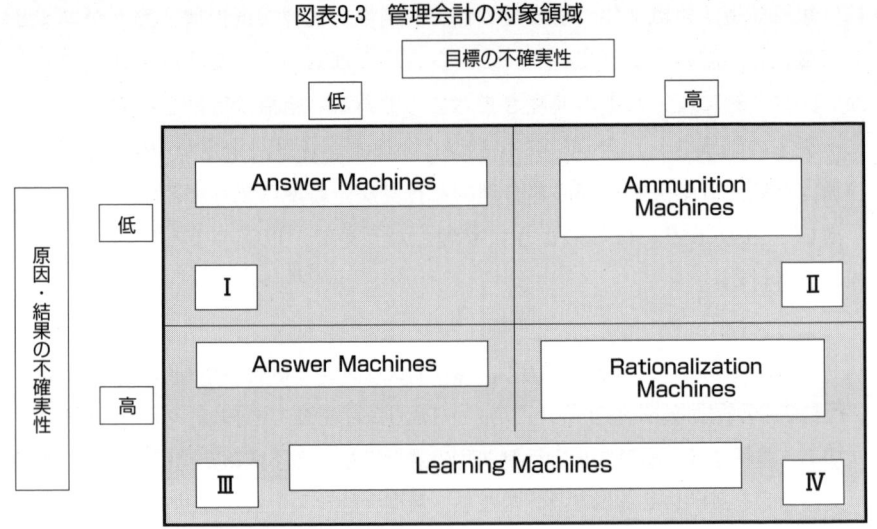

図表9-3 管理会計の対象領域

	目標の不確実性 低	目標の不確実性 高
原因・結果の不確実性 低	Answer Machines I	Ammunition Machines II
原因・結果の不確実性 高	Answer Machines III	Rationalization Machines IV

（下段にまたがり：Learning Machines）

（出典：溝口 [1989] p.23より著者修正）

や問題を認識できず，原因と結果の因果関係もあいまいな状況である。ここでの管理会計は，すでに実施された意思決定行動を正当化・合理化する情報システムである。ここでも因果関係の程度により，合理化機械（Rationalization Machines）と学習機械の双方が存在するとする。

そして，ゴミ箱モデルにおける管理会計は領域IVを対象とし，組織行動における事後的正当化を中心とする機能を有する。このため，目標や因果関係の不確実性・あいまい性を削減し，領域I，II，IIIへシフトさせるような情報システムの設計が同時に求められる。そこでは，模倣や強制等の非合理的な行動決定基準を含む，一連の事後情報の蓄積により行われる。

以上が溝口の論説の骨格である。ここで注目すべきは，上記の領域I，II，IIIへシフトさせるような努力が管理会計でなされないならば，当該管理会計は環境の変化に対応して変化できないことにある。管理会計の設計にあたっては，このシフトさせるような，換言すれば，徐々に修正していく仕掛けが求められる。具体的には一連の事後情報の蓄積を行い，目標や因果関係の不確実性を低

減させていくような何らかの仕掛けが求められると考えられる[9]。

公的組織において管理会計を活用する場合にはとくに，そのシステムのなかに，目標の不確実性や原因・結果の因果関係の不確実性を削減していくような，徐々に修正していく仕掛けを，システム設計時に組み入れておく必要性が高いと考える。これは管理会計の導入がある程度軌道に乗った段階では，政治的な背景などから，事業等の強行ないし継続の理由として管理会計が使われてしまう可能性が公的組織においてはとくに高いと思われるからである。

(2) 第三者監査の必要性

管理会計には，行動を事後的に正当化するためのツールとなる逆機能の危険性がある。たとえば，効率化のための業務改善が行われないなかでのコスト構造の明示は，単なる予算要求のための手段ともなりかねない。したがって，このような逆機能が生じていないかといった観点からの第三者監査の必要性が指摘できる。

管理会計の評価は，第一義的には，各公的組織の内部でシステムとして機能しているかを判断することが重要である。このような内部監査は非常に重要である。そして，その外側に，外部者による監査（第三者監査）が必要となる。第三者監査は各公的組織の内部において実効的な管理会計が構築されていることが前提条件となる。管理会計が存在しなければ，第三者がチェックしようがないからである。

第三者監査としては財政当局の予算執行調査や会計検査院検査の活用が考えられよう。財務省HPによれば，予算執行調査とは財政資金が効率的・効果的に執行されているかという観点から行う調査である。また，会計検査院HPによれば，会計検査院検査とは，①決算の表示が予算執行など財務の状況を正確に表現しているか（正確性），②会計経理が予算や法律，政令等にしたがって

---

[9] 石井［1983, p.109］は管理会計による情報誘導等の可能性を指摘する。井堀［2001, pp.178-183; 2007, pp.220-223］は公共事業などのB／C分析について，事業開始前のB／C分析結果を事後的にならべて評価することにより，便益の過大見積ないしは費用の過小見積の傾向が強くみられる分野には罰を与えるべきと主張する。これらも本質的には同じ論点であると考える。

適正に処理されているか（合規性），③事務・事業の遂行および予算の執行がより少ない費用で実施できないか（経済性），④業務の実施に際し同じ費用でより大きな成果が得られないか，あるいは費用との対比で最大限の成果を得ているか（効率性），および，⑤事務・事業の遂行および予算の執行の結果が所期の目的を達成しているか，また，効果をあげているか（有効性）等の視点から行われるものとされている。

かりに予算執行調査や会計検査院検査を第三者監査として位置づけた場合，つぎに問題となるのが，管理会計を見分ける能力ないし判断していく能力を，これらに求めることができるのかという問題である。この点に関し，著者はそれほどの困難はないと考える。なぜならば，前節で述べたネットワーク型の管理会計研究の蓄積が期待できるとともに，国税組織の事例などの知見も活用できるからである。公共事業のB/C分析もPDCAサイクルで活用していくなかで相当の知見が得られよう[10]。

2．進化論と公的組織の管理会計研究

つぎに管理会計研究の側から考察する。進化論は最近議論されることが多い。進化論に基礎をおいた管理会計手法の導入とその変異，伝播のプロセスは，公的組織の管理会計研究でも今後の進展が期待できよう。

(1) 方法論的進化論

最近の社会科学においては進化という言葉がよく用いられている。藤本［2000, pp.53-54］は以下のように述べている。

> 社会システムを対象とした「進化論」の論者達が，統一された論理と概念を共有してきたとは必ずしもいえない。むしろ，社会現象に対して適用された「進化」の概念は，著者によって相当に異なる傾向が見られ，それが数々の誤解を生んできたといえなくもない。また，この言葉のもつ響きの良さから，さまざまな社会

---

10) 脚注9) の井堀の議論が参考となろう。

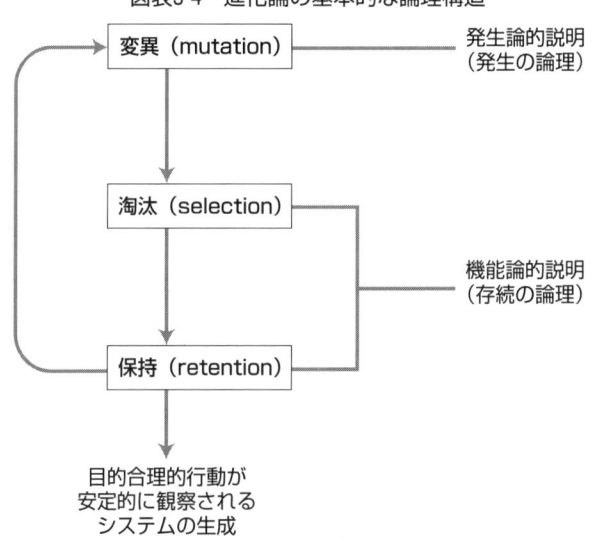

図表9-4　進化論の基本的な論理構造

```
変異（mutation） ──── 発生論的説明
   │                  （発生の論理）
   ↓
淘汰（selection） ┐
   │             ├── 機能論的説明
   ↓             │   （存続の論理）
保持（retention）┘
   │
   ↓
目的合理的行動が
安定的に観察される
システムの生成
```

(出典：藤本［1997］p.134)

　現象に対して「進化」という言葉を，漠然と「良いものへの着実な変化」という意味で使う風潮が近年顕著である。…少なくとも社会科学の概念として使う場合は，そうした曖昧な用法は許されないだろう。

　そのうえで藤本は，おもに実証分析を行う立場から方法論的進化論を唱えている。そこでは発生論と機能論を別々に検討し，両者が成り立つ場合に進化という言葉をあてている。これを図解すれば図表9-4のとおりである。
　藤本の発生論とは，著者としてひとことで表現すれば，瓢箪から駒[11]を認める論理である。システムが変化していく要因として，偶然が引き金になる場合，機械論的な必然による場合，意図せざる行為が原因となる場合，事前合理的な計画が意図した通りの結果を生む場合などを幅広く検討する（藤本［2000］p.76)。事前合理的計画の実現という目的論ですべてを説明しないのである。

---

11) 柴田匡平教授（信州大学経営大学院）の言葉である。引用の責任は著者にある。

また機能論とはシステムの安定のことである。ある構造がある機能を生み出し出し，その結果システムが安定的に存続するという一連の流れを，事後的な因果関係として説明する（藤本［2000］pp.76-77）。機能は構造（システム）の結果であるとするものである。

その結果，たとえば，システムの変化がすべて偶然の結果である場合やシステムの変化が事前合理的なシステム・デザインによって整然となされた場合，さらには，環境の淘汰圧力が弱く，発生したシステムはすべて生き残り可能だと仮定できる場合などには，発生論と機能論を分けて論じる意味はなくなると藤本［2000, pp.77-78］は指摘する。事前の計画通りではなかったとしても，瓢箪から駒で結果オーライであったシステムの変化をも認めていくのである。環境による淘汰に関しても，厳しい淘汰ばかりではなく，不完全な適応にとどまるものも含めて多様なシステムの共存を許す緩やかな淘汰（藤本［2000］p.79）の可能性も否定しないところにポイントがある。

この議論から公的組織を考えると，特定の管理会計手法のみが成り立つのではなく，多様性をもった緩やかな淘汰のプロセス，すなわち，動態的な視点が必要となる。特定の管理会計手法の教科書的な導入とは対極のものとなろう。

(2) 制度進化パースペクティブ

管理会計において進化概念を応用した議論として，制度進化パースペクティブがある。澤邉［2006, pp.117-140］によれば，上記の方法論的進化論を踏まえ，制度の形式的構造としての管理会計手法と実質的機能とを考えていくものである。具体的には，管理会計手法は制度の形式的構造を表現するものであり，自らコピーを生み出していく複製子[12]であるとする。そして，その形式的構造（管理会計手法）が企業組織のなかに組み込まれ，企業組織内外の相互作用のなかで実質的な機能を果たす。さらに，その実質的な機能を果たしている実体を相互作用子とする。これを図解すれば図表9-5のとおりとなる。管理会計における制度進化パースペクティブは，このように発生論と機能論および制度の形式

---

[12] 進化経済学会［2006, p.522］によれば，ある特質をもつ個体が自らを複製して増殖する可能性をもつとき，それを抽象的に複製子という。

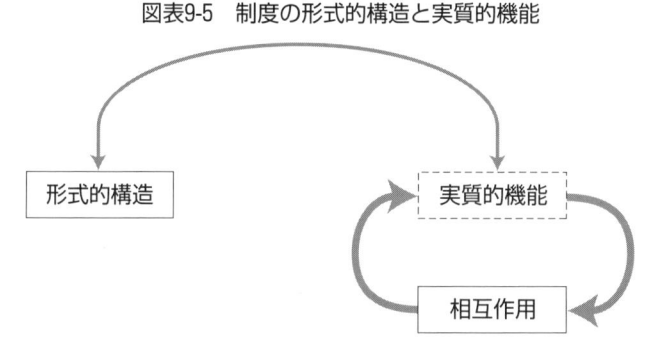

図表9-5　制度の形式的構造と実質的機能

形式的構造　→　実質的機能　⇄　相互作用

（出典：澤邉［2006］p.126）

的構造と実質的機能のそれぞれを分離して理解する複眼的視点に立つ。

　この制度進化パースペクティブによって澤邉［2006, pp.132-134］は，管理会計における3つの研究分野を指摘している。第1の分野は複製子の解明，すなわち，管理会計手法の定式化である。これには管理会計手法の生成や変異の過程も含む。キャプランによるABCやBSCの研究，啓蒙活動などがこれにあたる。

　第2の分野は相互作用子における相互作用の解明である。すなわち，相互作用子としてどのような行為主体（企業組織）が存在し，それらが組織内外において管理会計手法を用いてどのように相互作用し，結果としていかなる社会構造が生まれるのかという分野である。

　第3の分野は相互作用子における複製子の発現過程である。管理会計手法の企業組織への導入，安定にかかる過程についての研究である。

　この制度進化パースペクティブからは，公的組織においても定式化された管理会計手法の導入にとどまらずに，全体のなかで個別の公的組織における管理会計手法の導入と変異，別の組織への伝播のプロセスをみていくという視点が得られる。同時に，公的組織の場合には企業以上に，そのプロセスの社会的な役割についての研究が求められよう。

3. 管理会計研究の類型と公的組織

　公的組織で管理会計が活用されてきた段階では，管理会計研究の側からみれば，管理会計手法の導入とその変異，伝播のプロセス以外にも，いくつかの研究の類型が考えられる。門田［1999, pp.72-83］は，管理会計の研究方法を2つの軸によって分け，図表9-6を示している。

　加登ほか［2007］はその意味を簡潔に示している。研究と現実の世界とのかかわり合いについての第1の軸（ヨコ軸）と，研究者が研究目的に対して持つ仮定についての第2の軸（タテ軸）からなっている。第1の軸（ヨコ軸）の一方には経験的研究，すなわち，研究仮説が現実の世界から導かれたり，あるいは仮説が現実の世界でテストされたりする類いの研究がある。キャプランによるABCやBSCなどの研究はこの経験的研究であり，キャプランはこの経験的研究の意義を主張している。他方には理論的研究，すなわち，数学モデルなどを用いて，人間や組織の行動についての仮定からの先験的な仮説あるいは演繹的な理論を構築する研究がある。この研究は現実とのかかわり合いが希薄である。

　第2の軸（タテ軸）の一方には実証的研究，すなわち，現実を肯定的に（積極的に）受け止めて，その現実を説明したり予測したりする研究がある。ジマーマンなどはこの実証的研究の意義を主張している。その主張によれば，会計研究者は実務に影響を与えてはならない，実務に介入して会計システムを進化させることは研究とはいえない[13]。他方には規範的研究，すなわち，現実を改善させるために「あるべき姿」を示す研究がある。

　管理会計研究では，研究仮説が現実の世界から導かれたり，仮説が現実の世界でテストされたりする類いの，現在では大きな流れになっている経験的研究が一方にはある。しかし，そのほかにも理論的研究や自然科学的な実証的研究など，さまざまな研究の類型がある。

　研究仮説が現実の世界から導かれる，すなわち，現実のマネジメントなどか

13）ただし，加登ほか［2007］は「誤解を恐れずに言えば」との留保をつける。

図表9-6　管理会計研究方法のフレームワーク

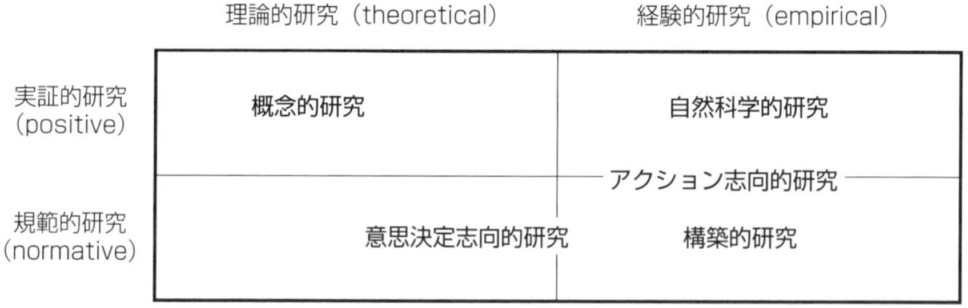

	理論的研究（theoretical）	経験的研究（empirical）
実証的研究（positive）	概念的研究	自然科学的研究
		────アクション志向的研究────
規範的研究（normative）	意思決定志向的研究	構築的研究

（出典：門田 [1999] p.80）

らあらたな管理会計手法などが考案される構築的研究もあれば，個別手法とは別に現実の公的組織における管理会計についての実証分析的研究，すなわち，多数の事業なり機関なりを対象に実証分析を行うこともありえよう[14]。モデルなどを用いた理論的研究もありえよう。公的組織の管理会計研究にはこのように幅広いイメージが得られる。

第3節　まとめ

　本章ではまず短期的な観点から，公的組織における管理会計の今後の期待される進展について述べた。管理会計に対してはそれほど知識の蓄積がないと考えられる公的組織においては，まずはネットワーク型の管理会計研究が必要である。そこでは財務省の研究機関である財務総合政策研究所などの積極的な参加が期待される。また，国税組織での管理会計実践を踏まえ，税務大学校の参加もまた期待される。そして，行政実務家と管理会計研究者との協力もまた必要である。一方，管理会計研究の側面からも，各公的組織で管理会計の導入が漸次的に進められるであろうことを踏まえれば，短期的には管理会計手法の導入研究が求められる。

　つぎに中期的な観点から期待される進展として，管理会計の逆機能とそれをチェックするための第三者監査の必要性を述べた。管理会計には事業強行の理

---

14) B/C分析の進んでいる公共事業では現在でもこのような実証分析的研究が可能と思われる。

由として使うという逆機能も有する。この逆機能を抑制し，効率化のための業務改善に資する管理会計か否かをチェックしていく第三者監査が求められる。これには現行の予算執行調査や会計検査院による検査を活用していくことが考えられる。

　また，管理会計研究の側面からも中期的には進化論にもとづく制度進化パースペクティブからの研究が期待されることを述べた。各公的組織で鋭意進められるであろう管理会計手法の導入には，手法の伝播・変異の過程を観察することが可能であり，またその機能もさまざまな展開することが予想される。したがって，これを観察する視点として制度進化パースペクティブが望ましい。さらに，管理会計研究にはさまざまな類型があり，公的組織での事例が集積されれば実証的研究なども期待されることに言及した。

参考文献

石井薫［1983］「管理会計のフレームワークとコンティンジェンシー理論」『企業会計』Vol.35 No.10, pp.1462-1471。
井堀利宏［2001］『公共事業の正しい考え方　財政赤字の病理』中公新書。
井堀利宏［2007］『「小さな政府」の落とし穴　痛みなき財政再建路線は危険だ』日本経済新聞出版社。
会計検査院HP　http://www.jbaudit.go.jp/effort/viewpoint.html　2009年6月10日アクセス。
加登豊ほか［2007］「現代管理会計研究の方法論上の特徴と諸問題—Zimmerman論争をめぐって」『国民経済雑誌』Vol.196, No.2, pp.1-18。
財務省HP　http://www.mof.go.jp/jouhou/syukei/sikkou_gaiyou.htm　2009年6月10日アクセス。
櫻井通晴［2007］「（巻頭言）わが国の公的機関における効率性と有効性の必要性—管理会計による効率性と有効性追求の方法論」『会計検査研究』No.36, pp.9-17。
澤邉紀生［2006］「管理会計研究における進化概念の応用について—制度進化パースペクティブによる技法研究と応用研究の統合」『経済論叢』Vol.178, No.4, pp.473-496。
進化経済学会編［2006］『進化経済学ハンドブック』共立出版。
谷武幸編著［2004］『成功する管理会計システム—その導入と進化』中央経済社。
藤本隆宏［1997］『生産システムの進化論—トヨタ自動車にみる組織能力と創発プロセス』有斐閣。
藤本隆宏［2000］「第2章　実証分析の方法」進化経済学会・塩沢由典編『方法として

の進化　ゲネシス進化経済学』シュプリンガー・フェアラーク東京，pp.51-84。
溝口周二［1989］「Garbage-canモデルにおける管理会計システムの構造」『横浜経営研究』Vol.9, No.4, pp.277-290。
三矢裕［2002］「管理会計システムの導入研究の方法論—トライアンギュレーションとアクションリサーチの有効性」『会計』Vol.161, No.5, pp.96-109。
宮川公男［2002］『政策科学入門　第2版』東洋経済新報社。
門田安弘［1999］「管理会計研究のパラダイム・シフト」『会計』Vol.155, No.2, pp.244-255。

第10章 効果性重視の公共経営と管理会計

　本章では，長期的な観点から公的組織の管理会計の役割を考察する。管理会計はミクロを対象とするが，公的組織ではきわめてマクロの課題を内包すると考えられるからである。

第1節　管理会計による可視化

　管理会計は公的組織の業務を可視化する。これには2つの意味がある。第1には外への可視化である。第2に内への可視化である。それぞれ考察する。

1．外への可視化

　管理会計は公的組織から外部に対し，どのように業務を執行しているのか，業務運営の考え方やプロセスを示していくことができる。第3章で述べたように，外への可視化は弱い保証としての管理会計として機能することとなり，公的組織の信頼性（信頼される側の特性）を向上させる。

(1)　納税者等の理解の向上

　公的組織の管理会計は，公的組織の業務執行がどのような考え方で，どのようになされているのかについて，示していくことができる。たとえば，業務にどのように資源を投入し，全体のコスト構造がどのようになっているのか，また，それぞれの業務においてどのような目標を考えているのか，その目標は行政のなかでどのように位置づけられるのかなどの因果関係仮説や目的─手段関係を明らかにしていくことが可能である。コスト構造とともに業務運営の考え方やプロセスを外部に示していくことができる。

　ここで著者が重要だと考えるのは，これはあくまで外への可視化であり，外からの可視化ではないことである。かりに外からの可視化というのであれば，

現在でも情報公開法が存在し，情報公開請求に応じて原則開示とされている。このため，公的組織の側は基本的には受け身になってしまい，極端にいえば，情報公開請求があれば対応することと同義になってしまう可能性すらある。

外への可視化を通じた公的組織の側で，何を可視化するのか。特定のものを可視化すれば，公的組織の業務運営について，納税者がどうして，どうやって理解できるのか。公的組織ではこれらの点について考えつつ，外への可視化を図っていく必要がある。したがって，納税者の理解（環境）を考慮した，公的組織の側の能動的な思考を前提に，外への可視化を考える必要がある。

著者は第4章で，人的資源の管理を中心とした労働集約的な業務について「業務の標準およびプロセス分析から活動基準管理（ABM）へ，さらにはバランスト・スコアカード（BSC）へ」というひとつのパターンが考えられることを述べた。これを使って納税者に示していくことができよう。ただし，納税者からみれば，業務の標準やプロセス分析は非常に技術的な話である。納税者の理解を容易にする観点からは，BSCからABMへ，そこからプロセス分析・業務の標準へという示し方が適当であると思われる。

また，第8章で述べた信大病院の事例では，残念ながら現状では医療のコストがどうなっているのか，どのような考え方でマネジメントがなされているのかは明確ではない。かりに医療コストについてもある程度明確になれば，これにより，納税者はそのコスト負担が適当か否かの判断が可能となる。病院側からみれば，必要となるコスト負担を納税者等に求めていく方策となろう[1]。このように，外への可視化は，役割を果たすために必要となる資源の獲得につながる[2]。

(2) 公的組織の信頼性の向上

著者は第3章において，公的組織の信頼性向上のための弱い保証としての管

---

[1] 卑近な言葉でいえば「わが身を守るための管理会計・原価計算」である。
[2] わが国社会の維持の観点からみれば教育と医療は重要であり，これらは公共部門がある程度担い続ける以外にないであろう。しかし，現状では無駄をとりつつ，効率的・効果的に運営していることを証明しようとする議論があまりみうけられない。政治的な主張に傾斜しているように思われる。

理会計の構築と公表について言及した。外への可視化をこれと比較すれば，環境を考慮した公的組織の側の能動的な思考の有無による違いがあるが，両者はきわめて近い関係にたつ。

　第4章で述べたように，納税者はありえない無駄を想像して，その削減を要求する。そして，その削減ができなければ，適正な負担を拒否するという姿勢をとる傾向にある。公的組織の側からの努力の証明がないために，納税者から公的組織へ，一方的に責める，責められるという関係から抜けでることができない。その結果，双方にさらなる欲求不満が高まり，事態が悪化するという悪循環におちいってしまう[3]。

　外への可視化によって，この悪循環を断ち切ることが期待できる。現在の終わりなき行政バッシング，公務員バッシングの先にあるものは何か。これを考えた場合，現在の方向を続けていて，わが国社会が維持できると考える人間は少数派であろう。何とかしなければならないと考えるのが常識的である。

2．内への可視化

　管理会計は公的組織の内部に対しても，どのように業務を執行しているのか，業務運営の考え方やプロセスを示していくことができる。第4章でみたように，職員の動機づけにも重要な役割を演じることとなる。

(1) PDCAサイクルの実効化

　公的組織における管理会計の活用は，公的組織の内部にいる職員にとって，当該組織の業務活動が可視化されることとなる。業務活動が可視化されれば，つぎにはマネジメントそれ自体が可視化されることになる。公的組織がどのように業務を運営しているのか，そこでマネジメントに従事する者がどのように判断しているのかが，ある程度明らかになるからである。このような可視化をここでは内への可視化と称する。

[3) 納税者の側にも，公的組織はどうせ説明できないのだから，文句だけつけとけという足元をみた甘えがあろう。公的組織の側にも，努力の証明はできないのだから，努力しているとだけいって逃げきろうとする甘えがあろう。

内への可視化は必然的に，デミング・サイクルといわれるPDCAサイクルをより機能させる。計数的管理実践としての管理会計が不十分ななかでのPDCAサイクルは，機能自体も不十分なものとなりやすい。「測定できないものは管理できない」からである。

　PDCAサイクルの実践にあたっては組織学習に関する議論が活用できよう。たとえば，アージリス（Argyris［1977］）はシングル・ループ学習とダブル・ループ学習という概念を提示している。シングル・ループ学習をサーモスタットの室温調整にたとえる一方，サーモスタットが「摂氏20度に設定するのは，本当に望ましいのか」とみずから問うことができれば，自身の作動プログラム，基本方針や目標などを見直すことができ，このような学習をダブル・ループ学習という。このダブル・ループ学習はシングル・ループ学習のように既存の行動戦略（Action Strategies）を維持・継続するだけでなく，その行動戦略を決定する変数（Governing Variables）をも修正する（Argyris［1977］）[4]。ダブル・ループ学習は，既存プログラムの設定のさいのそもそもの考え方や趣旨，あるいは既存プログラムのもとになる基本的な方針などを見直すことになる。

　現在では公的組織でもPDCAサイクルという用語は一般化している。これをさらに実効的に機能させる観点から，内への可視化を通じ，ダブル・ループ学習といった組織学習の議論を活用していくことができよう。

　たとえば，白川［2008, p.ⅲ］は中央銀行における「学習を続ける組織」の重要性を主張する[5]。そこでは限られた政策手段を用いて，いかに政策目的を実現していくか。政策手段の限界，既存の理論の限界を踏まえ，問題の所在を示していくことの重要性が指摘されている。

---

[4] 組織学習に関しては，アージリスのほか，マーチ等による，組織におけるルーティンの変化としての組織学習に着目する議論もある（Levitt=March［1988］）。西谷［2008］は，両スクールの議論を鳥瞰し，進化経済学の枠組みによる統合の可能性を指摘している。

[5] 日本銀行は金融政策当局であるとともに巨大な執行部局も有する。それゆえに，執行の限界をつねに意識する傾向にあると著者には思われる。

(2) 組織内の動機づけへの役立ち

　管理会計を通じた内への可視化は，組織の構成員の行動にも影響を及ぼすこととなる。管理会計が構築され，これが組織の構成員にとって可視化されると，第4章でみたように，構成員をして向かうべき方向へと動機づけるとともに，管理会計がミクロ・マクロ・ループとして機能し，構成員の学習を促進させるような動機づけが期待できることとなる。管理会計が情報提供機能と学習促進機能を有することとなる。そして，構成員に組織の価値観を埋め込むことにより，組織の構成員をして，より実効的に動機づけることを期待することができる。これは，職員個々人が，自らが何をしなければいけないのか，自然と理解するようになるからである[6]。

　このように，公的組織における管理会計を通じた内への可視化は，マネジメント層と担当職員との間のコミュニケーションのための共通言語となる。これまで法令等にもとづく定性的な共通言語だけであったものに，管理会計にもとづく定量的ともいいうる共通言語が加わることとなる[7]。

第2節　効果性重視の公共経営

　管理会計は公的組織の効率性のみならず，効果性重視の業務運営に役立つ。この効果性重視の公共経営について考察する。

1．効率性と効果性

　最初に効率性や効果性について簡潔に概観する[8]。山本［2001, p.224］は経済性，効率性，効果性[9]および影響性について，図表10-1のように整理する。経

---

6) いわゆる日本的管理会計では，この点に相当の工夫が凝らされている。公的組織における工夫は残念ながら相当程度不足していよう。
7) 管理会計にもとづく定量的な共通言語は職員を活性化させよう。同時に，マネジメント層からすれば，より厳しい目で職員からみられることとなる。マネジメント層が，職員の気づき・知恵・知識等を取り込み，職員を巻き込んでいくことができれば公的組織にもあらたな道が拓けよう。
8) 効率性・効果性などの概念整理には議論の蓄積があるが，本書では論じない。
9) 山本は有効性と呼ぶ。

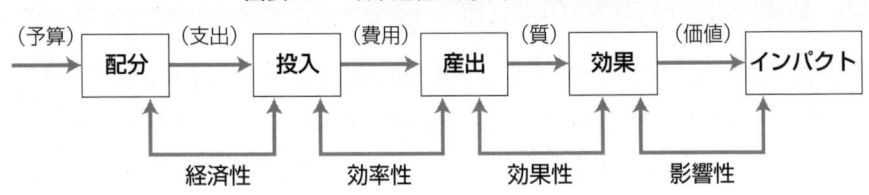

図表10-1 政策過程と効率性・効果性等

（予算）→ 配分 →（支出）→ 投入 →（費用）→ 産出 →（質）→ 効果 →（価値）→ インパクト

配分↑経済性　投入↑効率性　産出↑効果性　効果↑影響性

(出典：山本［2001］p.224より著者修正)

済性は政策執行にともなう資源投入量の節約に焦点をおく。効率性は資源投入に対する財・サービスの産出の関係に着目する。そして，効果性は産出による意図した効果に着目する。

一方，櫻井［2009, pp.40-41］は以下のように整理する。経済性とは可能なかぎり低いコストで財貨・サービスを提供することを意味する。効率は経営学の用法にしたがい，目的への達成度を意味するとする[10]。そして，効果性は有効性とも表現され，効率と同じように，組織目的に対する達成度を意味するとする。そして，効率と効果性との関係について，組織の内部構造の変化は一般に効率に大きな影響を及ぼすのに対し，効果性は環境にかかわる変化によって影響が及ぼされるとする。

このように，効率性および効果性の概念は論者により異なる。著者は公的組織では環境との関係が重要であると考えるので，目的への達成度の観点から組織内部に着目した場合に効率性という用語を，また，組織目的に対する達成度の観点から組織のおかれた環境を考慮した場合には効果性という用語を用いる。

2．効果性重視の公共経営―建設的なコミュニケーションをめざして

先に述べたように，外への可視化は管理会計を用いて業務運営の考え方やプロセスを，納税者が理解できるように示していくこととなる。内への可視化は公的組織の構成員とマネジメント層との間に，法令等にもとづく定性的な共通言語のほかに，管理会計にもとづく定量的な共通言語が加わることになる。

---

10) 櫻井［2009, p.41］は，能率は投入量に対する産出量であらわされるとする。

この２つの可視化を通じて，公的組織の管理会計は，公的組織の構成員と組織外部に存在する納税者等との間であって，両者を仲介する存在となる。これは結果として，公的組織の構成員と社会との間で建設的なコミュニケーションの成立に向けて役立つこととなる。

　単に「ご理解いただきたい」としかいわない公的組織，その一方で，公的組織が陰で何をしているか，疑心暗鬼になっている納税者という構図は，現在よくみうけられる。このような構図は何も生み出さない。２つの可視化を前提にした管理会計が公的組織において成立すれば，公的組織の側は説明の手段を得ることができ，納税者の側は疑心暗鬼から自由になることができる。それぞれの業務がなぜ必要か，そのためにはどの程度の負担が生じるのかなどについて，両者の間で建設的なコミュニケーションができることになる。

　そのためにはまずは公的組織の側からの効率性・効果性の証明への努力が求められる。しかし同時に，納税者の側においても，感情的な批判や重箱の隅をつつくような批判を抑制していくことも求められる。たとえば，否定のしようのない小さな論点を取りあげて，これを極大化・一般化して，公的組織を指弾するという批判のあり方は，納税者一般に全体像を見失わせ，感覚的な・感情的な批判に誘導することとなり，きわめて多くの問題を含んでいる。

　このような建設的なコミュニケーションの構築は公共経営において，組織目的に対する環境も考慮した達成度という意味での効果性が重視されることになる。納税者の理解と協力という環境にも働きかけるからである。どの公的組織であれ，その業務展開において納税者の理解と協力は非常に重要である。納税者の理解と協力がなければ余計な行政コストがかかる。公的組織の構成員にとっても，納税者の「頑張ってね。期待しているからね」といった言葉そのものが業務への多大なエネルギーになる。より効率的・効果的な業務を展開していくための日々の努力へのエネルギーとなる。公的組織の管理会計が実践される基盤として，納税者と公的組織との建設的なコミュニケーションを実現できる関係が重要となるのである。

　組織運営には完成に向けて終わりはないのと同様，公的組織の管理会計の改善にも終わりはない。この終わりなき改善に向けて，公的組織に努力し続けさ

せるためにも，納税者と公的組織との建設的なコミュニケーションができる正常化した関係は重要なポイントとなる。公的組織の管理会計においては，納税者および公的組織の両者の態度の育成が必要となろう。

繰り返せば，効果性重視の公共経営は，管理会計を共通言語とした，公的組織内部と外部にいる納税者との間の建設的なコミュニケーションを促進し，納税者の理解と協力を得るべく，外部環境に働きかけることとなる。そこでは，組織内部の視点からの効率性の向上のみならず，外部環境に働きかけ，それを変えていくという視点を有する。わが国の公的組織がめざすべきは，このような効果性重視の公共経営であると著者は考える。

第3節 社会の紐帯としての公的組織の管理会計

本節では，公的組織の管理会計が社会の紐帯として機能しうることを述べる。ここではまず，ソーシャル・キャピタル等に関する議論を概観する。そして，納税者と公的組織の関係のありようが重要であることを述べ，会計のコンテクスト研究が重要となることを考察する。

1．ソーシャル・キャピタル等に関する議論

ここではソーシャル・キャピタル等に関する議論を概観する[11]。そして，公的組織の管理会計との関係を考察する。

ソーシャル・キャピタルは社会関係資本とも訳され[12]，1980年代のアメリカ社会学で発達した（Portes［1988］pp.3-6）。そこでは人的ネットワークを，物的資本や人的資本に次ぐ，第三の資本としてとらえ，一見非合理にみえる行動の合理的説明を目的とすると指摘されている（鹿毛［2002a］p.104）。

ソーシャル・キャピタルについてはいくつかの定義がある。これを世界銀行のソーシャル・キャピタル・イニシアティブ（Social Capital Initiative；SCI）の整理（Grootaert［1998］pp.2-3）にしたがえば，以下の3つに分けられる。

---

11) ソーシャル・キャピタルに関するわが国でのサーベイ論文として，時系列順で鹿毛［2002a, b］，宮川［2004］および糸林［2007］などがある。
12) 糸林［2007, p.75］は，日本語訳としては「社会関係資本」が一般的となっているとしている。

まず，最狭義の定義として，パットナム（Putnam et al.［1993］p.167）があげられる。パットナムはソーシャル・キャピタルを「協調的行動を容易にすることにより社会の効率を改善しうる信頼，規範，ネットワークのような社会的組織の特徴」と定義する。また，これよりも広義の定義として，コールマン（Coleman［1988］pp.S98）があげられる。コールマンはソーシャル・キャピタルを「社会的構造の一部を構成し，かつ，その構造のなかで，個人・法人いずれかの特定の行動を容易にする，さまざまな形態をとる存在」としている。最広義の定義としては，「規範をして，社会的構造を発展させ，形づくることを可能にさせる社会的・政治的環境」があげられている（Grootaert［1998］p.3）。

　そして，世界銀行SCI（Grootaert［1998］p.iii）は，ソーシャル・キャピタルについて，「社会の内部的および文化的結束性，人々の間の相互作用を左右する規範および価値，そして人々が組み込まれている諸制度を意味する。ソーシャル・キャピタルは社会を結束させる接着剤であり，それなしには経済的成長も人間の福祉もあり得ないものである」と考えている。

　このように，ソーシャル・キャピタルに関する議論はひとつにまとめられるものではない。宮川［2004, pp.38-47］は，ソーシャル・キャピタルに関する議論が提起している問題の重要性については疑問のないところであろうとする一方で，ソーシャル・キャピタルに関する議論には，その機能と評価，その特性，現代社会での傾向，測定尺度，創造や再生・新生に必要なものなどについて課題があるとも指摘する。

　公的組織の管理会計において，外への可視化および内への可視化が行われるようになった場合には，ソーシャル・キャピタルに関する議論との関連ではどのように考えられるであろうか。管理会計を活用した公的組織の2つの可視化は，ソーシャル・キャピタルとの関連では，人々の間の水平的な結合を意味するとされるパットナムの定義（Grootaert［1998］p.2）に含ませることはむずかしいかもしれない。しかし，水平的結合，垂直的結合および企業組織などの行動にまで拡張されたコールマンの定義（Grootaert［1998］p.3），さらには，世界銀行SCIの指摘する最広義の定義には含まれると思われる。ここでのポイ

ントは，ソーシャル・キャピタルの定義いかんによっては，公的組織の管理会計が，内への可視化および外への可視化を通じて，ソーシャル・キャピタルとして機能する可能性も考えられうることにある[13]。

2．会計のコンテクスト研究と公的組織

　ソーシャル・キャピタル等としての役割を果たしうる公的組織の管理会計について言及した。ここではこれを会計研究との関連で位置づけることを試みる。

　会計研究は社会とのかかわり合いも視野に入れている。すなわち，会計の対象となる現実は不可視性をともなう細かな事象の集合であり，移ろいゆくものである。したがって，特定の時点で現実を切り取って表現するにさいしては，表現の対象となった現実と移ろいゆく事象の集合とが必ず一致するとは限らない。しかし，科学においては対象の実在性を前提とする実在思考が顕著にみうけられる。

　そこで，ホップウッドらは会計の機能をアプリオリに想定することなく，組織的・社会的コンテクストとの相互関係のなかに成立する会計の変化をとらえようとしている。このような会計のコンテクスト研究（堀口，2006, pp.88-98）はわが国の公的組織において管理会計を今後構築していくにあたって参考になると考えられる。ここではホップウッドと同じ立場に立つミラーの指摘を以下で引用する（Hopwood=Miller［1994］．なお，亀甲括弧内は著者補足）。

　　会計は単に経済活動における「事実」を記録し，報告する中立的な装置〔ではない〕…会計は，今日われわれが生きている世界や社会的現実の類型…多様な活動やプロセスを管理し組織化する方法，他人や自分自身を統治する方法などに影響を及ぼす一連の実践と理解できる。
　　この社会的・制度的実践としての会計の捉え方〔は〕… 3つの側面がある。
　　まず，会計は 1つのテクノロジーである…会計は…事象やプロセスを可視化し，変換する助けとなる…活動にかかるコストを計算・記録するためには，思考や行

13）本章では定義によってはソーシャル・キャピタルには含まれない可能性もあることから，ソーシャル・キャピタル等と表現する。

動の方法そのものを変えなければならない。1つの組織を利益センター，原価センター，投資センター，SBU（戦略事業単位）などに組み替えることは，**可視性**（visibility）の形態を変え…責任のラインや行動の可能性を変える…こうした装置によって，会計は，論争を乗り越え，政治的利害や陰謀を取り除き，自らの**正統性**（legitimacy）を主張できる…

　第2に，…複雑な言語や意味に1つの焦点が当てられる。**理論的根拠**（rationale）は…社会的・制度的実践としての会計の側面を示す…たとえば，原価の計算は能率や無駄という概念と密接に絡み合〔う〕…活動を組織化する方法として，原価センターや利益センターを選択することは，責任…と互いに関係がある…能率や無駄，意思決定，責任，競争，その他の多くの理論的根拠は…いったん確立してしまえば…経済的・社会的生活を適切に統治するために必要不可欠であるとみなされる…

　第3に，会計〔によって〕…「経済的」領域が構築され，再構築される方法に着目〔できる〕…組織の物理的フローを財務的なフローに変換させることによって，経済的領域について，判断・行動・正当化がなされ，政策変更がなされ〔る〕…ある時点において，会計が重要な意義を持つ…のは，歴史的に特定の集団，多様な実践の間で交差する緊張関係による…会計の技術的実践は，本来的に，引き返せないほど社会的なものである。

　上述した会計の3つの要素は相互補完的である…

そして，ミラーら（Hopwood=Miller［1994］）は「会計は，組織的実践として，それが作用するより広範な社会的・制度的コンテクストから独立して研究できないし，またすべきでなかった」と指摘する。このような会計に対するとらえ方を前提とすれば，わが国の公的組織において管理会計を構築するにあたっては，現在の社会的コンテクストから離れた取り組みは適当ではないこととなると考えられる。

　わが国の公的組織が直面するコンテクスト，すなわち，現在の公的組織は膨大な累積財政赤字による継続した圧力のもとにあり，納税者からの信頼の低下に直面している。今後，負担増について国民に理解を求めていくにあたっては，

公的組織の提供するサービスに対して，納税者の納得感を高めていく積極的な努力が求められる。公的組織が何を行うにあたっても，納税者の納得感を得る必要があるからである。

したがって，公的組織では会計研究においても，このような納税者の納得感を高めることのできる会計とは何かというコンテクスト研究が必要となると考える。納税者の納得感を得ていくために，公的組織の会計はどのような役割を果たすべきかという観点からの研究が重要となると思われる。

たとえば，大下 [1998, p.93] は原価計算等の生成期のイギリスとフランスとの比較から，以下のように述べている（亀甲括弧内は著者補足）。

> とりわけ重要なことは，19世紀末から今世紀初頭にかけての会計・原価計算・監査をめぐる歴史的な展開を概観すれば理解されるように，当時の資本主義が成熟する過程のなかで惹起されてくる深刻な労使間の対立を解決するために，会計，原価計算という多分に技術的な方法が重要な手段として要請されたという事実である。〔イギリスの事情を〕フランスの事情と比較すれば，この点はもっと強調されて良いように思われる。

資本主義がより発展していたイギリスにおいては，労使間の対立を解決するため，労働と資本との利害調整の手段として，原価計算が重要な手段として認識された。原価計算生成期のこの視点は，現在の公的組織の管理会計でも求められる。たとえば，今後，公的組織の各種のサービスについて適正な負担を求めていかざるを得ない[14]が，このサービス供給には必ず一定の原価が生じる。この原価には社会のなかで資源を配分し続けなければならない。換言すれば，公的組織の原価（計算）が，納税者と公的組織との関係を調整する機能を果たしていくことになる。どのように算出された原価（計算）であれば，納税者の納得感を得ることができるのかという研究が重要となろう。また，どのようなプロセスでマネジメントされれば効率的・効果的なマネジメントとして納税者

---

14) ただし，効率的・効果的に業務を行うという留保はつける必要がある。

が納得するのかという観点からの研究も求められよう。換言すれば，どのような会計表現が効果的・効率的なマネジメントの証明と納税者に理解されるのかという研究である。これらが会計のコンテクスト研究に含められよう。

3．社会の紐帯と管理会計

　公的組織が管理会計を活用し，外への可視化および内への可視化を通じ，その信頼性を向上させ，納税者と公的組織との正常化した関係性を前提に，効果性重視の公共経営をめざして努力する。その先には，納税者の納得性の確保しつつ，公的組織の管理会計がソーシャル・キャピタル等として機能する状況も視野に入れうる。著者はここに，社会の紐帯[15]としての公的組織の管理会計という方向をみいだすことができると考える。

　わが国社会の紐帯をいかに創り込んでいくのか，その一端を公的組織における管理会計が担っていると考える。管理会計は歴史的所産であり，隣接諸学の成果を自らのものとしてきた苦悩の歴史を有する。学問分野としては，きわめてミクロを対象とする。しかし，公的組織における管理会計の議論は，社会の紐帯をいかに創り込んでいくかというきわめてマクロの課題を内包する。

　著者は，公的組織の管理会計について，単なる財政再建という観点のみではなく，社会の紐帯，その再生につながる領域として，わが国行政においてはとりわけ真剣な取り組みが求められていると考える。

第4節　まとめ

　本章では長期的な観点から，公的組織の管理会計の役割を考察した。まず，公的組織は管理会計によって，外への可視化と内への可視化が可能となることを述べた。管理会計によって外への可視化が可能となれば，納税者等のステー

---

[15] 紐帯とは国語辞典によれば「二つのものを結びつけるもの。特に，社会の構成員を結びつけているさまざま条件。地縁・血縁・利害関係など」とされている。社会学ではたとえばグラノヴェッター（Granovetter [1973]）の議論があるが，ここでは社会学の議論は横におき，「社会の構成員・構成団体を結びつける信頼感」という意味で用いる。これはソーシャル・キャピタル等が基礎ではあるが，納税者と公的組織との正常な関係性や会計のコンテクスト研究も含めた動態的な結びつきを強調するための表現として，ここでは紐帯という用語をあてている。

クホルダーの理解が向上する。それは公的組織の信頼性（信頼される側の特性）の向上に役立つ。また，管理会計によって内への可視化が可能になれば，PDCAサイクルを実効的なものとし，組織学習を強めることができる。同時に，それは公的組織の職員個々人にとっては動機づけの強化につながる。

また，管理会計により効率性のみならず，組織目的に対する達成度の観点から環境を考慮した効果性を重視した公共経営が期待されることを述べた。公的組織の業務運営において納税者等の理解と協力という環境は重要である。これは組織目的に対する達成度に大きな影響を与える。したがって，納税者等と公的組織との建設的なコミュニケーションは，効果性重視の公共経営のためには必須の課題となる。

さらに，公的組織の管理会計はソーシャル・キャピタル等として機能することも考えられることなどを述べた。会計研究の側面からみれば，管理会計研究でもコンテクスト研究が行われることが期待される。これにより，管理会計が社会の紐帯として機能することが期待できる。

管理会計はきわめてミクロを対象とする。第1章で述べたように，管理会計は歴史的所産のひとつにすぎず，隣接諸学の成果を苦悩しつつ取り込んできた歴史を有する。しかし，現在のわが国社会では，公的組織における管理会計には，効果性重視の公共経営をめざした積極的な役割を期待することができるとともに，わが国社会の紐帯をいかに創り込んでいくかというきわめてマクロの課題の解決策としての役割を期待することができる。

参考文献

糸林誉史［2007］「ソーシャル・キャピタルと新しい公共性」『文化女子大学紀要.人文・社会科学研究』Vol.15, pp.75-85。

大下丈平［1998］「フランス管理会計の方法とその射程―分析会計から管理会計へ」『經濟學研究』Vol.64, No.5/6, pp.89-123。

櫻井通晴［2009］『管理会計　第四版』同文舘。

鹿毛利枝子［2002a］「「ソーシャル・キャピタル」をめぐる研究動向（一）―アメリカ社会科学における三つの「ソーシャル・キャピタル」」『法學論叢』Vol.151, No.3, pp.101-119。

鹿毛利枝子［2002b］「「ソーシャル・キャピタル」をめぐる研究動向（二）―アメリカ

社会科学における三つの「ソーシャル・キャピタル」」『法學論叢』Vol.152, No.1, pp.71-87。
白川方明［2008］『現代の金融政策—理論と実際』日本経済新聞出版社。
西谷勢至子［2008］「組織学習に関する学説研究—既存研究の問題点と新たな方向性」『三田商学研究』Vol.50, No.6, pp.325-346。
堀口真司［2006］「会計の科学性と反実在思考」『産業経理』Vol.66, No.3, pp.88-98。
宮川公男［2004］「第1章　ソーシャル・キャピタル論—歴史的背景，理論および政策的含意」, 宮川公男ほか編『ソーシャル・キャピタル—現在経済社会のガバナンスの基礎』東洋経済新報社, pp.3-53。
山本清［2001］『政府会計の改革—国・自治体・独立行政法人会計のゆくえ』中央経済社。
Argyris, C. [1977], Double Loop Learning in Organizations, *Harvard Business Review*, Sep.-Oct., pp.115-125. 有賀裕子訳「ダブル・ループ学習とはなにか」『Diamond Harvard Business Review』2007, Apr., pp.100-113。
Coleman, J. S. [1988], Social Capital in the Creation of Human Capital, *American Journal of Sociology*, Vol.94, pp.S95-S120.
Granovetter, M. S. [1973], The Strength of Weak Ties, *American Journal of Sociology*, Vol.78, Iss.6, pp.1360-1380.
Grootaert, C. [1998], Social Capital: The Missing Link?, *Social Capital Initiative Working Paper No.3*, World Bank.
Hopwood, A. and Miller, P. [1994], *Accounting as Social and Institutional Practice*, Cambridge University Press. 岡野浩ほか監訳『社会・組織を構築する会計—欧州における学際的研究』中央経済社, 2003年。
Levitt, B., and March, J. [1988], Organizational Learning, *Annual Review of Sociology*, Vol.14, pp.319-340.
Portes, A. [1988], Social Capital: Its Origins and Applications in Modern Sociology, *Annual Review of Sociology*, Vol.24, pp.1-24.
Putnam, R. D., with Leonardi, R., and Nanetti, R. Y. [1993], *Making Democracy Work: Civic Tradition in Modern Italy*, Princeton University Press. 河田潤一訳『哲学する民主主義—伝統と革新の市民的構造』NTT出版, 2001年。

結章

管理会計を活用した効果性重視の公共経営をめざして

　結章ではこれまでの論をまとめる。そして，管理会計を活用した効果性重視の公共経営をめざすべきであることを述べる。

　まず，序章において本書の問題設定を以下のとおりとした。すなわち，公的組織において効率性・効果性の向上の観点から管理会計を活用し，説明責任を果たすことで，納税者・国民の公的組織への信頼性（信頼される側の特性）を向上させ，もって，公的組織への納税者・国民の信頼に基礎をおいた効果性重視の公的組織の運営（公共経営）を創り込んでいく。その分野としては，議論がもっとも遅れていると思われる労働集約的な分野をおもな例としてとりあげることとした。

　本書は3部構成とし，第Ⅰ部は「管理会計の先行研究と公的組織」として先行研究を整理しつつ考察を加えた。まず第1章では，企業における管理会計の展開を概観した。アメリカの管理会計は標準原価計算および予算管理を前史として，1924年にマッキンゼーによりコントローラー制度を実践基盤とする管理会計が成立した。原価計算は技術者主導で，原価低減を志向していた。1960年代〜1970年代は数理的・分析的な研究が興隆したが，1987年に企業実務との適合性の喪失が指摘され，企業実務との関係を深めたABCやBSCなどの研究が興隆するとともに，日本的管理会計の伝播もみられた。イギリスの原価計算は原価の正確な計算を志向している。ドイツの原価計算は操業度等の変化による価格政策を志向しており，理論的緻密性を有する。ABCはドイツではプロセス原価計算として取り入れられた。フランスでは独自のタブロー・ドゥ・ボールが管理会計のルーツのひとつとなった。

　わが国の会計学研究は英米の簿記文献の輸入から始まった。1930年代前半には長谷川安兵衛により原価計算と予算統制の土台が完成した。科学的管理法は比較的早い時期に紹介され，当時から全員参加型の手法など，日本的な色彩を

帯びていた。1930年代後半にはドイツ原価計算論が流入した。戦後のわが国の管理会計はアメリカ管理会計の翻訳的導入により発展した。通商産業省産業合理化審議会による行政主導型の展開もみられた。1980年代以降は日本的管理会計の研究も興隆した。現在では，ABCやBSCの導入研究や，経営理念や組織文化との関係を視野に入れた研究も行われている。さらにわが国では，レピュテーション・マネジメントなどのインタンジブルズの管理会計への導入も試みられている。わが国管理会計の全般的な特徴として，海外の理論・実務の影響，製造主導の管理会計および財務会計による制約が指摘されている。日本的管理会計には，現地・現物主義，ボランタリー性の強調，源流管理と創り込みなどが指摘されている。

このように管理会計は国により時代によりさまざまである。現在のところ各国の展開にはそれぞれに特徴がみうけられ，ひとつの型に収斂していない。わが国の場合，日本的管理会計にみられるように，その管理会計実践には大きな特徴を有する。また，管理会計は歴史的所産のひとつであり，時代とともに変わる。公的組織でも現在の社会状況や時代の要請を考えることが重要となる。管理会計手法は管理会計の既存領域にあるとは限らず，隣接諸学からの吸収，実務家の積極的な参画が求められる。さらに，管理会計は精緻な体系として安定的な存在であり続けたことは少なかった。公的組織の管理会計の考察にさいしても，これらの諸点はつねに意識されねばならない。

第2章では公的組織における管理会計の展開と現況を概観した。まずアメリカの公的組織では，20世紀初頭に政治的影響の排除のための手続きとして会計が理解された。ニューディール政策による連邦政府拡大への危機感から，計画とコントロールという経営管理プロセスの確立が課題と認識された。1960年代後半には財政拡大基調のもと，長期的な計画設定と短期的な予算編成にもとづくPPBSが導入されたが，1971年には頓挫した。アメリカでの公的組織の管理会計はPPBSのさらなる発展を意図して確立された。AAAは1972年にマネジメント・コントロールとアカウンタビリティを公的組織の管理会計の目的とした。管理会計の導入問題なども注目された。その後，多くの公的組織でMBOやZBBが取り組まれた。1990年代後半には業績測定に関心が移るとともに，

ABCなどの管理会計手法も積極的に導入された。アメリカの公的組織の管理会計には企業のそれとの類似性が観察できる。違いがあるのは，公的組織では業績測定への取り組みが遅れたことおよび管理会計の導入プロセスの問題が早期に認識されたことである。そのほかの主要国の公的組織の現況として，イギリスでは資源会計・予算を骨格とする精緻な仕組みとなっている。ドイツでは原価と給付の計算が中心である。フランスではプログラム型業績予算のもとタブロー・ドゥ・ボールが使われている。

　わが国の公的組織でも1960年代後半〜1970年代初頭にPPBSが試行されたが，アメリカでの不首尾，各省庁の消極的な意向を受け頓挫した。現在，わが国では管理会計と認識されてはいないものの，それに関連する取り組みもある。公共事業での費用便益分析（B/C分析），財政投融資での政策コスト分析，予算制度改革，政策評価およびNPM等である。わが国の場合，政策中心思考が根強く存在し，執行段階を視野に入れることが弱い。このため，日本的管理会計の活用余地もきわめて小さいことが指摘できた。わが国公的組織ではすでにそれぞれに取り組みがみられる。今後の展開としては漸次的・パッチワーク的な導入・展開を図るアプローチが現実的と思われた。公的組織にはいくつかの業務の類型があるが，労働集約的な業務はもっとも議論が遅れている。

　第3章では企業のレピュテーション・マネジメントについての議論を整理し，公的組織の信頼性との関係を検討した。まず，企業のレピュテーションを概観して，コミュニケーションやマーケティングを重視し，レピュテーションを操作する意識の強い考え方がある一方で，内部統制などの企業内部のマネジメントを中心に，透明性，信頼性および好感度の向上に力点をおく考え方もある。レピュテーションの高い企業が内部管理手法を公表している事例も観察される。つぎに，公的組織と信頼との関係を概観した。公的組織の信頼性（信頼される側の特性）にも，コミュニケーションによる信頼の確保と，弱い保証としての管理会計の構築と公表との2つの方向がある。前者が先述のレピュテーションを操作する意識の強い考え方に，後者が企業内部のマネジメントに力点をおく考え方に近い。そして，弱い保証としての管理会計の構築と公表は，公的組織ではとくに外部環境に働きかける管理会計という役割で考えられる。

第4章では人的資源の管理と管理会計として，労働集約的な業務についての管理会計を考察した。そこではまず，人件費の無駄についての議論から，公的組織では「公共サービスの質を劣化させないで削減できる業務」をみつけだすことについて，プロセスとして担保することが重要である。つぎに，管理会計手法の導入にあたり，組織構成員に着目した自律的組織論とミクロ・マクロ・ループとしての管理会計が重要となる。また，企業の管理会計での重要な概念である責任会計については，原価管理が求められる公的組織でも成立する。自律的組織では責任会計でも情報提供機能および学習促進機能による動機づけが重要となる。原価管理が中心となる場合，人間はコスト削減には消極的となるので，動機づけの基盤として組織の価値観が重要となる。

　そして，労働集約的な業務を対象に管理会計を中心とする手法を概観した。そこでは「業務の標準およびプロセス分析から活動基準管理（ABM）へ，さらにはバランスト・スコアカード（BSC）へ」という一連の流れが指摘できる。そして必要に応じ，リーン・マネジメント，TQC，原価企画およびTOCも活用できる。

　さらに，公的組織と原価計算との関係を検討した。利益管理が必要な公的組織では公共サービスの原価計算が重要となる。一方，原価管理のみの公的組織では組織内部の業務についてのコスト構造の可視化が重要となる。

　第Ⅱ部は「事例の考察」として，労働集約的な分野における事例を考察した。第5章では人件費が8割を占めるわが国最大の行政組織である国税組織について，その事務運営の概要を記述し，これまで考察してきた管理会計の観点からの検討を加えた。まず国税組織の事務運営では「人日」という国税組織に独特の内部管理システムを用いたマネジメントを行っている。

　国税組織の事務運営の具体的事例として，いくつかを概観した。個人課税事務での確定申告事務の転換の背景に，また，徴収事務での集中電話催告センターの取り組みの背景に「人日」システムが機能していた。また，国税組織では「人日」システムをもとにABCを参考にしてコスト分析が実施されており，そこにはいくつかの論点が観察された。

　そして国税組織の事務運営について管理会計の観点から考察した。まずレピ

ューション・マネジメントからは信頼性向上のために管理会計の活用が考えられる。また，国税組織も自律的組織論と共通の特徴を有しており，そこでは組織の価値観が機能している。責任会計論からは中心点が2つあると考えられ，税務署長の活性化などの課題もみられる。さらに管理会計を中心とした手法論の観点からは，「人日」システムは広義のABMに相当する。今後の展開としてはまず，業務の標準の活用が考えられる。BSCの発想の活用も可能である。TQCの提案制度に類似する現行の職員提案制度の強化も考えられる。

　第6章では主要国の公的組織における管理会計手法の導入について概観した。具体的にはアメリカ，カナダ，オーストラリアおよびニュージーランドの公的組織から国の行政組織の事例をいくつか抽出し考察を加えた。概観すれば，まずABC導入のスケジュールについて全組織的な導入を先にすべきとする公的組織が多かった。また，非常に簡略なABCが多かった。さらに，ABCは活動への従事時間の計測がポイントとなるが，そこに特段の配慮をしている公的組織が多く，各職員が日々記録するスタイルが少なかった。そして，ABCからBSCへ発展させる方向で考えている公的組織もみうけられた。

　これらの事例から考察すれば，まず漸次的な導入が必要視される。また，業務の多様さから公的組織では管理会計手法の概念は同じであっても，さまざまな具体的な活用が考えられる。これは管理会計手法の導入研究にも反映し，複数のスタイルの研究が求められることとなる。さらに，漸次的な導入の結果，公的組織間では管理会計手法もまだら模様に導入されることとなる。ここから管理会計手法も伝播・変異の過程が観察されることとなる。進化論の観点からの制度進化パースペクティブが参考となる。さらに，管理会計手法の基盤となるプロセスへの視点も必要視される。諸外国の公的組織ではプロセスを見直し，無駄の削減に着目する視点，すなわち，プロセス分析，業務の標準，QCサークル運動といった視点はそれほど強くはなかった。しかし，日本的管理会計などを踏まえると，プロセスへの視点が重要視されよう。

　第7章ではデンマークの病院経営改革について，リーン・マネジメントを中心にみてきた。そこではプロセスへの視点が重要視されていた。デンマークの医療サービスは地方主導型で公により提供されており，その供給の効率化に関

心が集中している。

　デンマークではこれまでにさまざまな経営管理手法が流行してきた。リーン・マネジメントもこれまでの流行と同様に，循環的な，一過性のものと考えることができる。一方，各手法に取り組んだ結果として，基礎となるプロセス分析に戻るという意味で，一過性のものではないと考えることもできる。

　さらに，デンマークでのリーン・マネジメントの今後の展開に向けた促進要因と阻害要因をあげた。プロセス分析をより機能させるためにはQCサークル運動的なものを基軸にする必要があり，現場の意識への働きかけが重要となる。

　いずれにせよ，デンマークのリーン・マネジメントでは業務の流れという点が非常に強調されており，これはわが国でも参考となる。デンマークの病院経営改革という濾過機を通して抽出したリーン・マネジメントを第4章でみたように再構成し，わが国になじみのあるやり方でわが国の公的組織の管理会計に活用していくことは可能であろう。

　第8章ではわが国の公的組織から信州大学医学部附属病院をとりあげ，ケース・リサーチにもとづき，管理会計の観点からの今後のアクション・リサーチのための試案を示した。診療・教育・研究の3機能を担う信大病院では大学との間で責任会計が不透明になりやすく，ここからさまざまな問題が生じている。

　診療報酬制度の見直しのもと，医療の標準化を意味するクリティカル・パスやDPCの段階的導入が試みられている。そのようななかで，信大病院においては第4章でみた「業務の標準およびプロセス分析から活動基準管理（ABM）へ，さらにはバランスト・スコアカード（BSC）へ」という考え方を基本として考えていくことができる。具体的には，クリティカル・パスの創り込みを意味する医療パス分析，ボトルネックとなるプロセスの能力向上のための医療プロセス分析，および，医師等の業務時間を記録し責任会計のもとに分析していく業務活動分析の3つの分析として段階的に適用しうる。

　第Ⅲ部は「公的組織における管理会計の今後の方向」として，短期，中期および長期の観点から検討した。第9章ではまず短期的な観点から，公的組織における管理会計の今後の期待される進展を述べた。管理会計についての知識の蓄積がない公的組織では，まずはネットワーク型の管理会計研究が必要となる。

そこでは財務省の研究機関である財務総合政策研究所などの積極的な参加が期待される。国税組織での管理会計実践を踏まえ，税務大学校の参加もまた期待される。行政実務家と管理会計研究者との協力もまた必要視される。さらに，管理会計研究の側面からも，各公的組織での管理会計の漸次的な導入となろうことを踏まえれば，短期的には管理会計手法の導入研究の本格化が望まれる。

つぎに中期的な観点から期待される進展について述べた。管理会計には事業強行の理由として使うという逆機能も有する。この逆機能を抑制するためには内部監査に加え，第三者監査が求められる。そこでは現行の予算執行調査や会計検査院による検査を活用していくことが考えられる。また，管理会計研究の側面からも中期的には進化論にもとづく制度進化パースペクティブからの研究が期待される。各公的組織で鋭意進められるであろう管理会計手法の導入には，手法の伝播・変異の過程を観察することが可能である。さらに，管理会計研究にはさまざまな類型があり，公的組織での事例が集積されれば実証的研究などの管理会計研究も期待される。

第10章では長期的な観点から，公的組織の管理会計の役割を考察した。公的組織は管理会計によって，外への可視化と内への可視化が可能となる。外への可視化により，納税者等のステークホルダーの理解が向上する。それは公的組織の信頼性の向上に役立つ。内への可視化により，PDCAサイクルを実効的なものとし，組織学習を強めることができる。同時に，公的組織の職員個々人にとっては動機づけの強化につながる。

また，管理会計により効率性のみならず，組織目的に対する達成度の観点から環境を考慮した効果性を重視した公共経営を期待できる。公的組織の業務運営では納税者等の理解と協力という環境は重要である。これは組織目的に対する達成度に大きな影響を与える。したがって，納税者等と公的組織との建設的なコミュニケーションは，効果性重視の公共経営のためには必須の課題となる。

さらに，公的組織の管理会計にはソーシャル・キャピタル等としての機能も考慮しうる。会計研究の側面からは管理会計研究でもコンテクスト研究が必要視される。これにより，わが国社会の紐帯としての管理会計も視野に納めることができる。

以上が本書のまとめである。わが国が世界史のなかで生き残っていくためには，今後ともわが国経済がうまく運営される必要がある。そのためには，国債金利にあらわされる日本国債への信認（レピュテーション）が必須の条件となる。この日本国債への信認のためには，わが国のマクロ経済政策への信認と財政規律への信認が必要である。わが国公的組織における管理会計は，この財政規律の下部構造を担う。ミクロの財政政策のツールとして，公的組織において管理会計が早急に活用されることが望まれる。

　わが国の公的組織の現状からは課題も多い。しかし，わが国公務員の資質をもってすれば十二分に可能である。これが，いくつかの公的組織をみてきた行政実務家としての著者の現場感覚である。

索　引

【欧文】

AAA ··· 33
ABC ····························· 21, 26, 59, 139, 196
ABM ····································· 77, 139
ALM ·· 77
ASOBAT ·· 20
BPR ·· 71
BSC ······················· 21, 60, 71, 97, 142, 252
BSCへの取り組み ··························· 273
CCR ··· 150
CFO Act ····································· 202
COBIT ··· 96
COSO ·· 94
CSR ······································· 89, 126
DPC ····································· 252, 264
DRG ···································· 227, 264
ERM ·· 95
EVA ·· 36
FF式石油温風機 ······························ 95
GASB ·· 56
GM ··· 52
GPRA ···································· 56, 202
HOMAS ····································· 252
IE ··· 137
IRS ·· 199
ITガバナンス協会 ···························· 96
JIT ··· 21
MBM ···································· 126, 183
MBO ··· 54

MBR ···································· 126, 183
NAA ··· 33
NCMA ··· 50
NPM ····································· 7, 224
OMB ······································ 52, 67
PDCAサイクル ·························· 69, 77
PFI ·· 71
PPBS ·························· 20, 51, 52, 61, 64
QCサークル運動 ···························· 148
QCストーリー ······························ 148
RQ ··· 91
SOX法 ··· 94
SQC ·· 36
SWOT分析 ···································· 71
TBS ··· 203
TOC ·· 150
TPS ··· 217
TQC ································· 21, 36, 148
TQM ··· 21
VE ·· 149
VHJ ··· 255
ZBB ······································ 20, 54

【あ】

アージリス（Argyris, C.） ················ 306
アウトソーシング ····························· 6
アウトプット・クラス ··············· 209, 210
青色申告制度 ································ 171
アカウンタビリティ ················ 53, 56, 70

アクション・リサーチ ………253, 268, 286
アクティビティ ………………………196
アメーバ経営 …………………………104
アメリカ会計学会 ………………………33
アメリカ会計人協会 ……………………33
アメリカの管理会計 …………………15, 33
アンソニー（Anthony, R. N.）………53
アントレプレナリアル・ギャップ ……129
イギリスの管理会計 ……………………22
イノベーション・アクション・リサーチ…286
移民省 …………………………………206
医薬品検査局 …………………………207
医療サービス調査機関 ………………236
医療パス分析 …………………………269
医療・福祉制度 ………………………222
医療プロセス分析 ……………………270
ヴァッター（Vatter, W. J.）…………19
ヴァン・リール（Van Riel, C. B. M.）……86
内への可視化 …………………………305
英米生産性協議会 ……………………23
エンロン社 ………………………………95
王立病院 ………………………………240
オーデンセ大学病院 …………………238
オールソップ（Alsop, R. J.）…………92

【か】

ガーナー（Garner, S. P.）……………16
会計検査院検査 ………………………293
解答機械 ………………………………291
外来延べ患者数 ………………………259
科学的管理 ……………………………17
科学的管理法 ………………………31, 139
学習機械 ………………………………291
学習促進機能 …………………………135
学習を続ける組織 ……………………306

確定申告相談事務 ……………………179
可視化 …………………………………303
仮説検証の必要性 ……………………129
活動 ……………………………………196
活動基準管理 …………………………139
活動基準原価計算 …………………21, 139
活動基準責任会計 …………………132, 186
活動基準ファイナンシング ………227, 234
活動分析 ………………………………139
家庭医システム ……………………222, 226
稼働分析 ………………………………137
環境問題 ………………………………95
関係性マーケティング ………………94
患者別原価計算 ………………………252
関税歳入庁 ……………………………204
官民競争入札制度 ……………………71
管理会計 ………………………………5
管理会計手法 …………………………113
管理会計への視座 ……………………40
管理可能性 ……………………………132
簡略なABC ……………………………197
危機管理 ………………………………169
企業の社会的責任 ……………………126
基準税務署 ……………………………165
基礎的会計理論 ………………………20
基本方針2006 …………………………260
キャプラン（Kaplan, R. S.）………42, 145
救命救急センター ……………………260
供給の効率化 ……………220, 230, 247
行政への信頼 …………………………109
業績分析 ………………………………139
業務活動分析 …………………………271
業務予算 ………………………………54
キルガー（Kilger, W.）………………25
ギルボー（Gulbaut, C. A.）…………27
銀行簿記精法 …………………………30

金融商品取引法	94
クラーク（Clark, J. M.）	19
クリティカル・パス	265, 270
経営原価計算の概念と基準	56
計画原価計算	25
経験曲線	138
経験的研究	298
経済財政諮問会議	255
経済的付加価値	36
契約原価	55
ケース・リサーチ	36, 253, 286
結果による管理	126, 183
原価会計学	31
原価企画	21
原価計算	5, 152
原価計算基準審議会	55
原価作用因分析	139
原価と給付の計算	62
ゲントフテ病院	231, 241
公会計	3
効果性	308
効果性重視の公共経営	1, 307
公共事業省	205
貢献利益アプローチ	19
構想日本	6
公的組織	2, 113
公的組織の管理会計	128
公的組織の原価計算	153
公的組織の信頼性	105
合理化機械	292
効率	308
コーポレート・レピュテーション	37, 85
ゴールドラット（Goldratt, Eliyahu M.）	150
コールマン（Coleman, J. S.）	311
国税組織	163
国税庁	165
国税徴収コールセンター	175
国税庁入賞	191
国防品調達規則	55
国立大学病院	259
国立大学病院管理会計システム	252
個人課税事務	165, 171
コスト分析	177
国家業績レビュー	56
国家財政委員会事務局	203
ゴミ箱モデル	289
コミュニケーション	91
雇用と人権問題	95
コンティンジェンシー理論	114
コンテクスト研究	312
コントローラー	60
コントローラー制度	38
コントローリング	63
コンプライアンス規準	95

【さ】

歳出予算	54
財総研	284
財務会計	4
財務監理官	53
財務省	209, 235
財務諸表分析	18
財務総合政策研究所研究部	284
産業合理化運動	31
ジェネリック医薬品	256
時間研究	137
事業仕分け	6, 72
事業部業績測定	19
事業部制による利益管理	35, 131
思考プロセス	150
市場化テスト	71

自書申告 …………………………… 172
自書申告方式 ……………………… 176
システム信頼 ……………………… 106
実証的研究 ………………………… 298
実証分析的研究 …………………… 299
司法庁 ……………………………… 212
事務監理 …………………………… 164
事務フロー ………………………… 187
社会関係資本 ……………………… 310
社会の紐帯 ………………………… 315
社会保険庁 …………………… 106, 111, 208
従事時間の計測 …………………… 197
習熟曲線 …………………………… 138
首席財務官法 ………………… 56, 202
手段による管理 ………………… 126, 183
シュマーレンバッハ（Schmalenbach, E.）… 24
将棋倒し的経営改革 ……………… 274
情報提供機能 ……………………… 135
情報の非対称性 …………………… 107
ジョンソン（Johnson, H. T.）…… 141
自律神経 …………………………… 128
自律的組織 ………………………… 126
シングル・ループ学習 …………… 306
人件費 ……………………………… 263
申告納税制度 ……………………… 171
信大病院 …………………………… 256
診断群別包括支払方式 …………… 227
信頼 ………………………………… 107
信頼概念 …………………………… 106
信頼低下の要因分析 ……………… 108
診療・教育・研究 ………………… 262
診療収益 …………………………… 259
診療報酬 …………………………… 273
ステークホルダー ………………… 86
スループット会計 ………………… 150
成果重視事業 ……………………… 69

税関 ………………………………… 207
政策評価 …………………………… 69
製造工業原価計算要綱 …………… 32
製造物責任 ………………………… 95
制度進化パースペクティブ ……… 296
政府会計基準審議会 ……………… 56
政府業績評価法 ……………… 56, 202
税務大学校研究部 ………………… 285
制約条件 …………………………… 150
制約条件の理論 …………………… 150
責任会計 …………………………… 130
責任会計論 ………………………… 185
絶対的な無駄 ……………………… 124
ゼロベース予算 ………………… 20, 54
1970年の改革 ……………………… 222
漸次的な導入 ……………………… 213
漸次的・パッチワーク …………… 76
全社的品質管理 ……………… 21, 148
全社的リスク・マネジメント …… 95
戦闘機械 …………………………… 291
戦略マップ …………………… 97, 143
相対的個別費・補償貢献額計算 … 25
相対的な無駄 ……………………… 124
総務省行政評価局 ………………… 70
ソーシャル・キャピタル ………… 310
阻害要因 …………………………… 245
促進要因 …………………………… 244
組織の価値観 ……………………… 135
外への可視化 ……………………… 303

【た】

第三者監査 …………………… 289, 293
滞納残高 …………………………… 174
滞納整理 …………………………… 174
ダブル・ループ学習 ……………… 306

タブロー・ドゥ・ボール ………27, 29, 63
弾力的計画原価計算 …………………25
弾力的限界計画原価計算 ……………25
知的資産 ………………………………88
地方行革新指針 ………………………4
地方制度改革 ………………………223
中小企業庁 …………………………201
帳合之法 ………………………………30
超過収益力の源泉 ……………………87
直接原価計算 …………………………18
通商産業省産業構造審議会 …………34
通商産業省産業合理化審議会答申 …35
提案制度 ……………………………190
デシジョン・パッケージ ……………55
デミング・サイクル ………………306
デミング賞 …………………………148
伝統的なABC ………………………201
デンマークの病院 …………………218
デンマーク品質モデル ……………235
電話催告システム …………………175
ドイツ型原価計算 ……………………24
ドイツ原価計算論 ……………………32
ドイツの経営経済学 …………………26
動機づけ ……………………………133
動作研究 ……………………………137
土地管理局 …………………………202
トヨタ生産方式 ……………104, 217
トリプル・ボトムライン ……………89
トレッドウェイ委員会支援委員会 …94

【な】

内閣府 ………………………………195
内国歳入庁 …………………199, 211
内部監査部門 ………………………100
内部統制 ……………………………112
内部統制の概念 ………………………94
内務庁 ………………………………210
内務保健省 …………………………233
2007年の改革 ………………………223
日本医療評価機構 …………………255
日本的管理会計 ………………………36
ニュー・パブリック・マネジメント …7
人日 …………………………………163
ネオ・コンティンジェンシー理論 ………114
納税相談方式 ………………………172
納付慫慂 ……………………………175
ノートン（Norton, D. P.）…………145

【は】

長谷川安兵衛 ………………………31, 319
バックオフィス業務 ………………178
パットナム（Putnam, R. D.）………311
ハニングトン（Hannington, T.）……86
バランスト・スコアカード ……21, 142
針千本マシン ………………………107
バルコン社 …………………220, 231
ビジネス・プロセス・リエンジニアリング …71
人格的信頼 …………………………106
病院のコスト構造 …………………263
標準原価計算 …………………17, 138
標準原価の研究 ………………………31
費用対効果分析 ………………………67
瓢箪から駒 …………………………295
費用便益分析 …………………………52
費用有効度分析 ………………………67
ヒレロッド病院 ……………………242
ファイヨール（Fayol, H.）…………28
フーバー委員会 ………………………50
フーバー委員会報告書 ………………51
フォンブラン（Fombrun, C. J.）……85

賦課課税制度 …………………………… 171
部局最大化原理 ………………………… 263
福沢諭吉 ………………………………… 30
藤野雅史 ………………………………… 49
ブッカン（Bouguin, H.） ……………… 30
部門別原価計算 ………………………… 252
プラン・コンタブル …………………… 27
プラン・コンタブル・ジェネラル …… 28
フランスの管理会計 …………………… 29
フレクスキュリティ …………………… 246
プログラム予算 ………………………… 55
プロセス基準原価計算 ………………… 62
プロセス原価計算 ………………… 26, 141
プロセス分析 …………………………… 136
フロントオフィス業務 ………………… 178
包括財政調整法 ………………………… 68
包括支払い制度 ………………………… 252
方針管理 ………………………………… 145
方法論的進化論 ………………………… 295
ホーングレン（Horngren, C. T.） …… 19
ホップウッド（Hopwood, A.） ……… 312

【ま】

マーケティング ………………………… 91
マッキンゼー（McKinsey, J. O.） … 15, 39, 319
マッピング ……………………………… 187
マネジメント・コントロール ………… 53
マネジメントの改善 …………………… 70
三重県庁 ………………………………… 70
ミクロ・マクロ・ループ ……………… 128
ミニ・プロフィット・センター ……… 104
ミラー（Miller, P.） …………………… 313
無駄の定義 ……………………………… 124
無駄をなくせ …………………………… 123
鞭とにんじん …………………………… 235

目標管理 ………………………………… 54
モティベーション ……………………… 133
問題解決手順 …………………………… 148

【や】

雪印乳業 ………………………………… 95
予算・会計法 …………………………… 50
予算管理 ………………………………… 17
予算執行調査 …………………………… 69
予算執行の効率化 ……………………… 4
予算書の表示科目 ……………………… 69

【ら】

リーベル（Ribel, P.） ………………… 25
リーン生産方式 ………………………… 219
リーン・マネジメント ……… 147, 217, 239
利益の極大化 …………………………… 135
陸上交通安全局 ………………………… 213
リグス病院 ……………………………… 240
リスク・マネジメント ……………… 77, 112
リトルトン（Littleton, A. C.） ……… 15
ルーマン（Luhmann, N.） …………… 106
レピュテーション確保 ………………… 182
レピュテーション指数 ………………… 91
レピュテーション・マネジメント …… 85
レピュテーション・リスク …………… 94
レレバンス・ロスト …………………… 20
連邦会計基準諮問委員会 ……………… 56
連邦信用改革法 ………………………… 68

【わ】

わが国の管理会計 ……………………… 33

《著者略歴》

大西　淳也（おおにし　じゅんや）

　財務省理財局国庫課長（現職）兼財務省財務総合政策研究所客員研究員。1986年東京大学法学部卒業。ハーバード大学客員研究員（1998〜99年）。スカンジナビア国際経営大学院エグゼクティブMBA（2006年修了）。

　1986年大蔵省（当時）入省。国税庁会計課総括課長補佐（1999〜2001年），内閣府政策統括官（経済財政—運営担当）付企画官（2001〜03年），JETRO（日本貿易振興機構）コペンハーゲン事務所長（2003〜06年），東京国税局調査第一部長（2006〜07年），信州大学経済学部教授（2007〜09年）等を経て現職。

　共訳に，『戦略実行のプレミアム』（東洋経済新報社，2009）。論文に，「管理会計のコスト管理手法（ABC）で公的部門の効率化を」『ESP』(2003.5)，「デンマークの病院経営改革とリーン・マネジメント—トヨタ生産方式の変質とその位置づけ」『信大経済学論集』(No.58, 2008)，「管理会計のレピュテーション・マネジメントと行政の信頼性」『信大経済学論集』(No.59, 2008)，「管理会計の行政への活用にあたっての考察」『信大経済学論集』(No.60, 2009)，「公的組織と管理会計—管理会計手法の活用に向けた論点の整理」『PRI Discussion Paper Series』(No.09A-05, 2009) など。

《検印省略》

平成22年2月22日　初版発行　　　　　略称—公的組織

公的組織の管理会計
—効果性重視の公共経営をめざして—

著　者　　大　西　淳　也
発行者　　中　島　治　久
発行所　　**同 文 舘 出 版 株 式 会 社**
　　　　　東京都千代田区神田神保町1-41　〒101-0051
　　　　　電話 営業(03)3294-1801　編集(03)3294-1803
　　　　　振替 00100-8-42935
　　　　　http://www.dobunkan.co.jp

©J. OHNISHI　　　　　　　　　　　　　製版：一企画
Printed in Japan 2010　　　　　　　　印刷・製本：萩原印刷

ISBN 978-4-495-19471-0